Kohlhammer

Grundwissen Soziale Arbeit

Herausgegeben von Rudolf Bieker

Band 23

Carola Kuhlmann,
Hildegard Mogge-Grotjahn,
Hans-Jürgen Balz

Soziale Inklusion

Theorien, Methoden, Kontroversen

Mit einem Gastbeitrag von Christina Reichenbach

Verlag W. Kohlhammer

Dieses Werk einschließlich aller seiner Teile ist urheberrechtlich geschützt. Jede Verwendung außerhalb der engen Grenzen des Urheberrechts ist ohne Zustimmung des Verlags unzulässig und strafbar. Das gilt insbesondere für Vervielfältigungen, Übersetzungen, Mikroverfilmungen und für die Einspeicherung und Verarbeitung in elektronischen Systemen.

Die Wiedergabe von Warenbezeichnungen, Handelsnamen und sonstigen Kennzeichen in diesem Buch berechtigt nicht zu der Annahme, dass diese von jedermann frei benutzt werden dürfen. Vielmehr kann es sich auch dann um eingetragene Warenzeichen oder sonstige geschützte Kennzeichen handeln, wenn sie nicht eigens als solche gekennzeichnet sind.

1. Auflage 2018

Alle Rechte vorbehalten
© W. Kohlhammer GmbH, Stuttgart
Gesamtherstellung: W. Kohlhammer GmbH, Stuttgart

Print:
978-3-17-030807-7

E-Book-Formate:
pdf: ISBN 978-3-17-030808-4
epub: ISBN 978-3-17-030809-1
mobi: ISBN 978-3-17-030810-7

Für den Inhalt abgedruckter oder verlinkter Websites ist ausschließlich der jeweilige Betreiber verantwortlich. Die W. Kohlhammer GmbH hat keinen Einfluss auf die verknüpften Seiten und übernimmt hierfür keinerlei Haftung.

Vorwort des Herausgebers

Mit dem so genannten „Bologna-Prozess" galt es neu auszutarieren, welches Wissen Studierende der Sozialen Arbeit benötigen, um trotz erheblich verkürzter Ausbildungszeiten auch weiterhin „berufliche Handlungsfähigkeit" zu erlangen. Die Ergebnisse dieses nicht ganz schmerzfreien Abstimmungs- und Anpassungsprozesses lassen sich heute allerorten in volumigen Handbüchern nachlesen, in denen die neu entwickelten Module detailliert nach Lernzielen, Lehrinhalten, Lehrmethoden und Prüfungsformen beschrieben sind. Eine diskursive Selbstvergewisserung dieses Ausmaßes und dieser Präzision hat es vor Bologna allenfalls im Ausnahmefall gegeben.

Für Studierende bedeutet die Beschränkung der akademischen Grundausbildung auf sechs Semester, eine annähernd gleich große Stofffülle in deutlich verringerter Lernzeit bewältigen zu müssen. Die Erwartungen an das selbständige Lernen und Vertiefen des Stoffs in den eigenen vier Wänden sind deshalb deutlich gestiegen. Bologna hat das eigene Arbeitszimmer als Lernort gewissermaßen rekultiviert.

Die Idee zu der Reihe, in der das vorliegende Buch erscheint, ist vor dem Hintergrund dieser bildungspolitisch veränderten Rahmenbedingungen entstanden. Die nach und nach erscheinenden Bände sollen in kompakter Form nicht nur unabdingbares Grundwissen für das Studium der Sozialen Arbeit bereitstellen, sondern sich durch ihre Leserfreundlichkeit auch für das Selbststudium Studierender besonders eignen. Die Autor/innen der Reihe verpflichten sich diesem Ziel auf unterschiedliche Weise: durch die lernzielorientierte Begründung der ausgewählten Inhalte, durch die Begrenzung der Stoffmenge auf ein überschaubares Volumen, durch die Verständlichkeit ihrer Sprache, durch Anschaulichkeit und gezielte Theorie-Praxis-Verknüpfungen, nicht zuletzt aber auch durch lese(r)-freundliche Gestaltungselemente wie Schaubilder, Unterlegungen und andere Elemente.

Prof. Dr. Rudolf Bieker, Köln

Inhaltsverzeichnis

1	Einführung		11
	1.1 Die Begriffe Inklusion und Exklusion		11
	1.2 Die Indizes für Inklusion		13
	1.3 Die Bedeutung von Menschenbildern		15
	1.4 Aufbau und Zielsetzung des Lehrbuchs		16
2	Meta-Theorien		19
	2.1 Niklas Luhmann: Inklusion als Befreiung von Integration		19
		2.1.1 Menschen- und Gesellschaftsbild	19
		2.1.2 Autopoiesis und Kommunikation	20
		2.1.3 Die Entstehung gesellschaftlicher Funktionssysteme	22
		2.1.4 Binäre Codes und unangepasste Evolution	23
		2.1.5 Bezug zur Inklusion	24
		2.1.6 Exklusion als Unmöglichkeit oder Endzustand?	25
		2.1.7 Ausgewählte kritische Positionen zu Luhmann	26
	2.2 Michel Foucault: Inklusion als Einschränkung der Freiheit in der inkludierenden Exklusion		28
		2.2.1 Menschen- und Gesellschaftsbild	28
		2.2.2 Genealogie der Diskurse	29
		2.2.3 Disziplinargesellschaft und Normalisierungsmacht	30
		2.2.4 Regierung der Bevölkerung	31
		2.2.5 Bezug zur Inklusion	33
		2.2.6 Ausgewählte kritische Positionen zu Foucault	34
	2.3 Pierre Bourdieu: Inklusion als Ressourcenvermittlung		36
		2.3.1 Menschen- und Gesellschaftsbild	36
		2.3.2 Ökonomisches, soziales und kulturelles Kapital	37
		2.3.3 Bezug zur Inklusion I: Sozialräumliche Exklusionen durch Armut	39
		2.3.4 Die rechte und die linke Hand des Staates	40
		2.3.5 Bezug zur Inklusion II: Die intern Ausgegrenzten der Schule	41
		2.3.6 Ausgewählte kritische Positionen zu Bourdieu	42
	2.4 Martha Nussbaum: Inklusion als Befähigung		43
		2.4.1 Menschen- und Gesellschaftsbild	44
		2.4.2 Fähigkeiten und angeborenes Vermögen	45
		2.4.3 Geschlechterfragen	46
		2.4.4 Bedeutung des Nationalstaates und Gerechtigkeitsfragen	47
		2.4.5 Politische Emotionen und Liberalismus	49
		2.4.6 Bezug zur Inklusion	50
		2.4.7 Ausgewählte kritische Positionen zu Nussbaum	52
	2.5 Norbert Elias: Inklusion als Figuration		54
		2.5.1 Menschen- und Gesellschaftsbild	54

		2.5.2 Soziogenese und Psychogenese	55

2.5.2 Soziogenese und Psychogenese 55
2.5.3 Gesellschaften als Figurationen 56
2.5.4 Der Persönlichkeitstyp des Homo Clausus 57
2.5.5 Bezug zur Inklusion 59
2.5.6 Ausgewählte kritische Positionen zu Elias 59
2.6 Hinweis zu weiteren relevanten Theorien: Stigma und Anerkennung 61

3 Bedeutung der Meta-Theorien für die Inklusionsdebatte in der Sozialen Arbeit 62
3.1 Soziale Arbeit als Exklusionsvermeidung und Integrations-/Inklusionsvermittlung (nach Niklas Luhmann) 62
3.2 Neosoziale Arbeit als Normalisierung und Aktivierung (nach Michel Foucault) 66
3.3 Soziale Arbeit als linke Hand des Staates und ihre widersprüchlichen Aufgaben (nach Pierre Bourdieu) 68
3.4 Soziale Arbeit als Befähigung (nach Martha Nussbaum) 69
3.5 Machtbalancen und ein kritischer Blick auf den modernen Persönlichkeits-Typus (nach Norbert Elias) 71

4 Diskurse und Kontroversen in Wissenschaft und Politik 73
4.1 Sozialwissenschaftliche und politische Zugänge zur Inklusion 73
4.1.1 Verständnis sozialer Ungleichheit und Inklusion 73
4.1.2 Das Konzept der Intersektionalität 76
Exkurs zu Good Practice: die Claudiushöfe in Bochum 78
4.1.3 Politische und soziale Akteure 80
Exkurs zu Good Practice: die Monheimer Präventionskette .. 82
4.1.4 Der migrationspolitische Diskurs 83
4.1.5 Der behinderungspolitische Diskurs 86
4.2 Der psychologische Diskurs 89
4.2.1 Pädagogisch-psychologische Themenfelder 89
4.2.2 Zur Bedeutung sozialer Vergleiche 90
4.2.3 Soziale Vergleiche in der Schule 92
4.2.4 Gruppenpsychologische Mechanismen 93
4.3 Der erziehungswissenschaftliche und schulpädagogische Diskurs 97
4.3.1 Pädagogik der Vielfalt 97
4.3.2 Von der Integrationspädagogik zur Inklusion 99
4.3.3 Die Zwei-Gruppen-Theorie und das Lernen am gemeinsamen Gegenstand 100
4.3.4 Inklusion als enthinderte Integration und das Ressourcen-Etikettierungs-Dilemma 102
Exkurs zu Good Practice: Eine Schule für alle – Berg Fidel Münster 104

5 Inklusive Handlungsansätze und Methoden ... 107
- 5.1 Ansätze zur Begründung einer inklusiven Praxis ... 107
  - 5.1.1 Das Menschenbild der humanistischen Psychologie ... 107
  - 5.1.2 Empowerment-Ansatz ... 109
  - 5.1.3 Der Gemeinwesen-Ansatz ... 112
  - 5.1.4 Der Systemische Ansatz in der Sozialen Arbeit ... 115
  - 5.1.5 Grundlagen der Ressourcenarbeit ... 117
  - 5.1.6 Wege zur Resilienzförderung ... 120
- 5.2 Konzepte, Methoden und Techniken im Kontext der Inklusion ... 123
  - 5.2.1 Funktionsebenen der Inklusion ... 123
  - Exkurs: Ziele und Struktur des Index für Inklusion ... 124
  - 5.2.2 Gestaltung der helfenden Beziehung ... 127
  - 5.2.3 Personenzentrierung und Zukunftsplanung ... 130
  - 5.2.4 Zukunftsfeste als Element der personenzentrierten Planung ... 132
  - 5.2.5 Qualifizierung von Prozessbegleiter_innen ... 137
  - 5.2.6 Entwicklung Universeller Designs ... 139
  - Exkurs zu Good Practice: Entwicklung eines innovativen Wohnprojekts – das Apartementhaus Bochum-Weitmar ... 140
  - Exkurse zu Good Practice: Entwicklung neuer Technologien und Medienkompetenz ... 140
  - 5.2.7 Herausforderungen für die Gestaltung von institutionellen Unterstützungsprozessen ... 142
  - 5.2.8 Diagnostisches Handeln im Rahmen von Inklusionsprozessen (Christina Reichenbach) ... 144

6 Paradoxien der Inklusion und Widerstände gegen die Inklusion ... 155
- 6.1 Stagnierende Zahl von Kindern auf Förderschulen trotz höherer Inklusionsquote ... 155
- 6.2 Widerstände bei Lehrkräften wegen Personalmangels und didaktischer Bedenken ... 156
- 6.3 Differenzierung von Lerngruppen: Lernbehinderte Kinder am Gymnasium ... 156
- 6.4 Utopie oder Illusion – Kritik der „Inklusionsbewegung" in der erziehungswissenschaftlichen Diskussion ... 158
- 6.5 Selbstbestimmte Exklusion und Exklusion als Schonraum als Varianten der exkludierenden Inklusion und der inkludierenden Exklusion ... 161
- 6.6 Gleichbehandlung Ungleicher als Ungerechtigkeit. Zur Unmöglichkeit der Auflösung aller Kategorien im praktischen Handeln ... 164
- 6.7 Kontroversen um die Kriterien der Inklusion ... 168

7	Fazit: Inklusion als Perspektive für eine menschengerechte Gesellschaft	170
Literatur		176
Register		193

1 EINFÜHRUNG

1.1 Die Begriffe Inklusion und Exklusion

Inklusion geht auf das lateinische Wort inclusio, das mit Einschluss oder Einschließen zu übersetzen ist, zurück. Der Begriff Inklusion wird in sehr verschiedenen Wissenschaften gebraucht, so in der Geologie, der Mathematik, der Medizin, der Bildungswissenschaft sowie in den Human- und Sozialwissenschaften. Es überrascht insofern nicht, wenn es – trotz des häufigen Gebrauchs – kein allgemeines und eindeutiges Verständnis davon gibt, was mit „Inklusion" und ihrem Gegenstück, der „Exklusion", gemeint ist. Dieses Buch will Inklusion aus einer Perspektive der Sozialen Arbeit beleuchten und stellt dabei Bezüge zu pädagogischen und sozialwissenschaftlichen Sichtweisen her (vgl. auch Balz, Benz & Kuhlmann 2012). Notwendig ist dieser breite Blick auf das Thema der sozialen Inklusion, da über Sinn und Ziel ebenso wie über Mittel und Wege von Inklusionsförderung und Inklusionsstrategien wissenschaftlich, politisch und medial sowie praktisch-methodisch gestritten wird.

Der im vorliegenden Buch angebotene umfassende Blick ist hilfreich zum Verständnis der beteiligten Ebenen in der Kontroverse, ihrer Herkunft und möglichen Lösungsansätze. Auch kann es dazu beitragen, eine professionelle Position zur sozialen Inklusion und der Debatte darüber zu finden.

Zusammengefasst lassen sich vier Verwendungszusammenhänge des Begriffs der sozialen Inklusion unterscheiden:

- Allgemeine Gesellschaftstheorien (hier Metatheorien genannt), in denen es um die Beziehungen von Individuen und Gesellschaften und um gesellschaftliche Differenzierungs- und Modernisierungsprozesse geht.
- Die soziologische Armuts- und Ungleichheitsforschung, die sich vor allem seit den 1970er Jahren mit den Folgen der strukturellen Arbeitslosigkeit und den wachsenden Gruppen von „Abgehängten" oder „Ausgeschlossenen" beschäftigt.
- Der sozialpolitische Diskurs, der in erster Linie im Rahmen der Europäischen Union geführt wird. Die Europäische Union hat sich seit den 1980er/90er Jahren die „social inclusion" im Sinne einer gemeinsamen Armutsbekämpfung auf die Fahnen geschrieben.
- Die vor allem durch die Behindertenrechtskonvention der Vereinten Nationen (UN-BRK) vorangetriebene „Inklusion" von Menschen mit Behinderungen mit all ihren Konsequenzen für die Heil- und Sonderpädagogik, für die Behindertenhilfe, das Schulsystem, den Arbeits- und den Wohnungsmarkt (vgl. Breuer 2013, 220 ff.).

Fassen wir aus diesen Verwendungszusammenhängen die wesentlichen Elemente zusammen, so kommen wir zu einer ersten Arbeitsdefinition, die wir den weiteren Ausführungen zugrunde legen:

> **Inklusion-Exklusion**
> Das Begriffspaar Inklusion und Exklusion wird auf eine Vielzahl von sozialen Problemen und biographischen Lebenslagen bezogen, z. B. Behinderung, Armut, Krankheit, Erwerbslosigkeit und Migration und/oder Flucht. Unabhängig vom jeweiligen Themenbereich geht es immer um den Zugang von Einzelnen und Gruppen zu und die Teilhabe an allen Bereichen der Gesellschaft und darum, dass möglichst alle Menschen in einer Gesellschaft das eigene Leben aktiv gestalten und ein „gutes Leben" führen können.

Schon diese erste Arbeitsdefinition zeigt, dass der Begriff weitreichende theoretische Fragen und daraus abgeleitet unterschiedliche praktische und politische Schlussfolgerungen einschließt. Zentral sind:

- die Frage danach, was die Teilhabe an Gesellschaft nachhaltig fördert und wie bestehende Barrieren für Einzelne und Gruppen beseitigt werden können,
- die Frage danach, was denn ein „gutes" oder „gelingendes" Leben ausmacht und wer dies definiert,
- die Frage danach, was Menschen brauchen (Ressourcen, Fähigkeiten etc.), um ein gutes oder gelingendes Leben führen zu können,
- die Frage danach, wodurch Menschen die Möglichkeiten verlieren oder sie ihnen vorenthalten werden, um ein gutes oder gelingendes Leben zu führen.

Um sich mit diesen Fragen vertiefend auseinanderzusetzen, gilt es, sich mit verschiedenen gesellschaftstheoretischen Entwürfen und den jeweils dazu gehörenden Menschenbildern zu befassen. Ebenso wichtig ist es, sich mit den gesellschaftlichen Handlungsbereichen und den jeweils aktiven „Akteuren" zu beschäftigen, die unterschiedliche Ziele und Strategien verfolgen.

Erst vor diesem Hintergrund kann es gelingen, für sich selber und für sein professionelles Handeln Ziele zu definieren und Konzepte sowie Methoden für den jeweiligen Handlungsbereich zu entwickeln bzw. vorhandene Konzepte und Methoden kritisch zu hinterfragen. Es zeigt sich dann, dass die intensive Auseinandersetzung mit Inklusion eine Auseinandersetzung über die grundlegenden Ziele der eigenen Arbeit beinhaltet.

Ebenso wie Lehrer_innen müssen sich Sozialarbeiter_innen, Heilpädagog_innen, Elementarpädagog_innen, Religions- und Gemeindepädagog_innen, Pflegefachkräfte und weitere Fachkräfte aus Gesundheitsberufen in ihren jeweiligen Handlungsfeldern der Frage nach der Inklusionsförderlichkeit ihrer Handlungskonzepte stellen. Ebenso müssen sie die Rahmenbedingungen ihres beruflichen Handelns daraufhin kritisch befragen, ob sie äußerliche oder organisatorische Barrieren enthalten, die es bestimmten Zielgruppen erschweren, ihre Angebote wahrzunehmen. Dabei sind Fachkräfte und Träger sozialer oder pädagogischer Arbeit mehr denn je zur multiprofessionellen Zusammenarbeit aufgefordert.

Dieses Lehrbuch soll dazu beitragen, sich theoretisch, konzeptionell und methodisch im Feld der Inklusion zu orientieren und für die jeweils angestrebte oder auch schon ausgeübte Berufstätigkeit Schlussfolgerungen daraus zu ziehen.

1.2 Die Indizes für Inklusion

Mit der sozialen Inklusion verbindet sich eine Vision – eine entfernte Zielvorstellung für eine Gesellschaft. Gleichzeitig verspricht soziale Inklusion einen Weg hin zur Teilhabe, Partizipation und zu einem eigenverantwortlichen „guten Leben". Diese doppelte Zielsetzung berücksichtigend, liefern die Indizes für Inklusion praxisorientierte Evaluationsinstrumente, die eine inklusive Orientierung in dem jeweiligen Feld (Schule, Kita, Kommune, Sportverein) anleiten und begleiten können. Der erste Index wurde von den englischen Erziehungswissenschaftlern Tony Booth und Mel Ainscow in Kooperation mit Lehrer_innen, Eltern und Schulvorständen an Grund- und Sekundarschulen in England mit dem Ziel entwickelt, zur aktiven Umsetzung von Werten wie Gleichheit, Gemeinschaft, Mitgefühl, Ehrlichkeit und Nachhaltigkeit in der Schule beizutragen. Inklusion sollte in ihrem Verständnis die Teilhabe aller am „System" bewirken und damit Ausgrenzung vermeiden. Alle sollen gleichermaßen wertgeschätzt und hierarchische Kategorisierungen vermieden werden (Booth 2008, 60).

Der Index für Inklusion, im Jahr 2000 erstmals von Booth & Ainscow veröffentlicht, enthält eine Sammlung von Fragen, deren positive Beantwortung als Zeichen gesehen wurde, dass die betreffende Schule oder Organisation den Ansprüchen an Inklusion genügt. Der für den deutschen Kontext angepasste und übersetzte Index wurde 2003 von Ines Boban und Andreas Hinz veröffentlicht und bald auch im Internet zugänglich gemacht. Dort heißt es zum Begriff und zu den Zielen der schulischen Inklusion:

„Bislang sind wir eher gewohnt, von schulischer Integration zu sprechen, häufig vorrangig assoziiert mit SchülerInnen, von denen gesagt wird, sie hätten ‚Behinderungen' oder sonderpädagogischen Förderbedarf oder aber mit SchülerInnen, die einen Migrationshintergrund aufweisen. Der Index benutzt bewusst den Begriff Inklusion, denn er meint damit die Erziehung und Bildung aller Kinder und Jugendlichen. (…) Inklusion geht es darum, alle Barrieren in Bildung und Erziehung für alle SchülerInnen auf ein Minimum zu reduzieren" (Boban & Hinz 2003, 9 und 11).

Die Verbreitung des Index für Inklusion an Schulen führte zur Entwicklung weiterer Inklusionsindizes: 2006 erschien der „Index für Inklusion (Tageseinrichtungen für Kinder), Lernen, Partizipation und Spiel in der inklusiven Kindertageseinrichtung entwickeln", herausgegeben von der Gewerkschaft Erziehung und Wissenschaft (GEW), ebenfalls übersetzt und angepasst von Boban & Hinz. Dieser Index wurde 2015 aktualisiert und überarbeitet (s. GEW 2015). 2011 erschien der Index für die kommunale Verwaltung, herausgegeben von der Montag-Stiftung, 2012 ein Index für die Erwachsenenbildung (Reddy 2012) und 2014 sowohl einer für die Jugendarbeit (Meyer & Kieslinger 2014) wie auch ein Index für den organisierten Sport, herausgegeben vom Deutschen Behindertensportverband e. V.

Der Indexprozess wird in allen Indizes beschrieben als eine prozesshafte Umgestaltung der Praxis in Bezug auf drei Ebenen innerhalb der Institution:

- inklusive Kulturen,
- Strukturen und
- Praktiken.

Zu inklusiven Kulturen gehören die Verankerung von Werten wie Anerkennung und Teilhabe sowie Prinzipien wie Sozialraumorientierung und Barrierefreiheit, aber auch eine entsprechende Organisationsentwicklung und die Mobilisierung von Ressourcen. Die Indizes beinhalten zu jeder der drei Ebenen Indikatoren und Fragen bzw. Handlungsempfehlungen und Forderungen wie: „Alle Schüler_innen, bzw. Besucher werden freundlich empfangen und mit Respekt behandelt." Eine „Willkommens- und Kooperationskultur" soll etabliert werden, damit sich alle leicht eingewöhnen und kooperieren können, auch die Professionellen (Boban & Hinz 2003, 17).

Der Index für die Kindertagesstätte hat vergleichbare Dimensionen wie der Index für die Schule, allerdings stehen hier das gemeinsame Spiel und die Partnerschaft mit den Eltern im Vordergrund. Im kommunalen Index geht es um den barrierefreien Zugang der Bürger_innen zur Verwaltung, aber auch um gerechte und transparente Beförderung und Mittelvergabe. Explizit wird darauf hingewiesen, dass diskriminierende Bemerkungen, z. B. sexistischer, rassistischer, schwulen- und lesbenfeindlicher oder anderer Art, vermieden werden sollen (Montag-Stiftung 2011, 54). Der „Index für Inklusion im und durch Sport" möchte das Sportangebot von Vereinen für behinderte Menschen öffnen, beispielsweise durch Fahrdienste und Kontakte zu sozialen Diensten und zu Behinderteneinrichtungen.

Fassen wir die in den verschiedenen Indizes erhobenen Ansprüche und Fragen zusammen, so wird deutlich, dass Inklusion mehr bedeutet als Integration behinderter Kinder, Jugendlicher und Erwachsener in Regel-Schulen oder Regel-Einrichtungen. Es geht immer auch um Benachteiligung durch Geschlecht, ethnische Zugehörigkeit und soziales Milieu. Im Verständnis der Indizes richtet sich Inklusion gegen Etikettierung und institutionelle Diskriminierung und steht für Barrierefreiheit und Partizipation. Inklusive Umgestaltung von Institutionen bedeutet, Leitlinien zu etablieren, nicht-diskriminierende Praktiken zu entwickeln und wertschätzende Kulturen zu entfalten. „Ein solches prozessorientiertes Verständnis von Inklusion bedeutet, dass sie niemals vollständig abgeschlossen ist" (Hinz & Boban 2015, 18).

Dieses Lehrbuch schließt sich diesem weiten Verständnis von Inklusion an, das sich auf die vielfältigen Dimensionen von Unterschiedlichkeiten bezieht (Diversität). Allerdings sehen wir auch, dass aus diesem Anspruch leicht eine Überforderung in der Praxis werden kann und dass ein Appell an die Wertschätzung für alle allein nicht reicht. Denn die oben ausgeführten verschiedenen Arten von Benachteiligung durch Geschlecht oder Armut erfordern andere Strategien der Hilfe zur Inklusion als die Benachteiligungen, die durch Behinderung entstehen. Wir werden dies im Kapitel 4 und 6 näher ausführen.

Verbunden mit der Frage danach, wie die verschiedenen Dimensionen von Benachteiligung gewertet werden, ist auch die Frage, ob es einen Unterschied gibt zwischen Exklusion und sozial bedingter Exklusion. Denn im Armutsdiskurs wird von sozialer Inklusion und im Behinderungsdiskurs vorrangig von Inklusion gesprochen. Tony Booth, der Mitbegründer der Inklusions-Indizes, kritisiert dies aber mit Bezug auf Amartya Sen. In der angloamerikanischen Debatte um Armut und soziale Ausgrenzung – so Booth – werde der Begriff der Inklusion „in einer verengenden Weise" gebraucht, da „Inklusion" ausschließlich für Behinderung, der Begriff der „Ausgrenzung" ausschließlich für andere Gruppen benutzt werde: „Der Begriff soziale Ausgrenzung impliziert ebenfalls, dass es noch eine andere Form der Ausgrenzung gibt, die nicht sozial, sondern ‚natürlich' ist" (Booth 2008, 59).

Die Auslassung von Menschen mit Behinderungen aus dem Diskurs um soziale Ausgrenzung führe fälschlicherweise zu der Annahme, dass die Ausgrenzung Folge der Behinderung ist, während Booth die Position vertritt, dass sie ebenfalls sozial bedingt ist. In diesem Sinne müsste also auch im Behindertenbereich immer von „sozialer Inklusion" gesprochen werden.

1.3 Die Bedeutung von Menschenbildern

Das verbindende Element der Verschiedenheits-Dimensionen stellt die Orientierung an einem Menschenbild dar, das grundsätzlich allen Menschen ohne Rücksicht auf soziale Herkunft, Geschlecht, kulturelle oder religiöse Zugehörigkeit oder Behinderung gleiche Rechte auf Teilhabe einräumt. Insofern ist das Eintreten für Inklusion immer auch ein Eintreten für Menschenrechte, Gleichberechtigung, soziale Gerechtigkeit und Partizipation.

Im Alltagsdenken werden Menschenbilder häufig unreflektiert aus Medien oder der Alltagskommunikation übernommen und davon ausgehend gehandelt. Beispielsweise herrschte früher im Alltagsverständnis über Menschen mit geistiger Behinderung die Vorstellung vor, dass diese im Erwachsenenalter nicht bildbar seien. Insofern gab es auch nicht den Anspruch, spezielle Bildungsangebote über die Phase der Allgemeinbildung in der Kindheit und Jugend hinaus für diese Personengruppe anzubieten. Im Kontext der Inklusion wird diese Annahme in Frage gestellt und überwunden, sodass nun über die Schulzeit hinausgehende Angebote im Kontext der Erwachsenenbildung gemacht werden.

Menschenbilder haben Einfluss auf die Wahrnehmung sozialer Gruppen und einzelner Menschen mit den bei ihnen sichtbaren äußeren Merkmalen und unsichtbaren inneren Anteilen (Denken, Fühlen, Wahrnehmen u. a.). Menschenbilder umfassen allgemeine Aussagen beispielsweise zu folgenden Fragen:

- Welchen Stellenwert haben Menschen in dieser Welt und in der sozialen Gemeinschaft?
- Wonach streben Menschen in ihrem Leben (z. B. Hedonismus, Individualismus, Gemeinschaftssinn, Nutzenmaximierung)?
- Welche zentralen Prozesse der Entwicklung finden beim Individuum und in der Gemeinschaft statt?

- Welche Voraussetzungen beeinflussen die Entwicklung des Individuums und der Gemeinschaft positiv und negativ?
- Wie nehmen Menschen eine „normale" Entwicklung, und welche Ursachen für verschiedene Formen der Abweichung davon bestehen?
- Wo liegen Grenzen der Entwicklungsmöglichkeiten des Menschen?
- Wie stehen Menschen untereinander in Beziehung und welche Beziehungen zu anderen Lebewesen, der Natur und der physischen Umgebung sind erstrebenswert?

Menschenbilder bündeln unsere Annahmen über andere Menschen, bilden aber auch die Basis für die Bewertung von Leben und Gemeinschaft. Dies impliziert die Reflexion über strukturelle Aspekte von Gesellschaft. So stellt die voraussetzungslose und uneingeschränkte Teilhabe im Rahmen der Inklusion zahlreiche selegierende Mechanismen kapitalistischer Gesellschaften in Frage. Insbesondere gilt dies für den Zugang zu den Schlüsselbereichen dieser Gesellschaften: Bildung, Arbeit, Wohnen, Konsum und Gesundheit.

Neben veränderten Strukturen erfordert Inklusion aber auch eine Veränderung der zwischenmenschlichen Dimension. Hierfür ist es erforderlich, persönliche Vorurteile zu überwinden und die eigene Stellung in der Welt und die Bedeutung von menschlichen Beziehungen neu zu überdenken. Für die psychosoziale Arbeit geht es darum, eine vorurteilsfreie und reflektierte Haltung anderen Menschen gegenüber zu erarbeiten.

1.4 Aufbau und Zielsetzung des Lehrbuchs

Um der Komplexität der Inklusionsdebatte gerecht zu werden, beginnt das Lehrbuch in *Kapitel 2* mit einer Darstellung von metatheoretischen Zugängen zum Begriff der Inklusion in ausgewählten Sozialtheorien. Die fünf theoretischen Zugänge von Niklas Luhmann, Michel Foucault, Pierre Bourdieu, Martha Nussbaum und Norbert Elias wurden gewählt, weil sie einerseits wichtige Reflexionsrahmen zum Themenbereich darstellen und weil sie andererseits in verschiedenen fachwissenschaftlichen Debatten, u. a. in der Sozialen Arbeit, diskutiert wurden. Auch basieren sie auf unterschiedlichen Menschenbildern, die jeweils einleitend ausgeführt werden. Daneben erlauben sie andere Lesarten zum Thema Inklusion als diejenigen, die in der öffentlichen Debatte dominieren:

So kann mit Luhmann einerseits Exklusion als wertfreie Nicht-Kommunikation gesehen und Inklusion als Freiheitsgewinn in Abgrenzung zur Integration verstanden werden.

Und mit Foucault kann wiederum diese Freiheit in Frage gestellt und die Normierungen, die mit einer Inklusion einhergehen, kritisiert werden. Während Menschen nach Luhmann lediglich Umwelten von Systemen und im Unterschied zu früheren Gesellschaften dadurch freier in ihrem Verhalten sind, sieht Foucault die Regierung der Menschen im Inklusionsbereich als Zwang zum Selbstzwang, also zur Selbstbeherrschung und Anpassung an gesellschaftliche Normen.

Mit Bourdieu kann genauer verstanden werden, wie milieuspezifische Sozialisationsprozesse zur Ausgrenzung aus der Gesellschaft beitragen. Insbesondere an Wohnorten und an Schulen zeigen sich diese Mechanismen der räumlichen Segregation, die über den Habitus auch in die Körper der Menschen eingeschrieben werden.

Nussbaum wiederum öffnet den Blick für Grundbedürfnisse und grundlegende Fähigkeiten aller Menschen und fragt nach der Verantwortung des Staates für die Bereitstellung von Rahmenbedingungen als Voraussetzung dafür, dass Menschen ihre Fähigkeiten auch realisieren können.

Und Elias, ein zu Unrecht häufig vergessener Sozialwissenschaftler, stellt das gewohnte Denkmuster des „Gegenüber" von Individuum und Gesellschaft in Frage. Er verdeutlicht den Zusammenhang zwischen sozialstrukturellen Gegebenheiten in einer Gesellschaft und dem jeweils damit korrespondierenden Persönlichkeits-Typus und macht auf den Macht-Aspekt in allen sozialen Beziehungen aufmerksam.

Dieses Lehrbuch möchte neben der allgemeinen Information über die oben genannten Sozialtheorien, die für Fragen zur Inklusion relevant sind, diese theoretischen Zugänge auch zur Reflexion verschiedener empirischer Fragestellungen vorschlagen (s. auch Balz, Huster & Kuhlmann 2011). Dies auch vor dem Hintergrund, dass die Autor_innen des Lehrbuchs u. a. in der Lehre des Masterstudiengangs „Soziale Inklusion: Bildung und Gesundheit" an der Evangelischen Hochschule Rheinland-Westfalen-Lippe tätig sind (s. auch Balz, Benz & Kuhlmann 2012), in dessen Rahmen seit 2010 eine Reihe von Lehr-Forschungs-Projekten durchgeführt wurden. Die Projekte verfolgten die Frage, wie soziale Teilhabe von benachteiligten Menschen gefördert werden kann und – konkreter – welche Interventionen zur Überwindung von Lebenslagen der Armut, Benachteiligung und Ausgrenzung für unterschiedliche Zielgruppen und Problemlagen konzeptionell entwickelt oder verbessert werden können. Sie behandelten Themen wie Sprachförderung im Kindergarten oder Inklusion im schulischen Ganztag sowie Probleme der Schulverweigerung oder der Partizipation in Wohngruppen. Auch Forschungsprojekte zur ehrenamtlichen Vormundschaft für unbegleitete minderjährige Flüchtlinge, begleiteter Elternschaft oder migrationssensibler Altenhilfe, zur Tafelbewegung oder zu einsam Verstorbenen in bestimmten Stadtteilen wurden durchgeführt. Die Lehr-Forschungs-Projekte fanden fast ausschließlich in Kooperation mit Trägern der Sozialen Arbeit in verschiedenen Städten des Ruhrgebiets und der Umgebung statt.

Bei der Präsentation der Ergebnisse der Lehr-Forschungs-Projekte wurde immer wieder deutlich, dass die Fragen nach Teilhabe und einem guten Leben für die Klient_innen der Sozialen Arbeit je nach Arbeitsfeld (Behindertenarbeit, Altenarbeit, Flüchtlingsarbeit, Jugendarbeit etc.) unterschiedlich zu beantworten sind und dass Armutsfragen nicht zu trennen sind von Fragen nach anderen Ursachen und Dimensionen von Benachteiligung (Geschlecht, Migration, Behinderung, soziale Herkunft und Alter). Auch wurde klar, wie notwendig die theoretische Reflexion vor und nach den Projekten ist. Denn die Ergebnisse zeigten, wie komplex und aufwändig die Umsetzung inklusiver Orientierungen in der Praxis ist, welche räumlichen und sozialen Dimensionen das jeweilige Arbeitsfeld hat und welche unterschiedlichen lebensbiographischen Fragen für Personen der verschiedenen Zielgruppen bestanden. Sie ließen aber auch erkennen, wie sich die Umsetzung von inklusiven Projekten teilweise paradox oder widersprüchlich gestaltet (vgl. Kap. 6.2 und 6.5).

Um die theoretische Einordnung und Interpretation empirischer Arbeiten im Bereich der inklusiven Sozialen Arbeit zu erleichtern, folgt in unserem Buch in *Kapitel 3* ein Überblick über die Bedeutung der in Kapitel 2 vorgestellten Meta-Theorien für die Soziale Arbeit im Allgemeinen und für Fragen der Inklusion im Besonderen. Auch die in *Kapitel 4* vorgestellten Diskurse aus Politik und Wissenschaft (insbesondere sozial- und erziehungswissenschaftliche sowie psychologische Diskurse und Kontroversen) sollen einer Orientierung dienen, die es ermöglicht, praktische Konzepte und empirische Ergebnisse in ihrer Komplexität zu verstehen.

Kapitel 5 dient der Vorstellung der Methoden, die ein inklusives Handeln ermöglichen. Hier wird deutlich, dass es bei aller Kritik an der bisherigen Umsetzung von Inklusion noch ein großes Potenzial für inklusive Praxiskonzepte und deren Umsetzung gibt.

Kapitel 6 konzentriert sich dann wieder auf die praktischen Entwicklungen, die aus unserer Sicht zu hinterfragen sind, und beschreibt die Paradoxie von Versuchen wie beispielsweise der Inklusion von lernbehinderten Schüler_innen in Gymnasien. Auch wird die Frage gestellt, unter welchen Bedingungen Orte der Exklusion selbstbestimmter sein können als Orte der Inklusion.

In *Kapitel 7* ziehen wir Schlussfolgerungen aus den vorherigen Kapiteln. Insbesondere wird hier auf den in Kapitel 4 vorgestellten intersektionalen Ansatz vertiefend eingegangen.

2 META-THEORIEN

Was Sie in diesem Kapitel lernen können:

In diesem Kapitel werden fünf ausgewählte Sozialtheorien vorgestellt, die sich mehr oder weniger ausdrücklich mit Fragen von Inklusion und Exklusion beschäftigen und in den letzten Jahren im Bereich der wissenschaftlichen Diskussion – auch in der Sozialen Arbeit – viel diskutiert wurden. Diese Theorien gehen von unterschiedlichen Interpretationen der Gesellschaft und des Menschen aus und kommen daher in Bezug auf die Möglichkeiten und Bewertung von Inklusion zu unterschiedlichen Positionen. Sie können hier lernen, dass die Frage danach, ob Inklusion eine wünschenswerte Utopie ist und ob sie sich verwirklichen lässt, von der Frage abhängt, wie die Veränderungsprozesse einer Gesellschaft beschrieben werden, ob dominante Machtinteressen einzelner Gruppen unterstellt werden oder nicht, oder welche Bedürfnisse den Menschen zugeschrieben werden. Die Reihenfolge der Theoretiker_innen ist nicht mit ihrer Relevanz zu begründen. Wir beginnen mit Luhmann, da er als einer der ersten den Begriff der Inklusion in Abgrenzung zur Integration benutzte.

Im dritten Kapitel wird es dann um die Anwendung der Theorien auf bestimmte Themen der Sozialen Arbeit und der Inklusion gehen.

2.1 Niklas Luhmann: Inklusion als Befreiung von Integration

Niklas Luhmann (1927–1998) war Jurist, Verwaltungsbeamter, Stipendiat der Havard-Universität und wurde später einer der weltweit bekanntesten deutschen Soziologen. Beeinflusst durch Talcott Parsons und seine strukturfunktionale Systemtheorie entwickelte er an der Universität Bielefeld, wo er von 1968 an lehrte, die Theorie einer Gesellschaft, die durch sich ausdifferenzierende Funktionssysteme bestimmt und weiterentwickelt wird. Zu Beginn seiner Tätigkeit wurde er insbesondere durch den Streit mit Jürgen Habermas, einem Vertreter der Kritischen Theorie, bekannt.

2.1.1 Menschen- und Gesellschaftsbild

Nach Luhmann ist der Mensch in der modernen Gesellschaft nicht mehr integriert, sondern über Funktionssysteme inkludiert. Um zu verstehen, was Luhmann damit meint und warum er darin einen Freiheitsgewinn sieht, muss man sich sowohl auf seine Idee der funktionalen Differenzierung der Gesellschaft wie auch auf sein Verständnis der „autopoietischen" Funktionsweisen dieser Systeme einlassen. Einlassen insofern, weil er eine in der abendländischen Philosophietradition ungewöhnliche Definition von Mensch und Gesellschaft vornimmt, die nicht nur unserem Alltagsverständnis widerspricht, sondern auch den meisten anderen soziologischen Auffassungen, die zuvor oder danach entwickelt wurden.

In der Moderne – so Luhmann – wirken verschiedene Funktionssysteme zusammen, die nach je eigenen und von außen weitgehend unbeeinflussbaren Regeln arbeiten. Zu diesen Systemen gehören das Wirtschafts-, das Rechts- und das Erziehungssystem, aber auch die Religion, die Gesundheit, die Politik oder die Wissenschaft bilden eigene Systeme aus. Nach Luhmann gibt es drei Typen von sozialen Systemen:

- Interaktionssysteme,
- Organisationssysteme und
- Gesellschaftssysteme (oder Funktionssysteme).

In den Interaktionssystemen kommunizieren Anwesende, in Organisationssystemen ist die Mitgliedschaft an Bedingungen geknüpft, und in die Gesellschaft sind alle über die Funktionssysteme „inkludiert".

Luhmanns Auffassung von Gesellschaft als Zusammenwirken verschiedener Systeme knüpft einerseits an die strukturfunktionale Gesellschaftstheorie von Talcott Parsons an und bezieht sich andererseits auf die Theorie der „autopoietischen Systeme" des chilenischen Neurobiologen Humberto Maturana. An der strukturfunktionalen Theorie kritisierte Luhmann, dass sie die Entwicklung der Gesellschaft nicht hinreichend erklären könne, was allerdings mit der Übertragung der Idee der „Autopoiesis" auf soziale Systeme gelinge. Demnach ist ein System nicht als Summe von zugehörigen Teilen zu verstehen, sondern als Einheit, die einen Unterschied zur sie umgebenden Umwelt macht. Ein System zeichnet sich dadurch aus, dass es die Differenz zwischen System und Umwelt selbst ist (Luhmann 2006, 66).

2.1.2 Autopoiesis und Kommunikation

Wie eine biologische Zelle ein offenes System darstellt, das von der Umwelt durch chemische Austauschprozesse beeinflusst wird, so werden nach Luhmann auch soziale und psychische Systeme durch ihre Umwelten beeinflusst. Allerdings zeichnen sich lebendige Systeme – hier in Anlehnung an Maturana – anders als Maschinen dadurch aus, dass sie sich selbst aus eigener Kraft verändern und regulieren können. Biologische Systeme gehorchen nicht den Gesetzen der sie umgebenden Umwelt, sondern eigenen Gesetzen. Sie starten ihre „Operationen" mit einer „Selbstreferenz" und ihre internen Abläufe beziehen sich auf die eigenen Entwicklungsgesetze. Sie produzieren und reproduzieren sich selbst. Auch die Unterscheidung von System und Umwelt nimmt das System selbst vor. Dieses Prinzip, dass ein System sozusagen sein „eigenes Werk" ist, nennt Maturana „Autopoiesis" (Luhmann 2006, 111).

Trotz der „Selbstreferenz" sind lebendige Systeme anschlussfähig, d. h. offen für Veränderungen durch die Umwelt. Umweltanregungen können auf Systeme sogar strukturverändernd wirken. Gemäß dem Prinzip der Autopoiesis entscheidet aber nicht die Umwelt, sondern das System über die Relevanz der „Informationen", die aufgenommen werden. Ein System ist daher relativ autonom (Luhmann 2006, 47).

Luhmann überträgt nun die Idee der autopoietischen Systeme auf die gesellschaftlichen Systeme, die seiner Meinung nach auch über systemimmanente Operationen verfügen. Hier werden die Informationen nicht in Form chemischer Austauschprozesse übermittelt, sondern durch Kommunikation. Nur die Kommunikation ist nach Luhmann für die Operationen in sozialen und psychischen Systemen im oben genannten Sinne „anschlussfähig":

„Ein Sozialsystem entsteht, wenn sich Kommunikation aus Kommunikation entwickelt. (...) Kommunikation kommt überhaupt nur zu Stande, wenn jemand im Groben versteht oder vielleicht auch missversteht, aber jedenfalls soweit versteht, dass die Kommunikation weiter laufen kann, und das liegt außerhalb dessen, was man durch die bloße Benutzung von Sprache schon sicherstellen könnte. Es muss jemand erreichbar sein, muss hören oder lesen können" (ebd., 78f.).

Unter Kommunikation versteht Luhmann also nicht eine auf Verständigung und Konsens zielende Handlung oder ein „Sender-Empfänger-Modell", sondern nur ein „Attribut einer Handlung", eine „sich selbst beobachtende Operation", die aus Informationen, Mitteilungen und Verstehen besteht (Luhmann 2005, 63; 2006, 288). Auch das Bewusstseinssystem des Menschen funktioniert „autopoietisch", indem es „das Fortspinnen mehr oder minder klarer Gedanken" betreibt (Luhmann, zit. n. Kneer & Nassehi 1997, 60) und gekoppelt ist mit den Kommunikationen der sozialen Systeme. Es ist ein selbstreferentielles, geschlossenes System, das Gedanke an Gedanken reiht und über eine „emergente Ordnung" verfügt, d. h. über ein selbstorganisiertes Entstehen der Ordnung aus der Unordnung. Nach Luhmann denkt das Bewusstsein, kommuniziert aber nicht, während die Kommunikation kommuniziert, aber nicht denkt (ebd., 73). Auch Menschen kommunizieren nicht: „Nur die Kommunikation kann kommunizieren." (Luhmann, zit. n. ebd., 66)

Gesellschaft entsteht also nicht durch die Handlungen der in ihr lebenden Menschen, sondern durch kommunikative Operationen, denen eine Eigendynamik innewohnt. Der Mensch ist – wie alles Lebendige und alles Psychische – nach Luhmann lediglich Teil der Umwelt der sozialen Systeme. Da er „nicht aus Kommunikation besteht, ist er nicht Teil der Gesellschaft", denn diese besteht nur aus Kommunikation (Luhmann 2005, 23; vgl. ebd., 35ff.). Zwar rechnet Luhmann die Kommunikation als eine Mitteilungs-, Informations- und Verstehenshandlung einzelnen Personen zu, aber der Mensch ist nicht Ursache der Kommunikation. Luhmann unterscheidet hier zwischen Mensch und „Person". Der Mensch ist nach Luhmann ebenfalls ein System: ein biologisches und ein psychisches, vor allem auch ein „autopoietisches". Nur so lasse sich die Vielfalt von Individuen erklären, Sozialisation sei daher vor allem Selbstsozialisation (Luhmann 2006, 136).

Da der Mensch nicht Teil der Gesellschaft ist, besteht diese also nicht aus Menschen. Vielmehr sind der Körper und das Bewusstsein des Menschen „Umwelten" der sozialen Systeme. Der Mensch wird als „Person" von den gesellschaftlichen Systemen in ihre Kommunikation einbezogen – oder nicht, je nachdem ob er von der Kommunikation des Systems nach dessen Funktionslogik für relevant erachtet wird. Luhmann möchte diese Konzeption des Menschen aber nicht als Abwertung verstanden wissen. Vielmehr sieht er in der modernen Gesellschaft die Chance, dass Menschen einen „radikalen Individualismus" leben können, dass sie also eine gewisse Unabhängigkeit und Kritikfähigkeit gegenüber Systemen haben können, da sie nicht Teil, sondern Umwelt dieser Systeme sind (ebd., 256f.).

Die Gesellschaft besteht nach Luhmann also aus sich ausdifferenzierenden Systemen, die auf Operationen der Kommunikation beruhen und nach autopoietischen Prinzipien funktionieren.

Im Unterschied zu Emile Durkheim oder Max Weber sieht er daher die Gesellschaft nicht nur als Folge einer Spezialisierung von Rollen, sondern von Systemdifferenzierungen (Luhmann 2005, 19). Er versteht Gesellschaft darüber hinaus auch nicht mehr regional, sondern aufgrund der Existenz von Massenmedien und Globalisierung als Weltgesellschaft. Denn die Grenzen einer Gesellschaft bestehen nach Luhmann in Kommunikation oder Nichtkommunikation, weshalb Landesgrenzen letztlich nicht mehr bedeutsam seien (ebd., 60).

2.1.3 Die Entstehung gesellschaftlicher Funktionssysteme

Die Ausdifferenzierung von Funktionssystemen betrachtet Luhmann als Ergebnis eines evolutions-ähnlichen historischen Prozesses. In seinem Verlauf wurden archaische, d.h. „segmentierte" Gesellschaften, von Gesellschaften mit „stratifikatorischer Differenzierung" abgelöst. Während in ersteren die gesellschaftliche Teilhabe an reale Anwesenheit in einem Dorf oder Stamm gebunden war und nur ein geringes Maß an Arbeitsteilung und Komplexität herrschte, unterschieden die stratifizierten Gesellschaften bereits grundlegend in ungleiche, hierarchisch geordnete Schichten. In diesen Gesellschaften wurden die Menschen in eine bestimmte, vor der Geburt festgelegte Statusposition hineingeboren, die ihre Teilhabe an der Gesellschaft in allen Bereichen des Lebens regelte. Sie waren von Vornherein „integriert". Dafür mussten sie sich festgelegten Regeln, bspw. den Zunftregeln, unterwerfen und in ihrem gesamten Verhalten – auch im privaten Bereich – diesen Regeln anpassen. Stratifizierte Gesellschaften stellen die bisher längste und stabilste historische Phase dar. Sie waren gekennzeichnet durch eine primär religiös fundierte Auslegung des Daseins, weshalb die Regulierung der Inklusion hier der Moral überlassen war, „die dann nur noch zu bestimmen hat, wem nach Maßgabe seiner Herkunft und seines Verhaltens Achtung geschuldet ist und welches Verhalten Missachtung auf sich zieht" (Luhmann, zit. n. Kneer & Nassehi 1997, 128).

In der Vormoderne differenzierten sich die heutigen Funktionssysteme heraus. Zunehmend fanden z.B. eine Entfernung des Rechts von der Politik statt, eine

Entkoppelung der Wirtschaft von Religion und Moral und eine Monetarisierung ökonomischer Beziehungen. Dies alles führte spätestens mit Mitte des 19. Jahrhunderts zu einer funktionalen Differenzierung der Gesellschaft. Die Gesellschaft bildete Systeme aus, die sich in nicht durch einander ersetzbare Funktionen differenzierten. Durch diese Umstellung auf funktionale Differenzierung konnte man auf soziale Klassen als Ordnungsprinzip verzichten. Das heißt – so Luhmann – aber nicht, dass es in dem „Regime funktionaler Differenzierung" keine Ungleichheiten mehr gibt. Allerdings dürften diese nicht festgeschrieben sein, d. h. beispielsweise, dass hoher Reichtum nicht Reichtum für alle Zeiten bedeuten dürfe (Luhmann 1995, 249).

2.1.4 Binäre Codes und unangepasste Evolution

Die sozialen Funktionssysteme der modernen, arbeitsteiligen Gesellschaft kommunizieren nach je eigener Rationalität. Sie reagieren verschieden und ihre strukturellen Bedingungen sind ebenfalls verschieden. Gemeinsam ist ihnen, dass sie „nach Maßgabe eines binären Codes (kommunizieren, d. Verf.), der jeweils einem und nur einem Funktionssystem zugeordnet ist" (Luhmann 1996, 54).

So gehe es im Wissenschaftssystem immer um Wahrheit oder Unwahrheit, im Rechtssystem um Recht oder Unrecht, im Wirtschaftssystem um Besitz oder Nicht-Besitz und Zahlungsfähigkeit oder -unfähigkeit. In der Politik gehe es um den „legalen Gebrauch staatlicher Autorität zu kollektivbindendem Entscheiden" sowie um Regierung, Opposition, „Amtsmacht und Unterworfensein, also Folgenmüssen". Im Erziehungssystem gehe es um die Selektion für Karrieren. Daher werde in diesem System beispielsweise „dauernd anhand eines Selektionscodes" gelobt oder getadelt, gute oder schlechte Noten bzw. Abschlüsse vergeben, versetzt oder nicht versetzt (ebd., 54; Luhmann 2005, 263). Ein System entscheidet über Zuständigkeit nach einer binären Codierung, d. h., entweder das System ist zuständig oder nicht, eine dritte Möglichkeit ist ausgeschlossen. Wer beispielsweise sozial nicht bedürftig ist, erhält keine staatlichen Transferleistungen (Hartz IV). Und wer nicht behindert ist, erhält keine Leistungen der Behindertenhilfe.

Funktionale Differenzierung meint aber nicht nur, dass die Personen innerhalb der einzelnen Funktionssysteme gleich behandelt werden, sondern auch die Gleichheit der ungleichen Systeme. Luhmann behauptet, es gäbe keine Rangordnung mehr in dem Sinne, „dass Politik wichtiger ist als Wirtschaft, Wirtschaft wichtiger als Religion, Religion wichtiger als Familie, Familie wichtiger als Recht oder andersherum, sondern eine horizontale Nebeneinanderordnung ohne gesellschaftliche Vorprägung der Verhältnisse" (Luhmann 2005, 254).

Die heutige Gesellschaft entwickelt sich als Folge der „isoliert arbeitenden Funktionssysteme" in Richtung einer Steigerung ihrer Leistungen (ebd., 268). Diese heißt im Wirtschaftssystem mehr Wohlstand, in der Politik steigender Konsens und in der Wissenschaft eine Vermehrung wahrer Erkenntnisse, im Bildungsbereich beispielsweise die Senkung der Analphabetenquote. Dabei stehen die Systeme zugleich in Abhängigkeit und Unabhängigkeit zu einander. Die Einheit der Gesellschaft gelingt über eine „Integration", d. h. nach Luhmann durch eine wechselseitige Einschränkung der Freiheit der Systeme. Wenn ein Funktionssystem nicht richtig funktioniert, reagieren die anderen Systeme darauf, zum Beispiel, wenn die Wissenschaft von der Wirtschaft nicht mit Geld versorgt wird, sodass sie nicht mehr funktionieren kann.

2.1.5 Bezug zur Inklusion

Luhmann behauptet, im Unterschied zur stratifikatorischen Differenzierung in der Vergangenheit sei die Inklusion jeder Person in der Moderne in allen Funktionssystemen vorgesehen, denn die Systeme brauchen diese Beteiligung, um zu funktionieren. Inklusion meint dabei „die Teilhabe von Personen an bestimmten Kommunikationen", die dadurch erreicht wird, dass diese Personen kommunizieren können, „was man kommunizieren kann" (Luhmann, zit.n. Kneer & Nassehi 1997, 157). Das heißt, ein Wissenschaftler wird durch wissenschaftliche Kommunikation adressiert, während die ökonomische Kommunikation über Geld verläuft. Daher soll jeder über Geld verfügen, denn „je mehr Geld vorhanden ist, umso mehr kann gekauft werden, umso besser ist es für die Wirtschaft" (Luhmann 2005, 275). Jeder sei daneben rechts- und vertragsfähig, wahlberechtigt usw. Also wenden sich die Funktionssysteme prinzipiell an alle Personen, d. h. nach Luhmann, sie „adressieren" ihre Kommunikation an sie. Dabei werden die Menschen nicht mehr als „ganze Person" in diese Funktionssysteme *integriert*, sondern *„inkludiert"*, sofern sie nach der Logik dieser Systeme in Bezug auf deren Funktion „passen". Das heißt, wenn sie krank sind, werden sie ins Gesundheitssystem inkludiert, bei Bildungsfähigkeit ins Schulsystem usw. Da der Mensch in jedem System eine andere Rolle spielen kann, ist er in seinem Handeln weniger festgelegt als in vormodernen Gesellschaften. Eine vollständige *Inklusion* findet nach Luhmann nur in der Familie statt, in anderen gesellschaftlichen Bereichen ist Exklusion der normale Zustand, während sich die Inklusion dann jeweils nur an einen Teilaspekt der Person richtet (als Patient_in, Schüler_in, Arbeitnehmer_in etc.). Die moderne Gesellschaft überlässt die Inklusion damit ihren Funktionssystemen und „verzichtet auf gesellschaftseinheitliche Regelung von Inklusion" (Luhmann 1995, 246). So werde Teilnahme an Bildung, Politik oder Familie jeweils nach anderen Regeln verhandelt.

Allerdings ist auch klar: Die Personen in einer modernen Gesellschaft müssen in den Systemen nach den erwarteten Regeln kommunizieren. Sie können als Umwelten der Systeme deren Regeln selbst nicht verändern, da Systeme autopoietisch sind. Eine „Vollinklusion" in die Gesellschaft ist wie auch eine vollständige Exklusion in der Gesellschaft nicht möglich, weil einerseits die Berücksichtigung einer Person im System an Bedingungen geknüpft ist und andererseits die Exklusion aus einem System die Inklusion in ein anderes nach sich zieht. Z. B. zieht die Exklusion aus dem Erwerbsbereich die Inklusion in das System sozialer Sicherungen nach sich. Nach Luhmann beschreibt Exklusion also zunächst nur einen Zustand der teilweisen Nicht-Zugehörigkeit, nicht eine wertende Ausgrenzung.

Individualität wird nach Luhmann nicht mehr über Inklusion, sondern über Exklusion bestimmt. Das Individuum wird durch die funktionale Differenzierung der Gesellschaft zum Maß aller Dinge, wodurch sich allerdings psychische Mentalitäten entwickeln können, die eine Weiterexistenz der Gesellschaft gefährden.

2.1.6 Exklusion als Unmöglichkeit oder Endzustand?

Luhmann hat in späteren Veröffentlichungen seine These, dass Menschen nicht vollständig aus den gesellschaftlichen Funktionssystemen auszuschließen sind, relativiert (s. a. Bude & Willisch 2008, 18). Er führte daher einen veränderten Begriff der „Exklusion" ein, der nun – sozusagen als Exklusion II – einen möglichen „Endzustand" der modernen Gesellschaft bezeichnete. Der Besuch von lateinamerikanischen Favelas und die Situation der völligen gesellschaftlichen Abkopplung ihrer Bewohner_innen soll ihn zu dieser neuen Einschätzung bewogen haben. Er sprach damals von „relativ neuen" Überlegungen, die sich auf die Situation in Südamerika, Indien, Thailand und anderen Ländern bezogen. Dort gebe es eine Tendenz, die Bevölkerung „in einen exkludierten Teil und einen inkludierten Teil zu splitten" (Luhmann 2005, 80). Denn die Nichtteilnahme an einem Funktionssystem schließe hier oft die Mitwirkung in anderen aus, beispielsweise, wenn die Tatsache, dass sie keine feste Adresse haben, dazu führt, dass ihre Kinder nicht die Schule besuchen können und daher später auch keinen Beruf ergreifen und keine Wohnung mieten können. Luhmann beschrieb diese Entwicklung als „Konsequenz des Wirkens der Funktionssysteme, vielleicht auch die Konsequenz des rapiden demographischen Wachstums" (ebd., 276f.).

Luhmann gesteht hier zu, dass Exklusion aus einem Funktionssystem nicht immer die Inklusion in ein anderes nach sich zieht, wenn es beispielsweise zu einer Überlastung der Systeme kommt. Im Gegenteil können sich also Exklusionen vervielfachen. Dies führe zu einer „Supercodierung" bzw. zu einer neuen Primärdifferenzierung der Gesellschaft in Exklusion und Inklusion, die nicht verharmlost werden dürfe. Weil sich die Bedingungen der Zugehörigkeit ändern, änderten sich auch die Konsequenzen der Nichtzugehörigkeit. So könne dann die „alt gewordene Gestalt der funktionalen Differenzierung" schließlich so aussehen, dass zwar ein großer Teil der Bevölkerung innerhalb der Funktionssysteme arbeitsfähig „und mit loser Kopplung inkludiert" ist, dass es daneben aber Bevölkerungsteile gibt, die ausgeschlossen und nur noch damit beschäftigt sind, ihr Leben vor Hunger und Gewalt zu schützen (ebd., 277).

Die Tatsache, dass Inklusion zwar dem Anspruch nach, aber nicht in der Realität für alle gelte, habe dann wiederum Rückwirkungen auf die Funktionssysteme, weil sie sich darauf einstellen müssen, ihrem eigenen Inklusionsanspruch nicht mehr genügen zu können. Luhmann fragt sich, welche Konsequenzen es z. B. für das Wirtschaftssystem hat, wenn große Teile der Bevölkerung nicht mehr am Markt teilnehmen, „sich aber auch nicht mehr subsistenzwirtschaftlich selbst ernähren können" (Luhmann 1995, 261).

Und er formuliert eine gewisse Ratlosigkeit in Bezug auf die zukünftigen Konsequenzen, da man nicht ignorieren könne, dass die verstärkte Bedeutung der

Differenz von Inklusion und Exklusion mindestens soviel Aufmerksamkeit verdiene wie ökologische Probleme.

Schon in den 1990er Jahren wies er darauf hin, dass es zu einer „Überschwemmung der Industrieländer mit Migranten aus der Dritten Welt" kommen könnte, die schließlich zu einer „Primärdifferenz von Inklusion und Exklusion" auch in den westlichen Gesellschaften führen werde. Lediglich das Religionssystem könnte dann – so Luhmann – noch ein System sein, das „Inklusion auch dann noch offen hält, wenn es überall sonst zur Exklusion kommt" (Luhmann 2005, 278).

Interessanterweise beleuchtete Luhmann in seinen späteren Schriften auch den Inklusionsbegriff mehr in Bezug auf soziale Kontrolle, ein Attribut, das er zuvor dem Integrationsbegriff zugeordnet hatte. Mit Bezug auf Foucault beschrieb er die „Zwangsinklusionen" in den Arbeitshäusern, Gefängnissen und Irrenanstalten, die soziale Kontrolle ausüben, die früher durch Exklusion ausgeübt worden seien. Das „Bekenntnis zur Inklusion der Gesamtbevölkerung" erzeuge „Enttäuschungserlebnisse", die zu „Kristallisationspunkten für soziale Bewegungen" würden und sich dann nicht mehr „durch Ausschließung erledigen lassen" (Luhmann 1996, 188).

2.1.7 Ausgewählte kritische Positionen zu Luhmann

Der eingangs erwähnte Streit mit Jürgen Habermas ging vor allem um dessen Vorwurf, die Luhmann'sche Systemtheorie sei sozialtechnologisch und geeignet, ähnlich „herrschaftslegitimierende[...] Funktionen" zu erfüllen, wie es der Positivismus bisher getan habe (Habermas 1982, 144; zur Auseinandersetzung mit Poppers kritischem Rationalismus siehe den „Positivismusstreit": Habermas 1963). Luhmanns „kybernetisches Sprachspiel" hielt er für eine „Apologie des Bestehenden um seiner Bestandserhaltung willen" (ebd., 170 und 226). Denn er reduziere praktische Fragen auf technische und entziehe sie dem, was Habermas den offenen und vernünftigen Diskurs nannte. Er vernachlässige Machtverhältnisse, die auch bei der Wahrheitssuche in den Wissenschaften die Ergebnisse beeinflussen könnten.

Auch Martin Kronauer kritisierte neben der Mehrdeutigkeit des Exklusionsbegriffs die mangelnde Berücksichtigung von Machtinteressen – insbesondere im Wirtschaftssystem, dessen Dominanz und radikalisierte kapitalistische Funktionsweise er für eine neue Qualität von Exklusion verantwortlich machte. Exklusion meint nach Kronauer – anders als bei Luhmann – den dauerhaften Ausschluss vom Arbeitsmarkt und die damit verbundenen Benachteiligungen auch im Bereich der sozialen und politischen Teilhabe (Kronauer 2010a; vgl. ähnlich auch Münch 2009, Stichweh & Windolf 2009).

Die moderne kapitalistische und in Funktionssysteme differenzierte Gesellschaft bedeute nicht das Ende der Stratifizierung, sondern lediglich eine „Formumwandlung" (Kronauer 2010a, 245f.). Luhmann habe die Macht des Wirtschaftssystems unterschätzt. Exklusion ist nach Kronauer nicht das logische Resultat rational operierender Funktionssysteme, sondern Resultat einer hoch entwickelten kapitalistischen Gesellschaft, die überwunden werden müsse, wenn Exklusion sinnvoll bekämpft werden solle (ebd., 130). Inklusion dagegen „bleibt (…) unter kapitalistisch-marktwirtschaftlichen Vorzeichen immer begrenzt und fragil" (Kronauer 2010a, 231). Denn über das Medium Geld ist die Gesellschaft „ökonomisch präformiert" (ebd., 242). Daher führt nach Kronauer eine Perspektive auf Inklusion in das bestehende System nicht weiter. Inklusion müsse als Utopie verstanden und mit der Forderung einer Überwindung von exkludierenden gesellschaftlichen Verhältnissen verbunden werden (Kronauer 2010b, 56).

Anregungen zur Diskussion
Rekapitulieren Sie einige Grundannahmen der Systemtheorie nach Luhmann und diskutieren Sie folgende Fragen:

- Wie begründet Luhmann seine Auffassung von der Unmöglichkeit einer vollständigen Inklusion bzw. Exklusion? Stimmen Sie dieser Auffassung zu? Warum bzw. warum nicht?
- Für wie eindeutig halten Sie die binären Codes, die Luhmann für die einzelnen Systeme beschreibt (z. B. Wahrheit oder Unwahrheit im Wissenschaftssystem, Recht oder Unrecht im Rechtssystem etc.)? Was wäre Ihrer Auffassung nach der binäre Code der Sozialen Arbeit?
- Worum geht es nach Luhmann im Erziehungs- und im Bildungssystem?
- Stellen Sie in einer Arbeitsgruppe Luhmanns Position, der zufolge die sozialen Systeme gleichberechtigt sind, der Position Kronauers gegenüber, nach der alle anderen Systeme durch das ökonomische dominiert werden. Welcher Position schließen Sie sich an? Warum?

Hinweise zur weiterführenden Lektüre
Das Hauptwerk Luhmanns stellt das Buch „Soziale Systeme – Grundriss einer allgemeinen Theorie" von 1984 dar, das allerdings nicht einfach zu verstehen ist. Luhmann selbst war der Meinung, dass man nicht alles, was zu sagen ist, „gleichermaßen unter die Knute der Verständlichkeit zwingen" sollte (Luhmann, zit. n. Kneer & Nassehi 1997, 13). Dieses Hauptwerk zeichnet sich auch nach Kneer & Nassehi durch einen „labyrinthischen Argumentationsstil" aus (ebd.). Es gibt für den Einstieg in Luhmanns Gedankenwelt eine gute Alternative. Zu empfehlen sind hier die aufgezeichneten Vorlesungen zum Thema „Systemtheorie" und „Theorie der Gesellschaft" (Luhmann 2005 und 2006). Zum Thema Inklusion und Exklusion ist sein Aufsatz in dem Band „Soziologische Aufklärung" von 1996 aufschlussreich und grundlegend für seinen Begriff von „Exklusion II" – wie Kronauer es nannte. Als Einführung empfehlenswert sind die Bücher von Kneer & Nassehi (1997), Nassehi (2008) sowie das Buch von Walter Reese-Schäfer (2011). Den Transfer auf und die Diskussion in der Sozialen Arbeit stellen Merten & Scherr umfassend dar (2004).

2.2 Michel Foucault: Inklusion als Einschränkung der Freiheit in der inkludierenden Exklusion

Michel Foucault (1926–1984) war Philosoph und Psychologe. Mit der von ihm begründeten Methode der „Diskursanalyse" arbeitete er vor allem historisch. Er analysierte Quellen, indem er die in ihnen enthaltenen Thematisierungen und Tabus diskutierte. Ab 1970 bis zu seinem Tod war Foucault Inhaber des Lehrstuhls für die „Geschichte der Denksysteme" am bedeutenden Collège de France in Paris. Seine Theorie der „Gouvernementalität" wurde weltweit einflussreich und hat nicht nur historische, sondern auch soziologische, politik- und andere wissenschaftliche Arbeiten beeinflusst (vgl. im angloamerikanischen Sprachraum die „Governmentality Studies"). Foucault beschäftigte sich zunächst mit den Themen Wahnsinn, Gefängnis, Sexualität und später mit Fragen der liberalen Marktwirtschaft. Für Foucault ist die Gesellschaft durch sich wandelnde „Regimes" gekennzeichnet, die je unterschiedliche Machtformen (z. B. Pastoral- oder Disziplinarmacht) auf die Gesellschaftsmitglieder ausüben. Politisch engagierte sich Foucault vor allem für Strafgefangene.

2.2.1 Menschen- und Gesellschaftsbild

Nach Foucault gibt es keine Natur des Menschen. Vielmehr passen sich die Menschen – meist unbewusst – den Normen der jeweiligen Gesellschaft an, die sich im historischen Prozess durchsetzen. Die Autonomie der Subjekte ist nach Foucault damit, ebenso wie die Freiheit, eine Illusion. Nichtsdestotrotz rief er (paradoxerweise, so Kessl 2007, 217) dazu auf, sie zu bewahren.

Die Menschen wurden und werden – so Foucault – regiert, zunächst durch Disziplinarmaßnahmen ihrer Souveräne, die sie beherrschen, später durch andere Formen der Machtausübung. Sie sind Produkte der verschiedenen „Regierungskünste" der Gesellschaft, in der sie leben. Zwar könne man heute nur noch „unter der Bedingung gut regieren, dass die Freiheit oder bestimmte Formen der Freiheit wirklich geachtet werden". Trotzdem ist sie nicht wirklich vorhanden, da sie „zu einem unverzichtbaren Bestandteil" dieser Regierungskünste selbst geworden ist (Foucault 2006a, 506).

In seinem ersten Werk „Wahnsinn und Gesellschaft" (1961) untersuchte Foucault, welche unterschiedlichen Gruppen mit welchen Begründungen aus der Gesellschaft ausgeschlossen waren. Im Mittelalter waren es nur Leprakranke und Häretiker. In der Neuzeit kamen arme und bettelnde Landstreicher dazu, später Wahnsinnige und Behinderte. In dem folgenden Werk „Die Geburt der Klinik" (1963) interessierte ihn die Entwicklung des ärztlichen Wissens, das u. a. zur Diagnose des Wahnsinns notwendig war. Dieses Wissen ist kein objektives, sondern abhängig von allgemeinen gesellschaftlichen Veränderungen. Von Beginn an ging es nicht nur um Heilung, sondern auch um die Macht, etwas als Wahrheit zu konstruieren und damit Normen zu setzen. Das Wissen des Psychiaters wurde zu einem „Machtdispositiv" (vgl. dazu Ruoff 2007, 38), das Auswirkungen auch auf die Gesamtgesellschaft hatte.

Unter „Dispositiv" versteht Foucault dabei übergreifend bestimmte Handlungspläne und Vorentscheidungen, die einen Diskurs ermöglichen. Dazu gehören Praktiken, Gesetze, Institutionen, administrative Maßnahmen, Statistiken, wissenschaftliche Lehrsätze etc. Es lässt das „nichtexistierende in der Wirklichkeit tatsächlich in Erscheinung treten" und unterwirft es „auf legitime Weise der Unterscheidung zwischen dem Wahren und dem Falschen" (Foucault 2006b, 39). Unter Macht versteht Foucault zunächst eine Beziehung, in der die Freiheit dessen, auf den Macht ausgeübt wird, unterworfen wird (Foucault n. Ruoff 2007, 197). Später differenziert er Macht als „die Vielfältigkeit von Kraftverhältnissen, die ein Gebiet bevölkern und organisieren; das Spiel, das in unaufhörlichen Kämpfen und Auseinandersetzungen diese Kräfteverhältnisse verwandelt, verstärkt, verkehrt; sie stützen, die diese Kräfteverhältnisse aneinander finden, indem sie sich zu Systemen verketten" (Foucault, zit. n. Sarasin 2008, 34).

Wissen ist ein Teil des „Dispositivs" und ist nicht objektiv, sondern selbst ein Element der Machtausübung. Wissen ist in diesem Sinne nicht abhängig von gesellschaftlichen Normen, sondern im Gegenteil setzt das Wissen erst die Normen (beispielsweise wenn Homosexualität als Krankheit oder Verbrechen beschrieben wird – d. Verf.). Selbst naturwissenschaftliches Wissen war immer wieder tief greifenden Veränderungen unterworfen (Die Ordnung der Dinge 1966), die – ähnlich wie bei Luhmann – eher den Charakter einer Evolution haben, als dass sie einem geschichtlichen Fortschritt entsprechen, wie beispielsweise Hegel oder Marx dies behaupteten. Die Veränderungen lassen sich im „Diskurs" nachweisen, wenn neue oder abgewandelte Themen, Begriffe, Bewertungen, rechtliche Normen, Praxen oder Institutionen auftauchen. Ähnlich wie Luhmann war auch Foucault der humanistischen Tradition gegenüber kritisch: „Von dem, was wir als Humanismus bezeichnen, haben ebenso wohl Marxisten und Liberale wie Nazis und Katholiken Gebrauch gemacht. Das heißt nicht, dass wir die Menschenrechte oder Freiheit fallen lassen sollten; wir können allerdings nicht sagen, Freiheit oder Menschenrechte seien auf dieses oder jenes beschränkt" (Foucault, zit. n. Ruoff 2007, 125).

2.2.2 Genealogie der Diskurse

In seiner Antrittsvorlesung am Collège de France 1970 (Die Ordnung des Diskurses) vollzog Foucault einen Wechsel in seiner Methode, die er nun nicht mehr „Archäologie", sondern in Anlehnung an Charles Darwin eine „Genealogie" der Diskurse nannte. Nicht nur wollte er historische Quellen „ausgraben", sondern auch Entwicklungen, Veränderungen und die Etablierung gesellschaftlicher Normalisierungen nachzeichnen. Dabei interessierte ihn aber immer genauso, was sich nicht durchsetzte und was nicht gesagt wurde. Eine genealogische Analyse legt die Machttechnologie einer Zeit offen, sie rekonstruiert das „Geflecht von Bündnissen, Verbindungen, Stützpunkten" (Foucault 2006a, 175f.).

Die von ihm betriebene Diskursanalyse ist – wie Foucault sagt – im eigentlichen Sinne keine Methode, sondern sein Instrument, das er über seine Untersuchungsgegenstände zu korrigieren versuchte, wenn die „von mir definierten Objekte nicht ganz so sind, wie ich gedacht hatte. So taste ich mich voran und stolpere von Buch zu Buch" (Foucault, zit. n. Sarasin 2008, 9). Diskursanalyse ist keine Hermeneutik, auch wenn sie Anteile davon hat, denn sie versucht nicht zu verstehen, sondern eher im naturwissenschaftlichen Sinne zu analysieren, wie das ein Anatom beispielsweise tut. Denn der Sinn erscheine nicht von selbst, sondern sei an formale Bedingungen gebunden, die zunächst und prinzipiell fremd sind (ebd., 16). Foucault fragt, wie historische Ereignisse, Serien oder Regelmäßigkeiten zu einem bestimmten Zeitpunkt möglich wurden. Er begreift das Wirkliche als historisch erst Entstandenes, weil die Menschen, die Dinge und Verhältnisse nur als historische zu verstehen sind. Dabei interessieren ihn vor allem die Stimmen, „die zum Schweigen gebracht werden sollen", denn allein diese Tatsache mache es sinnvoll, sie anzuhören und verstehen zu wollen.

2.2.3 Disziplinargesellschaft und Normalisierungsmacht

Foucaults wissenschaftliche Arbeiten liegen zu einem Großteil in Form von aufgezeichneten Vorlesungen vor und thematisierten hauptsächlich Machtfragen (Die Macht der Psychiatrie 1973/74, Die Anormalen 1974/75, Geschichte der Gouvernementalität 1978/79). In der Vorlesung über die „Anormalen" beschrieb er den Wandel im Umgang mit Menschen mit körperlichen Abnormitäten, die früher als eine Art Monster zur Schau gestellt wurden. Später seien auch Exhibitionisten, Onanisten und Homosexuelle als „abnorm" beschrieben worden – nun nicht mehr auf dem Marktplatz, aber in ärztlichen und theologischen Abhandlungen. Foucaults folgendes Buch „Überwachen und Strafen" (1975) thematisierte die Disziplinierung und Normalisierung in Bezug auf kriminelles Verhalten. Wieder ging es um einen historischen Wandel, nämlich wie sich die Strafpraxis im 18. Jahrhundert veränderte und wie dies begründet wurde. Die im Mittelalter noch selbstverständlichen, öffentlichen Brandmarkungen und Verstümmelungen der Körper, die in „einem Ritual der übermäßigen Schmerzen" vollzogen worden waren, wurden zu dieser Zeit zunehmend als unmenschlich kritisiert. Was als Strafpraxis an diese Stelle tritt, nannte Foucault Disziplinar- und Pastoralmacht, eine neue „Mikrophysik der Macht" (Foucault 1994, 191). Das Gefängnis sei weniger aus dem Geist des Humanismus entstanden als vielmehr im Interesse einer rationaleren Regierung der Bevölkerung. Die neue Strafkunst sollte Verbrechen planvoll behandeln sowie wirkungsvolle und kostengünstige Techniken hierfür entwickeln, die insbesondere auf die Seele und nicht mehr nur auf den Körper zielen sollten (ebd., 129). Das Individuum muss zur Buße und Besserung gebracht werden und – so Foucault – in die „Macht, der es ausgeliefert ist, vollständig eingeschlossen sein" (ebd., 168). Die Einschließung hinterlässt keine äußeren Zeichen wie die frühere Brandmarkung, dafür aber deutliche Spuren in den Verhaltensgewohnheiten.

Das Gefängnis war aber nur *ein* Ausdruck der neuen Disziplinargesellschaft. Daneben wurden auch Klöster, Kasernen, Erziehungsanstalten und Psychiatrien im 19. Jahrhundert zu Orten, an denen abgeschlossen von der Öffentlichkeit zur

Unterwerfung und Gehorsam gegenüber den als normal betrachteten Verhaltensweisen erzogen wurde. Die Mittel waren ähnliche: Isolierzellen, Reglementierungen und Kontrolle der Tätigkeiten (Verbot des Müßigganges), normierende Sanktionen, Klassifizierung der Insassen und eine bestimmte räumliche Ordnung. Diese räumliche Ordnung, die ein Sitzen oder Stehen in Reih und Glied oder von einem Flur abgehende Einzelzellen meint, fand seine Vollendung in der Architektur des „Panoptikums". Dieses war von dem englischen Philosophen Jeremy Bentham entworfen worden und ermöglichte es, von einem Turm aus die ringförmig angeordneten Zellen zu kontrollieren, da sie mit Fenstern auf diese zentrale Wachposition ausgerichtet waren. Die Sichtbarkeit diente dabei der besseren Erfassung und Kontrolle der Insassen wie auch der Vermittlung des Bewusstseins, ständig gesehen werden zu können, ohne selber zu sehen. Die Macht anonymisierte sich dadurch, sie wurde nicht durch eine konkrete Person ausgeübt, sondern durch die Gestaltung des Raumes. Abweichendes Verhalten sollte so nicht nur besser beobachtet, sondern im Keim erstickt und schließlich ganz verhindert werden. Das panoptische Prinzip wurde jedoch nicht nur in den „totalen Institutionen" eingesetzt. Vielmehr entwickelte es sich zum Modell für die Disziplinargesellschaft, die mit ihrem modernen Erziehungs- und Polizeiapparat ebenfalls das Prinzip verfolgte, dass einzelne Personen in die Lage versetzt wurden, von einem Punkt aus gleichzeitig viele Menschen zu überwachen (ebd., 278). Das Gefängnis ist also verbunden mit anderen Institutionen, die ebenfalls „Kerker-Mechanismen" anwenden und die nur scheinbar durch die Tatsache, dass sie aus humanitären Gründen heilen, pflegen oder trösten sollen, vom Gefängnis unterschieden sind. Tatsächlich üben aber auch sie eine Macht aus, die auf Anpassung an „Normalität" ausgerichtet ist. Damit sind auch sie „Unterdrückungs-, Verwerfungs-, Ausschließung- oder Verdrängungsinstitutionen" (ebd., 397). Sie bleiben Institutionen einer inkludierenden Exklusion mit dem Ziel der Disziplinierung, in dem sie Verhaltensweisen scheinbar objektiv diagnostizieren, analysieren, klassifizieren und zu verändern suchen.

2.2.4 Regierung der Bevölkerung

In der Vorlesung zur „Geschichte der Gouvernementalität" ging es Foucault um die Beschreibung der Entdeckung verschiedener „Regierungskünste" zwischen 1550 und 1750. Dabei führte er den Begriff der „Gouvernementalität" ein, worunter er die Gesamtheit der Institutionen, Verfahren, Reflexionen und Taktiken versteht, mit denen Macht auf die Bevölkerung ausgeübt wird. Dabei kommt der Ökonomie und der staatlichen Sicherung des Marktes eine besondere Bedeutung zu. Gouvernementalität ist eine „Kraftlinie", die von Regierungsapparaten, Wissens- und Verwaltungsformen ausgeht (Foucault 2010, 115).

Gouvernementalität findet sich in jeder Art der Beziehung unter Menschen:

„Es bezieht sich auf die Herrschaft, die man über sich selbst und über andere ausüben kann, über seinen Körper, aber auch über seine Seele und seine Art zu handeln. Und schließlich bezieht es sich auf einen Umgang, auf einen zirkulären Prozess oder auf einen Austauschprozess, der von einem Individuum

zum anderen übergeht. Auf jeden Fall gibt es etwas, das durch all diese Bedeutungen hindurch klar zu Tage tritt, nämlich, dass man niemals einen Staat regiert (...), man niemals ein Territorium regiert, man niemals eine politische Struktur regiert. Das, was man regiert, sind auf jeden Fall Leute, es sind Menschen, es sind Individuen und Kollektive" (Foucault 2006a, 183).

Foucault analysierte in der Vorlesung zunächst u. a. Ratgeber für Fürsten, in denen immer mehr die Idee eines ökonomischen Liberalismus vertreten wurde. Handelsbeschränkungen und Preisbindungen wurden nicht mehr als taugliche Mittel gesehen, um beispielsweise Hungersnöte zu vermeiden. Vielmehr wurde zunehmend behauptet, dass allein die Freiheit des Marktes in der Lage sei, die Bedürfnisse der Bevölkerung zu befriedigen. Zeitgleich und um diese Freiheit zu sichern, entstanden die oben ausgeführten Ideen der Beschneidung der Freiheiten der Kinder, Soldaten und Arbeiter (ebd., 78). Und doch steckte im Keim des neuzeitlichen Liberalismus bereits die Idee einer neuen Machttechnik, die sich später von der Idee des Panoptikums abgrenzte: ein indirektes Regieren, das sich an den Bevölkerungskörper wandte (ebd., 102f.). Diese neue Technik der Selbstdisziplinierung trat schließlich ab Mitte des 20. Jahrhunderts an die Stelle der früheren Fremddisziplinierung.

Weil die Bevölkerung als produktive Kraft erkannt wurde, ging es im weiteren Verlauf der Geschichte zunehmend weniger um ein Territorium, das der Souverän verteidigte oder eroberte, sondern um das „Humankapital". Nun wurde die Disziplin wichtiger, die in Schulen, Werkstätten und Armeen durchgesetzt und eingeübt wurde. Die Disziplinargesellschaft bildete verschiedene Machtformen aus, die bis heute bedeutsam sind, auch wenn neue Formen hinzukamen. So beschrieb Foucault die „Pastoralmacht" als eine Macht, die durch Buß- und Beichtpraktiken eine Regierung der Seelen ermöglichte. Dabei ging es um freiwillige Unterwerfung, um „vollständige Knechtschaft", um das Auslöschen des „Ichs". Dadurch, dass die Pastoralmacht ein Subjekt schuf, das „kontinuierlichen Gehorsams-Geflechten" unterworfen ist, wurde sie zum „Präludium der Gouvernementalität" (ebd., 268). Denn diese Machtform sei auch von Ärzten, Lehrern und Philosophen übernommen worden. Die pastorale Macht habe sich im Laufe der Jahrhunderte zwar sehr verändert, doch sie sei nie wirklich abgeschafft worden. Immer noch nicht hätten sich die heutigen Menschen von dieser Machtform frei gemacht (ebd., .218f.).

Als ein Beispiel nennt Foucault die „Pastoralisierung der Macht in der Sowjetunion" (ebd., 291). Die kommunistischen Parteien hätten das Projekt verfolgt, „eine neue soziale Ordnung entstehen zu lassen, einen neuen Menschen zu schaffen". Aber sie konnte nicht als eine andere Gesellschaft funktionieren, weil sie lediglich nachbildete, was bereits existierte, und daher „funktioniert sie im Inneren als eine Art anderes Pastorat, als eine andere Gouvernementalität mit ihren Oberhäuptern, ihren Regeln, ihrer Moral, ihren Gehorsamsprinzipien" (ebd., 288f.).

2.2.5 Bezug zur Inklusion

Wie Luhmann ist auch Foucault der Meinung, dass in der modernen Gesellschaft eine Exklusion immer eine Inklusion zur Folge hat. So sind Gefängnisse und Krankenhäuser an die Stelle von Verbannung oder das Aussetzen (beispielsweise der Leprakranken oder der behinderten Kinder) getreten. Bei Foucault geht es dabei weniger um Armutsprobleme als vielmehr um Fragen der Normalität und Abweichung, die in diesen Institutionen bearbeitet werden. Für die Inklusion zahlen die Menschen einen Preis: Sie müssen sich einer von ihnen bewusst oder unbewusst geteilten Norm unterwerfen. Besonders interessant für die heutige Soziale Arbeit mit Menschen, die abweichendes Verhalten zeigen, ist Foucaults Analyse der neuen Machtform der neoliberalen Selbstregierung, die heute den Fremdzwang zunehmend ersetzt. D. h., abweichende Individuen werden nicht mehr vorrangig vertrieben oder eingesperrt, sondern die früheren Randgruppen werden nun den Zwängen des liberalen Marktes überlassen.

Zwar gibt es die älteren Machttechniken der Disziplinargesellschaft auch noch in der heutigen Gesellschaft, aber seit Mitte des 20. Jahrhunderts setzte sich Foucault zufolge in den westlichen Demokratien (in Deutschland nach 1945 und in Amerika in den 1930er Jahren des „New Deals") die neue Regierungskunst der Selbstregierung durch. Es handelt sich dabei um eine Variante des Liberalismus, die nach Foucault in Texten zum „Ordoliberalismus" und „Neoliberalismus" von Ludwig Ehrhardt (1948) und den Ökonomen Friedrich August von Hayek und Gary S. Becker deutlich zu erkennen sind. Die Relevanz für die Gegenwart lag für ihn darin, dass diese neoliberale Regierungsform für die meisten Regierungen kapitalistischer Länder zum Programm wurde.

Dabei bedeutete der Neoliberalismus nicht, wie oft behauptet, ein „Laissez-Faire", sondern gerade das Gegenteil. Um die Freiheit zu sichern, bedarf es permanenter Wachsamkeit, Aktivität und Interventionen. Das heißt konkret: Die Anzahl der wirtschaftlichen Interventionen kann so groß sein wie in einer Planwirtschaft, aber ihr Wesen ist verschieden. Der Staat hat dabei die Aufgabe, durch Sozialpolitik die Rahmenbedingungen der wirtschaftlichen Freiheit des Marktes zu gewährleisten. Dabei könne die Erhaltung der Kaufkraft, die Vollbeschäftigung oder eine systematische Schaffung von Arbeitsplätzen *nicht* das Ziel sein. Vielmehr ginge es um Kredit- und Sicherheitspolitik. Die einzig vertretbare Sozialpolitik für den Neoliberalismus ist das Wirtschaftswachstum, das es den Individuen ermöglicht, sich selbst für ihre Risiken zu versichern. Denn im Liberalismus geht es Foucault zufolge nicht um Egalisieren, sondern um Unterscheidungen und das Hervorbringen einer Vielzahl von Unternehmungen. Neben den Menschen, die arbeiten, brauche es daher immer auch Menschen, die nicht arbeiten, es brauche hohe und niedrige Löhne und Preise, um die Konkurrenz zu beleben. Daher darf die neoliberale Sozialpolitik die Menschen nicht gleich machen, denn dies gefährdet die Dynamik des ökonomischen Wettbewerbs. Die Ökonomie als System zielt daher anders als bei Luhmann nicht auf die Beteiligung möglichst vieler Menschen, sondern auf eine Spaltung in wettbewerbsfähige Leistungsträger und abgehängte Verlierer. Daher ist die Gesellschaft nach Foucault weniger eine Gesellschaft der Supermärkte, sondern vor allem eine „Unternehmensgesellschaft":

„Der homo oeconomicus, den man wiederherstellen will, ist nicht der Mensch des Tauschs, nicht der Mensch des Konsums, sondern der Mensch des Unternehmens und der Produktion" (Foucault 2006b, 203 und 208).

In der Theorie des Humankapitals versuchte man dann – so Foucault mit Bezug auf Gary S. Becker – die Investitionen in Humankapital zu untersuchen, da man erkannte, dass die Arbeitskraft nicht auf den Faktor Zeit zu reduzieren war. Vielmehr entdeckte man die Relevanz der personengebundenen Kompetenzen und Ressourcen der Arbeitskraft. In dieser Theorie des Humankapitals ist der Arbeiter kein Objekt, sondern ein aktives Wirtschaftssubjekt. Der Kapitalismus verwandelte den Arbeiter nicht – wie Marx behauptete – in eine Maschine, sondern in einen Tauschpartner, in einen „Unternehmer seiner selbst (…), der für sich selbst sein eigenes Kapital ist, sein eigener Produzent, seine eigene Einkommensquelle" (Foucault 2010, 193). Auch der Mensch als Konsument ist nach Becker ein Produzent, denn er produziert durch den Konsum seine eigene Befriedigung. Konsum ist damit ebenfalls eine Unternehmensaktivität.

Da das Humankapital aus angeborenen und aus erworbenen Elementen besteht, gewinnen Genetik, Gesundheitsförderung und Bildung im Neoliberalismus an Bedeutung. Zu den neoliberalen Programmen gehört auch, frühzeitig Personen erkennen zu können, die ein Risiko tragen, und dies genau zu bestimmen sowie die Weitergabe zu verhindern. Partnerwahl und Nachkommenschaft würden so auch zu einer Investition, die es erlaubt „Kompetenzmaschinen" zu produzieren. Dazu gehöre auch, dass die Eltern oder die Mutter dem Kind viele Stunden widmen, damit es besser angepasst ist (ebd., 198).

Zusammenfassend kann festgehalten werden, dass die Menschen nach Foucault nicht einfach in die Gesellschaft inkludiert sind durch die Tatsache, dass man Arbeit hat oder politische Rechte. Nach Foucault gehört dazu auch ein Verhalten, das als normal akzeptiert wird, wobei diese Normalitätsvorstellungen durch neokapitalistische Interessen in Bezug auf Leistungsfähigkeit bestimmt werden. Dabei kommt es immer wieder zu einer Spaltung zwischen denen, die als untauglich und unfähig eingestuft werden, und denen, die als normal gelten, weil sie sich wie „Kompetenzmaschinen" entwickeln und verhalten. Die Normalisierung oder „Normation" findet im Sozialisationsprozess statt und wird gemessen an einem optimalen Modell. Dabei ist das Normale genau das, „was in der Lage ist, sich dieser Norm zu fügen, und das Anormale ist das, was dazu nicht in der Lage ist" (Foucault 2006a, 89 f.). In der heutigen Zeit bedeutet dieser Zwang zum Selbstzwang der Normalisierung, dass die Menschen einen immer höher werdenden Druck in Bezug auf Konformität erleben, der aber gerade nicht offen und durch äußeren Zwang, sondern subtil durch Maßnahmen des Forderns und Förderns ausgeübt wird.

2.2.6 Ausgewählte kritische Positionen zu Foucault

Auch Foucault ist u. a. von Habermas kritisiert worden, da er ähnlich wie Luhmann – nur mit anderer Begründung – gegenüber der humanistischen und modernen Denktradition der Aufklärung kritisch war. Habermas beschäftigte vor allem der Kritikbegriff Foucaults. Wie könne Foucault – so fragte er – Macht kritisieren, wenn er gleichzeitig behaupte, dass Kritik selbst eine Form der Machtausübung darstelle. Während Luhmann die Machtfragen im wissenschaftlichen Bereich gar nicht thematisiert, reduziere Foucault wissenschaftliches Erkennen auf Fragen der Macht und gebe den Anspruch auf Wahrheit und Rationalität auf. Aber – so fragt Habermas – woher nimmt Foucault die Kriterien bzw. die normativen Grundlagen seiner Kritik, wenn doch die Menschen immer schon geprägt sind durch die Disziplinarmacht und somit gar keinen unabhängigen Standpunkt einnehmen können (vgl. dazu Habermas 1985)?

Auch Axel Honneth, ebenfalls in der Tradition der Kritischen Theorie stehend, ist nicht mit Foucaults Machtbegriff einverstanden. Nach Foucault erscheine das menschliche Subjekt „als ein Produkt allein von sozialen Disziplinierungsprozessen", als ein „widerstandsloses Gestaltungsobjekt von Einflussnahmen, nie jedoch als eigenwilliger Resonanzboden von psychischen Empfindungen und Erlebnis" (Honneth 1995, 69f.). Er habe sich auch zu der „abenteuerlichen Behauptung verstiegen, dass erst die bürokratischen Kontrollverfahren in Menschen eine Art von psychischem Innenleben hervorgerufen hätten" (ebd.). Zum Thema Disziplinierung trage er daher nichts überzeugend Neues bei, was nicht schon bei Norbert Elias oder Max Weber behauptet wurde (ebd., 66f.).

Nancy Frazer kritisierte Foucaults Körperkonzept und seine Widersprüchlichkeit in Bezug auf Kritik und Widerstand. Denn einerseits weigert er sich, Normen vorzugeben, andererseits behauptet er normativ, Widerstand müsse immer der Unterwerfung vorgezogen werden. Aber wenn es keinen Ort außerhalb von Machtverhältnissen gibt, wie kann es dann überhaupt Kritik und Widerstand geben und woran sollen sie sich orientieren (Fraser 1994)?

Anregungen zur Diskussion
Rekapitulieren Sie einige Grundannahmen der Diskurstheorie nach Foucault und diskutieren Sie dazu folgende Fragen:

- Worin ähneln sich die Theorien von Luhmann und Foucault, worin unterscheiden sie sich?
- Was versteht Foucault unter Gouvernementalität, und was hat dieses Verständnis mit Fragen von Inklusion/Exklusion zu tun?
- Was sind Ihrer Meinung nach legitime Abweichungen von der Norm und wo beginnt eine notwendige Anpassung an Normen?
- Ist „Dazugehören" und „Mitmachen-Dürfen" immer nur positiv zu beurteilen?
- Halten Sie den „Zwang zum Selbstzwang" für eine positive Entwicklung im Vergleich zum früheren Fremdzwang? Was sind eventuell Nachteile?

Hinweise zur weiterführenden Lektüre
Um sich dem Werk Foucaults zu nähern, ist es ratsam, zunächst eine Einführung zu lesen, empfehlenswert ist die von Philip Sarasin (2008). Als Klassiker der Analyse der Disziplinarmacht ist Foucaults Buch über die „Geburt des Gefängnisses" zu lesen (Foucault 1977). Seine Theorie der „Gouvernementalität" ist ausführlich in dem zweibändigen Werk

„Geschichte der Gouvernementalität" dargestellt. Allerdings bewegt sich Foucault in den dort abgedruckten Vorlesungen von 1977–1979 nicht immer stringent auf seine Thesen zu, im Gegenteil, er kommt oft von seitwärts „wie ein Krebs" (dazu Foucault 2006b, 159) und führt lange z. B. die Entwicklung von Kornpreisen oder Handelsbilanzen einzelner Hafenstädte aus, wobei die Relevanz für seine Argumentation nicht immer deutlich wird. Empfehlenswert ist hier der Sammelband „Kritik des Regierens. Schriften zur Politik" (2010), in dem die wichtigsten Texte zum Thema der Gouvernementalität zusammengefasst sind. Weiterführendes zum Thema des „unternehmerischen Selbst" findet sich bei Bröckling (2007). Wie man mit Foucault einen anderen Blick auf die veränderten Sozialisationsbedingungen von Kindern gewinnt, ist überzeugend am Beispiel von Normalisierungsprozessen durch Schuleingangsuntersuchungen oder der ADHS-Diagnostik dargestellt und nachzulesen bei Kelle & Mierendorf (2014).

2.3 Pierre Bourdieu: Inklusion als Ressourcenvermittlung

Pierre Bourdieu (1930–2002) war ein französischer Soziologe und Philosoph. Er kam aus einfachen Verhältnissen und wuchs in der französischen Provinz auf. Mehrere Jahre hielt er sich zunächst als Soldat, dann zur Feldforschung in Algerien auf. Nach Lehrtätigkeiten an der Pariser Sorbonne und Arbeiten über die „Illusion der Chancengleichheit" im Bildungswesen erhielt er 1981 einen Lehrstuhl für Soziologie am Collège de France. Bourdieu engagierte sich für die Gewerkschaften und gründete die kapitalismuskritische Protestorganisation „attac" mit. Er entwickelte spezifische Begriffe, vor allem zum Habitus, zum Feld und zum kulturellen Kapital. Danach sind menschliche Verhaltensweisen milieuspezifisch so stark geprägt, dass man sie nur sehr schwer oder gar nicht ändern kann.

2.3.1 Menschen- und Gesellschaftsbild

Nach Bourdieu hat die Abschaffung der ständischen Gesellschaftsordnung zwar die rechtliche Gleichstellung der bis dahin in Leibeigenschaft gefangenen Menschen gebracht, nicht aber die Unterschiede zwischen Armen und Reichen aufgehoben. Vielmehr sind die armen Menschen im Wesentlichen arm und die reichen Menschen im Wesentlichen reich geblieben. Gleichheit wurde nicht hergestellt und Klassenunterschiede sind nicht verschwunden, sondern lassen sich weiterhin empirisch nachweisen. Die obere, die mittlere und die untere Klasse unterscheiden sich nach Bourdieu aber nicht nur durch ihr Einkommen und ihre Bildung, sondern auch in ihren Lebensstilen.

In seinem grundlegenden Werk über die „feinen Unterschiede" wies er nach, dass dieser Lebensstil (etwa: welche Musik oder welches Essen bevorzugt werden) der Reproduktion privilegierter und unterprivilegierter Milieus dient (vgl. Bourdieu 1997a). In Weiterführung der Klassentheorie von *Karl Marx* geht Bourdieu davon aus, dass die Menschen in ihrem „Habitus" davon bestimmt sind, welche Positionen sie im von ihm so bezeichneten „sozialen Raum" einnehmen. Bourdieu interessieren daher nicht vorrangig Systeme oder Strukturen, sondern das, was er Felder und Räume nennt. Diese werden wie ein Magnetfeld von stärkeren und schwächeren Kräften durchzogen. Die Positionen der Menschen in diesen Feldern lassen sich nach wie vor einer bestimmten Klasse zuordnen, sie werden aber nicht nur durch materiellen Besitz bestimmt, sondern vor allem auch durch den Besitz von Kultur und Bildung. Reichtum oder Armut an Bildung beeinflussen dabei die ästhetischen Wahrnehmungen und umgekehrt. Denn die kulturellen Eigenarten des Herkunftsmilieus werden zur Legitimation gesellschaftlicher Ungleichheiten genutzt. Insbesondere das „kulturelle Kapital" trägt zur Aufrechterhaltung einer ungerechten Klassengesellschaft bei.

Es wird vor allem durch die frühe Bildung eines Sprachstils und die Selbstverständlichkeit im Umgang mit Kulturgütern erworben. Daher sind Geschmacksfragen nach Bourdieu keine Nebensachen, sondern die Vorlieben selbst in Bezug auf Urlaube, Kleidung oder Sport sind jeweils typisch für die soziale Schicht, der wir angehören (vgl. Bourdieu 1997a, 31ff.).

2.3.2 Ökonomisches, soziales und kulturelles Kapital

Armut und Reichtum kann nach Bourdieu in drei Dimensionen bestehen: dem Mangel oder Überfluss an materiellem, an kulturellem und an sozialem Kapital. Zum ökonomischen Kapital gehören alle Arten des Besitzes wie Geld, Aktien, Grundbesitz oder Produktionsmittel. Dieses Kapital wird vererbt und die Weitergabe an die nächste Generation geschieht offen, während die anderen Kapitalsorten unsichtbarer weitergegeben werden. Das soziale Kapital bezeichnet die verwandtschaftlichen oder freundschaftlichen Beziehungen, die wir haben, und bestimmt im Wesentlichen auch unser kulturelles Kapital, das wir in der Familie, in die wir hineingeboren werden, aufnehmen. Die Position eines Individuums im sozialen Raum muss nach Bourdieu mehrdimensional gedacht werden, denn materielles und kulturelles Kapital kann korrelieren, muss es aber nicht. Angehörige einer Schicht können jeweils über mehr oder weniger Bildung oder materielle Güter verfügen. Entscheidend für den Zusammenhang zwischen den Kapitalsorten ist, dass diese untereinander austauschbar sind, d. h., wer materiell reich ist, kann z. B. durch einen Internatsaufenthalt das drohende Versagen eines Kindes beim Bildungsabschluss abwenden und damit sein kulturelles Kapital erhöhen.

Das kulturelle Kapital wird vor allem über unseren Bildungsstand ablesbar und besteht aus dem „inkorporierten" (Habitus), dem objektivierten (Bücher, Instrumente etc.) und dem institutionalisierten Teil (Bildungsabschluss). Das kulturelle Kapital wird sozial „vererbt" durch den Habitus, der unbewusst im Herkunftsmilieu entsteht und wie eine zweite Haut in Fleisch und Blut übergeht. Bourdieu definiert den Habitus als ein „System von Grenzen" (vgl. Bourdieu 1997b, 33), die den einzelnen in seiner Mobilität in andere soziale Schichten hinein beschränkt:

„Der gesellschaftliche Raum ist – wie der geographische – im höchsten Maße determinierend; wenn ich sozial aufsteigen möchte, habe ich eine enorme Steigung vor mir, die ich nur mit äußerstem Kraftaufwand erklettern kann; ein-

mal oben, wird mir die Plackerei auch anzusehen sein, und angesichts meiner Verkrampftheit wird es dann heißen: ‚Der ist doch nicht wirklich distinguiert'" (Bourdieu 1997b, 37).

Die Schule spielt im Kampf um höhere soziale Positionen eine besondere Rolle:

> *„Von unten bis ganz nach oben funktioniert das Schulsystem, als bestände seine Funktion nicht darin auszubilden, sondern zu eliminieren. Besser: in dem Maß, wie es eliminiert, gelingt es ihm, die Verlierer davon zu überzeugen, dass sie selbst für ihre Eliminierung verantwortlich sind"* (Bourdieu 2001, 21).

Bourdieu spricht von einer Illusion der Chancengleichheit und führt als Beleg an, dass die Chance für das Kind eines höheren Angestellten, eine Universität zu besuchen, 80-mal höher ist als die Chance für das Kind eines Landarbeiters (vgl. ebd., 27). Und die Angehörigen der gebildeten Klasse werden dadurch in ihrer Überzeugung gestärkt, dass sie ihren Aufstieg nur ihren Fähigkeiten zu verdanken haben. Die Funktion der Schule besteht also darin, unter Bezug auf die „Begabungsideologie" den Prozess der zuvor stattgefundenen sozialen Vererbung kulturellen Kapitals zu bestätigen, anzuerkennen und (scheinbar objektiv) zu dokumentieren. Damit wird die soziale Vererbung des kulturellen Kapitals gleichzeitig verschleiert. Die Schule verwandelt als scheinbar unparteiische Institution die formale Gleichheit im Schulsystem in rechtmäßige, legitimierte Ungleichheit. Den Angehörigen der benachteiligten Klassen erscheint der Misserfolg als Schicksal, dem man nicht entrinnen kann (ebd., 46). Die Kinder der benachteiligten Klassen reagieren auf diese subtil vermittelte Form der Exklusion mit einer Art „ungeordnetem Rückzug" aus der Schule. Leider setze die Schule diesem Rückzug nichts entgegen. Wer aber benachteiligten Schülergruppen gegenüber eine „Laisser-faire"-Haltung einnimmt, unterstützt dabei nach Bourdieu die Prozesse der Benachteiligung. Hier wäre eine Schule gefragt, die systematisch eine „Akkulturation" in Angriff nimmt und bestimmte Schüler_innen möglichst früh besonders fördert (vgl. ebd., 45). Den unteren sozialen Schichten „mangelt" es nach Bourdieu an Kultur, und die Schule wäre der Ort, an dem die Kinder dieser Schichten gerechterweise die Chance erhalten sollten, an ihr teilzuhaben.

Daher besteht nach Bourdieu die pädagogische Herausforderung vor allem darin, die Ungleichheit der Startbedingungen des Lernens nicht zu ignorieren. Andernfalls würden die am meisten Begünstigten weiterhin begünstigt und die am meisten Benachteiligten benachteiligt bleiben. Solange das Schulsystem alle gleich behandelt, unterstützt und fördert es „faktisch die ursprüngliche Ungleichheit gegenüber der Kultur" (vgl. ebd., 39).

Dieser frühen Analyse aus den 1970er Jahren folgte Ende der 1990er Jahre eine neue Beobachtung. Bildung wurde in dieser Zeit immer mehr zu einem Markt. Die „Inflation der Bildungsprädikate" (vgl. Bourdieu 1997a, 222; vgl. auch Bourdieu 1997b, 22ff.) führte zu einer zunehmenden Entwertung einfacher Schulabschlüsse. Zwar erhöhte sich der Gymnasialbesuch von Benachteiligten, es entstand dadurch jedoch eine Konkurrenzsituation, die benachteiligte Schüler_innen zu den „intern Ausgeschlossenen" des Bildungswesens macht (vgl. Bourdieu 1998, 527ff., 647).

2.3.3 Bezug zur Inklusion I: Sozialräumliche Exklusionen durch Armut

In seinem Buch „Das Elend der Welt" wirft Bourdieu mit seiner Forschergruppe einen Blick auf die Folgen einer gesellschaftlichen Dynamik, die eine Gruppe von Menschen von der gesellschaftlichen Teilhabe zunehmend ausgrenzt. Vor allem möchte er die schmerzlichen Erfahrungen dokumentieren, die daraus folgen, wenn Menschen

> *„eine untere und unbedeutende Stellung innerhalb eines prestigereichen und privilegierten Universums einnehmen (...) indem man die große Not zum ausschließlichen Maß aller Formen der Not erhebt, versagt man sich, einen ganzen Teil der Leiden wahrzunehmen und zu verstehen, die für eine soziale Ordnung charakteristisch sind, die gewiss die große Not zurückgedrängt hat (allerdings weniger als zuweilen behauptet wird), im Zuge ihrer Ausdifferenzierung aber auch vermehrt soziale Räume (...) und damit Bedingungen geschaffen hat, die eine beispiellose Entwicklung aller Formen kleiner Nöte begünstigt haben"* (Bourdieu 1998, 19).

Zu diesen Leiden gehört insbesondere der ökonomische Zwang, aus einem Mangel an materiellen Ressourcen in einem bestimmten Sozialraum leben zu müssen, der durch Lärm, Gewalt, Beschädigungen oder Verfall gekennzeichnet ist. Streit unter Nachbar_innen und latenter Rassismus sind weitere Folgen, die aus dem unfreiwilligen Zusammenleben verschiedener benachteiligter Gruppen resultieren. Obwohl die älteren Menschen in diesen Stadtteilen in der Regel nicht offen rassistisch sind, so nehmen sie doch den zunehmenden Anteil an Migrationsbevölkerung kritisch wahr. Bei vielen Jugendlichen mit Migrationshintergrund kommt das als Ablehnung an.

Da die Politik maßgeblichen Einfluss auf den Raum habe, sei sie auch mitverantwortlich für heruntergekommene Mietblöcke und die damit zusammenhängenden Probleme. Bourdieu macht den Rückzug des (französischen) Staates aus der öffentlichen Bauförderung der siebziger Jahre dafür verantwortlich, dass Orte gesellschaftlichen Abstiegs entstanden sind. Staatliche Interventionen seien zu Unrecht kritisiert und wirtschaftlicher Liberalismus ebenfalls zu Unrecht ins Zentrum der Politik gestellt worden:

> *„Man macht aus dem Wirtschaftsliberalismus die notwendige und hinreichende Bedingung für politische Freiheit und setzt dadurch Staatsinterventionismus mit ‚Totalitarismus' gleich; man identifiziert das Sowjetsystem und den Sozialismus miteinander und behauptet damit, daß der Kampf gegen die für unausweichlich gehaltenen Ungleichheiten unwirksam sei"* (ebd., 209).

In den vernachlässigten Vororten und anderen sozialen Brennpunkten sieht Bourdieu Orte „der gesellschaftlichen Verbannung" mit einer Sogwirkung nach unten. Die armen Menschen sind dazu „verdammt, mit den am wenigsten begehrten Menschen und Gütern Tür an Tür zu leben. Der Mangel an Kapital verstärkt die Erfahrung der Begrenztheit: er kettet an einen Ort" (ebd., 164). Zudem stigmatisiert und degradiert ein benachteiligtes Wohnviertel die Bewohner.

Diese neu entstandenen Ghettos sind auch wesentlich von der Abwesenheit des Staates gekennzeichnet, da Polizei, Schule oder Gesundheitsvorsorge selten vor Ort anzutreffen ist (ebd., 159). Die hierarchisierte Gesellschaft drückt sich nach Bourdieu vor allem in diesen hierarchisierten Sozialräumen aus. Räume senden nach Bourdieu stumme Gebote an den Körper und fordern ein bestimmtes Verhalten. Denn das Leben an einem bestimmten Ort führt zur unbemerkten „Einverleibung" der gesellschaftlichen Strukturen, man befindet sich nahe oder fern von gesellschaftlich erstrebenswerten Gütern (Bildung, Gesundheit, Kultur). Die räumliche Distanz zu Orten, die als Aufstieg gewertet werden, wird als gesellschaftlicher Ausschluss erfahren, da man viel Zeit braucht, um Zugang zu den erwünschten Gütern zu erhalten (ebd., 163).

Die Fähigkeit, den Raum zu beherrschen, hängt vom Kapitalbesitz ab, was wiederum die Akkumulation von Sozialkapital erleichtert, d.h. die Sozialkontakte des sozialen Raums, von denen man profitieren kann. In „guten" Wohnvierteln werden daher die Menschen ohne Kapital auf Distanz gehalten. Bestimmte Räume setzen ein bestimmtes Niveau ökonomischen und kulturellen Kapitals voraus und verleihen wiederum soziales und symbolisches Kapital durch den ihnen eigenen „Club- Effekt", der denen, die ausgeschlossen sind, ein Gefühl der Fremdheit vermittelt.

2.3.4 Die rechte und die linke Hand des Staates

Berufe, die Menschen in verschiedenen Formen helfen – und dazu zählte Bourdieu neben Sozialarbeiter_innen auch Lehrkräfte, Polizist_innen oder Richter_innen – hätten häufig und immer mehr das Gefühl,

„bei ihren Bemühungen, dem materiellen und moralischen Elend (...) entgegenzutreten, im Stich gelassen worden zu sein (...) Sie durchleben die Widersprüchlichkeiten eines Staates, dessen rechte Hand nicht mehr weiß oder, gar noch schlimmer, nicht mehr (wissen?) will, was die linke in Form immer schmerzhafterer double-binds tut: Wie soll man beispielsweise darüber hinwegsehen, daß die Begeisterung für die Rendite, die Produktivität, die Wettbewerbsfähigkeit oder ganz einfach den Profit dahin geht, die Grundlage solcher Funktionen zu ruinieren, die nicht ohne eine gewisse ... kämpferische(n) Aufopferung zu erfüllen sind" (Bourdieu 1998, 210).

Um überhaupt den Menschen in ihren prekären Lebenslagen helfen zu können, müssten sich die Fachkräfte in sozialen Berufen immer mehr aufopfern, da nur bei außerordentlichem Engagement wenigstens kleine Erfolge zu erreichen seien. Dies führe aber immer häufiger auch zu einem Ausbrennen in diesen Berufen. Der Staat habe aufgegeben, die Verteilungsstrukturen zu verändern, und beschränke sich auf Wohltätigkeit für die „würdigen Armen", was Bourdieu für einen Rückfall in die Zeiten religiöser Philanthropie hält. Damit würden sich die Sozialarbeiter vor Ort in einer „verqueren Lage" befinden:

„Diese staatlichen Akteure sind von den Widersprüchlichkeiten des Staates, welche sie selbst oft in ihrem tiefsten Inneren als persönliche Dramen erleben,

durchdrungen: Widersprüche zwischen den ihnen anvertrauten, häufig maßlosen Aufgaben, besonders im Arbeits- und Wohnungsbereich, und den fast immer lächerlichen Mitteln, die ihnen zur Verfügung stehen; ohne Zweifel äußerst dramatische Widersprüche, die zum Teil gerade durch ihr Handeln produziert werden, wie etwa die, die aus den von der Institution Schule ausgelösten Hoffnungen und Hoffnungslosigkeit resultieren" (ebd., 211).

Die Heranwachsenden in diesen „Orten der gesellschaftlichen Verbannung" haben das Gefühl, durch Mangel an Geld und Transportmöglichkeiten an einen verfallenden Ort festgekettet zu sein. Dieses laste auf ihnen wie ein Stigma, das ihnen den Zugang zu Arbeit, Freizeit und Konsum verwehrt. Die Schule weckt und verschließt gleichzeitig ihre Sehnsüchte. Besonders die maghrebinischen Jugendlichen erlebten ihre völlige Ausschließung. Die Ursachen der sich verstärkenden räumlichen Segregation liegen nach Bourdieu in der neoliberalen Politik und dem Rückzug des Staates. Durch das Erstarken des rechtspopulistischen „Front National" werde von diesen Ursachen ab- und zu Fragen der Einwanderung hingelenkt. Der politische Kampf werde um ein legitimes Prinzip von „Schließungen und Ausschließungen" geführt. Dabei entwickelten die einheimischen Beherrschten zusammen mit den einheimischen Herrschenden ein Solidaritätsbewusstsein gegen die Immigranten (ebd., 215).

2.3.5 Bezug zur Inklusion II: Die intern Ausgegrenzten der Schule

Neben dem Wohnort gehört die Schule zu den Räumen, an denen Exklusionsprozesse und soziale Kämpfe stattfinden. Das Besondere an der Schule nach Einführung einer längeren Schulzeit in den 1980er Jahren und einer Art Gesamtschule in Frankreich sieht Bourdieu darin, dass nun die vormals Ausgeschlossenen in dieses System zwar integriert sind, trotzdem aber chancenlos bleiben. Sie befinden sich zwar innerhalb der Klassen, haben aber weiterhin nicht die gleichen Chancen, und sie wissen dies auch. Aufgrund ihrer Erfahrungen im Herkunftsmilieu empfinden sie sich nicht als dazugehörig. Die Bezeichnung „Demokratisierung der Bildung" sei voreilig gewesen, vielmehr finde nun eine verzögerte Selektion statt (Bourdieu 1998, 528). Die Schule beherberge daher andauernd potentiell Ausgegrenzte. Weil ihnen die starre Gewalt der Institution und die Unerbittlichkeit des Arbeitsmarktes bewusst seien, würden sie sich gegen einen in ihren Augen nutzlosen Schulbesuch auflehnen, seien motivationslos und trügen Konflikte in einem früher nicht gekannten Ausmaß in die Schule. Besonders auf berufsbildenden Gymnasien (vergleichbar mit einer Berufsschule ohne Lehrlingsverhältnis) hätten die Lehrer_innen immer mehr mit Bandenführern zu tun, die sie offen herausfordern, um an der Schule Rache zu nehmen. Und wenn sich die intern Ausgegrenzten doch um Schulerfolg bemühen, dann erhalten sie oft nur einen mit „schweren Opfern bezahlten, (...) entwerteten Titel" (ebd., 529).

Wenn sie dagegen scheitern, sind sie zu einer noch totaleren Ausgrenzung verurteilt als in der Vergangenheit, da sie angeblich ihre Chance gehabt und sie nicht genutzt hätten. Hinzu kommt, dass es einen immer größer werdenden Anteil von Arbeitsplätzen gibt, die tatsächlich eine bessere Schulbildung voraussetzen. Nach der Schule werden die Ausgeschlossenen in Warteschleifen gehalten. Sie haben dabei nur die Wahl, die eigene Chancenlosigkeit zu erkennen oder sich die Lüge der Institution zu eigen zu machen und in eine Bewusstseinsspaltung zu geraten.

Die Schule grenzte immer schon aus, aber nun behalte sie die potenziell Ausgegrenzten in ihrem Inneren. Für die Lehrkräfte bedeutet die zusätzliche Arbeit mit den „intern Ausgegrenzten" eine neue und zusätzliche Belastung. Sie müssten mehr Arbeit investieren, um diesen Kindern wirklich zu helfen, aber die Bedingungen von Schule haben sich nicht geändert, sodass sich die Arbeitsbedingungen der Lehrkräfte verschlechterten, ohne dass den benachteiligten Schüler_innen geholfen wurde. In dieser Situation bildeten sich Hierarchien zwischen den Schulen. Sie mussten sich entscheiden zwischen Angeboten für die besseren Schüler_innen, um diese nicht zu verlieren, und den Stützkursen für die schlechteren. Eigentlich sollte die größere Autonomie der Schulen zur Anpassung an die Bedürfnisse des sozialen Raums führen, sie führte aber in der Realität zur Abwanderung der besseren Schüler_innen, sobald mehr schwierige Schüler_innen auf eine Schule gehen.

„Die Institution Schule ist gefangen in ihrer meritokratischen Perspektive, die sie schlecht darauf vorbereitet, die Vielfalt der mentalen Strategien der Schüler wahrzunehmen und damit umzugehen, wodurch sie häufig Traumata hervorruft, die wiederum ursprüngliche Traumata reaktivieren können. Negative Urteile, die das Selbstbild beeinträchtigen, werden, wenn auch zweifellos unterschiedlich stark (…) durch die Eltern verstärkt, wodurch das Leid verdoppelt und das Kind oder der Jugendliche vor die Alternative gestellt wird, sich am Ende wieder zu unterwerfen oder, in der Gestalt verschiedener Formen der Negierung, der Kompensation oder der Regression, aus dem Spiel auszusteigen (…)" (ebd., 654).

2.3.6 Ausgewählte kritische Positionen zu Bourdieu

In der Diskussion um Bourdieu standen vor allem sein Habituskonzept und die sehr starke Betonung der Macht des Habitus über das soziale Schicksal im Zentrum. Jacques Rancière hat kritisiert, dass Bourdieu, weil er zu wenig die Möglichkeiten der Veränderung des Habitus hervorgehoben hat, die Unterdrückung der Benachteiligten durch die soziologische Forschung noch zusätzlich manifestierte (vgl. Sonderegger 2010). Andere kritisierten die Unangreifbarkeit der Habitustheorie, da jeder akademische Widerstand gegen sie als unbewusste Abwehr aufgrund des eigenen privilegierten sozialen Standpunktes diskreditiert werden kann (Fröhlich & Rehbein 2009, 401 ff.).

Axel Honneth steht Bourdieus theoretischem Werk zwar näher als dem von Luhmann oder Foucault, aber auch er hat Kritikpunkte. Einerseits würdigt er ihn als einen der wenigen Soziologen, der die Tradition der Kritik der sozialen Herrschaft aufrechterhält, aber dies tue er nicht eindeutig genug. Zwar werde in seiner Sprache und Themenwahl deutlich, dass er auf der Seite der Benachteiligten steht. Aber nur selten vertrete er seinen Standpunkt explizit und seine wissenschaftstheoretische Verortung bleibe zu unbestimmt. Zu sehr habe er nur beobachtet, zu wenig habe er sprachlich zwischen gerechtfertigten und nicht gerechtfertigten Ansprüchen auf Anerkennung unterscheiden wollen. Daher habe seinen intellektuellen Stellungnahmen „stets etwas Dezisionistisches" angehaftet. Seine Theorie enthalte – so Honneth – intern keine Hinweise, „die begründen könnten, warum bestimmte Vorgänge in der sozialen Wirklichkeit normativ abzulehnen oder zu begrüßen sind" (Honneth 2012a).

Anregungen zur Diskussion

- Rekapitulieren Sie einige Grundannahmen der Kapital- und Habitus-Theorie nach Bourdieu und formulieren dazu Pro- und/oder Contra-Positionen:
- Was versteht Bourdieu unter „Kapital", und wie verhält sich dies zum Begriff des „Feldes"?
- Wie entsteht nach Bourdieu der „Habitus" eines Menschen, und was hat das mit Fragen von Inklusion/Exklusion zu tun?
- Worin ähneln sich die Theorien von Bourdieu, Luhmann und Foucault, und worin unterscheiden sie sich?

Diskutieren Sie folgende Fragen:

- Unterschätzt Bourdieu in seinem Verständnis von Habitus als sozialem Schicksal und sozialer Vererbung möglicherweise die Spielräume der Selbstbestimmung des Menschen?
- (Wie) können Menschen die unbewusst aufgenommenen Grenzen des Herkunftsmilieus erkennen und verändern? Trägt Bourdieus Beschreibung des Habitus vielleicht selber zur Etikettierung bestimmter Milieus bei?
- Sind die empirischen Ergebnisse zum Beispiel in Bezug auf Geschmacksfragen von Seiten der herrschenden Klasse zu missbrauchen? Fallen Ihnen hierzu Beispiele ein?

Hinweise zur weiterführenden Lektüre

Zur Einführung in die Theorie des kulturellen Kapitals ist der Aufsatzband „Die verborgenen Mechanismen der Macht" (Bourdieu 1997b) zu empfehlen. Daneben ist sein Hauptwerk zu den „feinen Unterschieden" aufschlussreich in Bezug auf seine Vorstellung vom sozialen Raum (Bourdieu 1997a). Für die Beschreibung der „intern Ausgegrenzten" sollte man das Buch „Das Elend der Welt" lesen (Bourdieu 1998). Zu empfehlen sind als Sekundärliteratur das „Bourdieu-Handbuch" von Fröhlich & Rehbein (2009) und die Einführung von Eva Barlösius (2006).

2.4 Martha Nussbaum: Inklusion als Befähigung

Martha Nussbaum wurde 1947 als Martha Craven in New York geboren. Sie wuchs in Philadelphia auf, studierte klassische Philologie und Theaterwissenschaften an der

> New York University und in Harvard. Es folgten weitere Studienabschlüsse und Lehrtätigkeiten an verschiedenen Universitäten. 1995 wurde Nussbaum an der University of Chicago auf eine Professur für Recht und Ethik berufen. In Nussbaums Veröffentlichungen geht es vorrangig um Fragen des guten Lebens und philosophische Grundfragen, aber auch um die Rechte von Frauen, Minderheiten und Menschen mit Behinderungen sowie entwicklungspolitische Fragen. Nussbaum sieht sich selber in der aristotelischen Tradition und als stark beeinflusst vom politischen Liberalismus. Gemeinsam mit Amartya Sen entwickelte sie den sog. Befähigungsansatz (Capability Approach). Hieraus entstand der Human Development Index als Indikator für Lebensqualität, der seit 1990 in den Berichten des Entwicklungsprogramms der Vereinten Nationen veröffentlicht wird.

2.4.1 Menschen- und Gesellschaftsbild

In ihren philosophischen Schriften beschäftigt sich Martha Nussbaum mit Grundfragen des menschlichen Zusammenlebens und damit, was ein „gutes Leben" ausmacht. Zu ihrem Grundanliegen sagt sie,

> „dass meine Konzeption der guten Gesellschaft eine Variante des ‚politischen Liberalismus' ist; ihr zufolge sollten politische Prinzipien nicht auf einer umfassenden Theorie über Sinn und Bedeutung des religiösen oder säkularen Lebens basieren, und der Gedanke, dass alle Menschen den gleichen Respekt verdienen, impliziert, dass der Staat es tunlichst vermeiden sollte, eine bestimmte religiöse oder umfassende ethische Auffassung zu unterstützen" (Nussbaum 2016a, 18).

Ausgangspunkt des Denkens von Martha Nussbaum ist die anthropologische Grundannahme, dass der Mensch ein bedürftiges und verletzliches Wesen ist, das über ein bestimmtes Fähigkeitspotenzial verfügt, welches entfaltet werden kann und muss. Nussbaum argumentiert hier „essentialistisch", d. h., sie geht von kulturübergreifenden, universellen Merkmalen des Menschen aus. Hierzu gehören das Bewusstsein des Menschen von der eigenen Sterblichkeit, seine Angewiesenheit auf andere zur Befriedigung körperlicher Grundbedürfnisse wie Hunger und Durst in der langen Phase frühkindlicher Entwicklung, das Bedürfnis nach Schutz sowie die Körpergebundenheit menschlicher Erfahrungen. Hinzu kommen das sexuelle Verlangen, die Mobilität des Menschen, seine Fähigkeit zum Erleben von Freude und Schmerz, seine kognitiven Fähigkeiten, seine praktische Vernunft, seine Verbundenheit mit anderen Menschen bei gleichzeitiger Erfahrung des Getrenntseins, seine Verbundenheit mit anderen Arten und der Natur sowie seine Offenheit für Humor und Spiel (vgl. Nussbaum 2016b, 49ff.).

Diese Auffassung von anthropologischen Grundkonstanten bezeichnet Nussbaum als „starke vage Konzeption", weil sie zwar einerseits eine universelle Gültigkeit beansprucht, aber andererseits offen ist für kulturspezifische Besonderheiten. Nussbaum grenzt sich immer wieder von vertragstheoretischen Gesellschaftskonzepten ab, denen sie vorwirft, nur solche (erwachsenen) Personen zu berücksichtigen, die der kognitiven Erkenntnis und rationalen Abwägung fähig sind. Somit würden beispielsweise Menschen mit geistiger Behinderung systematisch aus der Gesellschaft ausgeschlossen (vgl. exemplarisch hierzu Nussbaum 2010, besonders Kap. I und II).

2.4.2 Fähigkeiten und angeborenes Vermögen

Auf der Basis ihrer Annahmen über universelle Merkmale des Menschen entwickelte Nussbaum eine konkretere Ausformulierung der von ihr so genannten „konstitutiven Grundfähigkeiten", die sie in zehn Punkten zusammengefasst hat. Wichtig ist ihr, dass diese Fähigkeiten in sich nicht hierarchisch geordnet, sondern wechselseitig verflochten und deshalb nicht gegenseitig austauschbar sind. Nussbaum geht es um die Möglichkeit zur Ausprägung dieser Fähigkeiten, nicht aber unbedingt um ihre tatsächliche Realisation. Ob und wie weit Menschen ihre grundlegenden Fähigkeiten entwickeln und einsetzen wollen, ist ihnen selbst überlassen. „Wir verstehen die Liste als eine Liste von miteinander zusammenhängenden Fähigkeiten (capabilities) und nicht von tatsächlich ausgeübten Tätigkeiten (functionings)" (Nussbaum 2016b, 57).

Ihre „Fähigkeiten-Liste" hat Martha Nussbaum immer wieder modifiziert und betrachtet sie als nicht abgeschlossen. Im Kern geht es aber immer um die folgenden zehn Punkte, deren Unterpunkte sie manchmal unterschiedlich zusammenfasst und kommentiert (vgl. Nussbaum 2016a, 182f. oder Nussbaum 2016b, 57f. – In den jeweiligen Originalen sind die Fähigkeiten ausführlicher beschrieben als hier).

Die Liste umfasst:

1. die Fähigkeit, ein menschliches Leben normaler Dauer bis zum Ende zu führen,
2. die Fähigkeit, bei guter Gesundheit zu sein (reproduktive Gesundheit, angemessene Ernährung und Unterkunft),
3. die Fähigkeit, unnötigen Schmerz zu vermeiden und freudvolle Erlebnisse zu haben; sicher zu sein vor sexuellen Übergriffen und häuslicher Gewalt,
4. die Fähigkeit, die fünf Sinne zu benutzen, sich etwas vorzustellen, zu denken und zu urteilen (einschließlich basaler Kulturtechniken und Bildungsgüter),
5. die Fähigkeit, Bindungen zu Dingen und Personen außerhalb seiner selbst zu haben (Liebe und Sorge, Trauer, Sehnsucht, Dankbarkeit …),
6. die Fähigkeit zur praktischen Vernunft (persönliche Auffassung vom Guten, Nachdenken über die eigene Lebensplanung),
7. die Fähigkeit zur Verbundenheit oder Zugehörigkeit in Bezug auf andere Personen, wozu sowohl soziale Beziehungen und Interaktionen, der Respekt vor den Anderen als auch Selbstachtung und die Achtung der Menschenwürde aller gehören,
8. die Fähigkeit, in Anteilnahme und Verbundenheit mit anderen Spezies (Tieren, Pflanzen, Natur) zu leben und pfleglich mit ihnen umzugehen,

9. die Fähigkeit, zu lachen, zu spielen und Freude an erholsamen Tätigkeiten zu haben,
10. die Fähigkeit, sein eigenes Leben in seinem eigenen Kontext zu leben (Kontrolle über die eigene Umwelt), wirksam an politischen Entscheidungen teilzunehmen, eine Beschäftigung suchen zu können, Eigentumsrechte zu haben, vor ungerechtfertigter Durchsuchung und Festnahme geschützt zu sein.

Martha Nussbaum grenzt diese von ihr so benannten „Fähigkeiten" von „angeborenem Vermögen" ab und unterscheidet zudem „interne" von „kombinierten" Fähigkeiten. Ihr geht es um die gesellschaftlichen Bedingungen, unter denen Menschen ihr angeborenes Vermögen zu Fähigkeiten entwickeln und diese in realen Tätigkeiten ausdrücken können. Interne Fähigkeiten werden in Interaktionen mit dem gesellschaftlichen, wirtschaftlichen, häuslichen und politischen Umfeld eingeübt und ausgeprägt (vgl. Nussbaum 2015, 30). Die „kombinierten Fähigkeiten" entstehen dann und nur dann, wenn die Menschen die Chance erhalten, ihre internen Fähigkeiten auch tatsächlich zu realisieren, denn:

„Eine Gesellschaft kann erfolgreich darin sein, interne Fähigkeiten zu erzeugen, und zugleich die Wege versperren, auf denen es Menschen wirklich möglich ist, in Übereinstimmung mit diesen Fähigkeiten zu wirken" (Nussbaum 2015, 30).

2.4.3 Geschlechterfragen

Martha Nussbaum hat sich intensiv mit der Frage der Geschlechterverhältnisse und feministischen Positionen sowie den Frauenbewegungen auseinandergesetzt. Da die Geschlechterfrage für ein umfassendes Verständnis von Inklusion und für das Konzept der Intersektionalität (vgl. Kap. 4.1.2) von wesentlicher Bedeutung ist, gehen wir hier auf Nussbaums Position hierzu ein.

Ausgangspunkt für Nussbaum ist der historisch und empirisch beobachtbare Tatbestand, dass Frauen in verschiedenen Gesellschaften, Kulturen und Epochen gegenüber Männern benachteiligt wurden und werden. Dies führt sie auf historische Prozesse zurück, in denen bestimmte Arbeitsteilungen zwischen den Geschlechtern mit der Verfügung über unterschiedliche Ressourcen und der Abwertung als „weiblich" konnotierter Tätigkeiten, Fähigkeiten und Räume verbunden wurden. Die sozialen Ungleichheiten zwischen Frauen und Männern wurden und werden häufig als Folge biologischer Unterschiede gedeutet und auf diese Weise naturalisiert. Diesen Vorgang beschreibt Nussbaum so:

„Aus der Gewohnheit einer Sache folgern wir, dass sie in angeborenen biologischen Gegebenheiten wurzelt; aus der biologischen Verwurzelung einer Sache folgern wir, sie sei angemessen und richtig; daraus dass ein Brauch von vielen Menschen für angemessen und richtig gehalten wird, folgern wir, dass er unveränderlich ist und so bleiben muß wie er ist" (Nussbaum 2002, 167).

Eine Fülle kulturvergleichender und empirischer Befunde legt es aber nahe, die vermeintlich natürlichen Unterschiede zwischen Frauen und Männern als Resultat historischer Prozesse und als soziale Konstruktionen zu betrachten. Damit lässt sich, so Nussbaum, ein differenztheoretisches Paradigma in der feministischen Theorie und der allgemeinen Geschlechterforschung nicht aufrechterhalten. Vielmehr weisen alle Menschen, unabhängig von ihrer biologischen Geschlechtlichkeit, die gleichen Bedürfnisse und Fähigkeiten auf, so wie Nussbaum sie als universell gültig formuliert hat. Deshalb müssen politische, rechtliche und ökonomische Rahmenbedingungen geschaffen werden, die es Frauen ebenso ermöglichen wie Männern, alle ihre Fähigkeiten zu entfalten. Obwohl Nussbaum damit das Gleichheits-Paradigma innerhalb der feministischen Theorie stärkt, ist „Gleichheit" für sie kein normativer Begriff, sondern lediglich die instrumentelle Voraussetzung dafür, dass allen Menschen, unabhängig von ihrer Geschlechtszugehörigkeit, die Freiheit zukommt, ihre eigenen Lebenspläne und Vorstellungen vom guten Leben zu realisieren.

Stefanie Beck fasst die umfangreichen Veröffentlichungen und Positionierungen von Martha Nussbaum zur feministischen Theorie in fünf Hauptmerkmalen zusammen: Nussbaums „Feminismus ist internationalistisch, humanistisch, liberal, er berücksichtigt die soziale Prägung von Präferenzen und Wünschen und legt Gewicht auf das mitfühlende Verstehen" (Beck 2009, 50). Vor allem auf die Bedeutung des Mitgefühls kommen wir im weiteren Verlauf dieses Kapitels nochmals zurück.

2.4.4 Bedeutung des Nationalstaates und Gerechtigkeitsfragen

Nussbaums Blick für benachteiligte Gruppen in unterschiedlichen, gegebenen Gesellschaften richtet sich gleichermaßen auf Frauen wie auf Menschen bestimmter Herkunft oder mit bestimmten Eigenschaften und auf Menschen mit Beeinträchtigungen. In jedem Fall kommt in ihrem Konzept dem Staat bei der Überwindung der Benachteiligungen eine zentrale Aufgabe zu. Er muss rechtliche und politische Rahmenbedingungen schaffen, die es allen Menschen ermöglichen, ihre Fähigkeiten auszuprägen und, sofern sie dies wünschen, auch zu realisieren. Die für die Realisierung nötigen Ressourcen – allen voran Bildung, politische Rechte und Freiheiten sowie gesundheitsförderliche Lebensbedingungen – müssen vom Staat bereitgestellt und rechtlich garantiert werden. Insofern haben Nussbaums Annahmen über die „gute Gesellschaft" einen politisch-normativen Charakter.

Nussbaum selbst sieht sich als Vertreterin eines „aristotelischen Sozialdemokratismus" und grenzt sich dadurch von klassischen Theorien des Liberalismus ab, denen sie vorwirft, zwar Vorstellungen vom „guten Leben" für alle zu entwerfen, die Bedingungen, unter denen dieses „gute Leben" überhaupt erst möglich wird, aber zu vernachlässigen. Nussbaum setzt dagegen dezidiert auf „eine Konzeption der politischen Herrschaft, der zufolge Ausbildung und Erhaltung der Bedingungen des guten Lebens umfassend zu unterstützen sind", und auf eine

„institutionelle(n) Grundstruktur, die zwar am Privateigentum festhält, ihm aber zugleich zwei Einschränkungen auferlegt: Die eine ist das Gemeineigentum, die andere ein neues Verständnis von Privateigentum als etwas Vorläufigem, das beim Geltendmachen von Bedürftigkeit (anderer – d. Verf.) zurückzutreten hat" (Nussbaum 2016 b, 27).

An den vorherrschenden Theorien des politischen Liberalismus – z. B. von John Rawls – kritisiert Nussbaum darüber hinaus, dass diese den Nationalstaat als Grundeinheit voraussetzen, innerhalb dessen Grenzen dann Fragen der Verteilung von Ressourcen und der Gerechtigkeit gelöst werden müssen. Tatsächlich aber, so Nussbaum, sind „viele der drängendsten Probleme von Verteilung und Gerechtigkeit, vor denen Menschen stehen, die in Nationalstaaten leben, (...) heute auch internationale Probleme" (ebd., 31).

Zugleich ist der Nationalstaat für Nussbaum die Größe, innerhalb derer sich Menschen als zugehörig erfahren und mit dem Projekt des „guten Lebens" im Sinne einer umfassenden Verwirklichung der allgemeinen Menschenrechte identifizieren können. Denn die Nation ist in Nussbaums Sichtweise die Instanz, die

„die Lebensbedingungen für die Menschen auf der Basis der gleichen Achtung vor allen schafft und die größte uns bislang bekannte Einheit darstellt, die den Menschen Rechenschaft schuldig ist und ihren Wunsch auszudrücken vermag, sich Gesetze ihrer Wahl zu geben" (Nussbaum 2016a, 34 f).

Mit dem Nationalstaat als Bezugsgröße entwickelt sie deshalb ihr Konzept „einer gut funktionierenden, erstrebens- und erhaltenswerten Gesellschaft" (ebd., 38), ohne zu vernachlässigen, dass unter den Bedingungen von Globalisierungsprozessen „kulturübergreifende Diskussionen über Fragen der Gerechtigkeit" (Nussbaum 2016b, 30) nicht nur möglich sind, sondern real stattfinden.

Für Nussbaum ist die Frage, ob und unter welchen Bedingungen alle Menschen (und auch die von ihr so bezeichneten „nichtmenschlichen Tiere") ihre Fähigkeiten entfalten können, auch eine Frage der Grundprinzipien, nach denen Gesellschaften geordnet werden. Dabei muss Gerechtigkeit das leitende Prinzip sein. Sie setzt sich intensiv mit vertragstheoretischen („kontraktualistischen") Gesellschaftskonzepten auseinander, vor allem mit der Theorie von John Rawls als einem besonders prominenten Vertreter der Gerechtigkeits- und Vertragstheorie. Rawls geht davon aus, dass Gesellschaften auf vertraglichen Beziehungen zwischen gleichberechtigten Personen beruhen bzw. beruhen sollten. Diese Vereinbarungen werden in der Erwartung gegenseitiger Vorteile abgeschlossen und basieren deshalb in erster Linie auf rationalen Abwägungen bzw. setzen eine bestimmte Art von „Vernunft" voraus (vgl. exemplarisch Rawls 1979). Damit werden nach Nussbaums Auffassung grundsätzlich alle Personen ausgegrenzt, die aufgrund körperlicher und/oder geistiger Behinderungen nicht in solche Vertragsbeziehungen eingeschlossen werden können, sodass – im besten Falle – nur andere für sie und in ihrem Interesse handeln können. Ein weiteres grundsätzliches Gerechtigkeitsproblem sieht Nussbaum in der Zufälligkeit, durch die Menschen in eine reiche und mächtige oder arme und abhängige Gesellschaft bzw. Nation hineingeboren und damit in der Entfaltung ihrer Fähigkeiten bevorzugt oder eingeschränkt werden. Ein drittes, vertragstheoretisch nicht lösbares Problem sieht Nussbaum in dem Leid, das Tieren, denen sie ebenfalls die grundsätzliche Möglichkeit zur Entfaltung von Fähigkeiten zuspricht, durch Menschen zugefügt wird.

2.4.5 Politische Emotionen und Liberalismus

Liberalismus und Vertragstheorien lassen nach Nussbaums Auffassung zentrale Fragen danach offen, ob und wie und unter welchen Bedingungen sich Menschen mit den Menschenrechten und dem „Guten" identifizieren können, und wie Gesellschaften organisiert sein müssten, die alle Menschen zu einem guten und gerechten Leben befähigen. Zur Beantwortung dieser Fragen greift sie zwar auf die Ideengeschichte des Liberalismus zurück, verknüpft aber die europäische Ideengeschichte mit US-amerikanischen Ideengebern wie Walt Whitman und dem indischen Philosophen Rabindranath Tagore, die bedeutsame Impulse zum Stellenwert von Emotionen für die gesellschaftliche Entwicklung gegeben haben.

So entwickelt Nussbaum eine Theorie der „politischen Emotionen", mit der sie den Anspruch verbindet, einen kulturübergreifenden Gesellschafts-Entwurf vorgelegt zu haben. Die Beschäftigung mit „politischen Emotionen" entsteht aus Nussbaums Auseinandersetzung mit klassischen gesellschaftstheoretischen und philosophischen Entwürfen – u. a. von John Locke, Auguste Comte, Immanuel Kant und Jean Jaques Rousseau. Ihnen allen ist die Frage gemeinsam, wie Gesellschaften ihren Fortbestand sichern können, wobei Kant oder Locke auf ein hohes Maß an weltanschaulicher Freiheit setzen und auf staatliche Zwangsmittel ebenso (weitgehend) verzichten wollen wie auf eine für alle Gesellschaftsmitglieder verbindliche Religion. Comte und Rousseau dagegen sehen ohne eine verbindliche „Religion" (die aber nicht mit den tradierten Religionen übereinstimmen muss) keine Möglichkeit der dauerhaften gesellschaftlichen Integration.

Nussbaum geht ebenfalls davon aus, dass eine ausschließlich kognitive Einsicht in die Notwendigkeit von verbindlichen Maßstäben und Regeln des Zusammenlebens nicht ausreicht. Zugleich lehnt sie jede Art von religiös und/oder ideologisch begründeten (Verhaltens-)Zwängen ab. Ihre zentrale Frage lautet also, was eine „gut funktionierende Gesellschaft" dafür tun kann, dass Menschen sich mit ihr positiv identifizieren und motiviert sind, sich für das Gemeinwohl einzusetzen, ohne illiberale oder sogar diktatorische Züge zu entwickeln (vgl. Nussbaum 2016a, 17f). Hieraus ergibt sich für sie die Frage nach der Entstehung und Bedeutung von Emotionen.

Ihr Interesse gilt zum einen einer allgemeinen Theorie der Emotionen, für die sie sich vor allem auf kognitionspsychologische und neurowissenschaftliche Forschung bezieht. Zentral für ihre Argumentation ist die Erkenntnis, dass Emotionen – anders als Instinkte – stets an kognitive und bewertende Inhalte gekoppelt sind. Zum anderen fragt sie nach der politischen Bedeutsamkeit von Emotionen im jeweiligen nationalstaatlichen Kontext. Emotionen können dazu beitragen, wichtige Anliegen eines Landes/einer Nation voranzutreiben, z. B. das Ende der Sklaverei herbeizuführen, Not und Elend zu überwinden oder die Inklusion von

50   Meta-Theorien

Menschen mit Behinderung zu realisieren. Emotionen können aber auch genau diese politischen Ziele behindern, indem sie gesellschaftliche Spaltungen herbeiführen und Konflikte auslösen oder verstärken (vgl. ebd., 11f).

Den liberalen Theorien wirft Nussbaum „das Fehlen von Aussagen zur psychologischen Verfasstheit einer guten Gesellschaft" vor, was sie darauf zurückführt,

> „dass liberale politische Philosophen der Auffassung waren, die Verordnung einer bestimmten Gefühlskultur können leicht zu Einschränkungen der Redefreiheit und zu anderen Maßnahmen führen, die mit liberalen Vorstellungen von Freiheit und Selbstbestimmung nicht vereinbar wären" (ebd., 15).

Darüber hinaus stellt sie Zusammenhänge her zwischen der vernachlässigten theoretischen Beschäftigung mit Emotionen, der aus ihrer Sicht irreführenden Gegenüberstellung von „Emotion" und „Rationalität", den häufig negativen Konnotationen von Emotionalität und den gesellschaftlichen Geschlechterverhältnissen. Denn die Zuschreibung von Emotionalität zu Weiblichkeit und von Rationalität zu Männlichkeit und die damit verbundene Abwertung der vorgeblich „weiblichen" privaten und Hochschätzung der vorgeblich „männlichen" öffentlichen Sphäre haben wesentlich zur strukturellen Benachteiligung von Frauen beigetragen (vgl. Nussbaum 2002; Nussbaum 1999).

Nussbaum selber folgt dem Grundgedanken liberaler Staats- und Gesellschaftstheorien, denen zufolge der Staat keine bestimmte religiöse oder ethische Überzeugung fordern oder bevorzugen dürfe, weil alle Menschen unabhängig von ihren jeweiligen Überzeugungen den gleichen Respekt verdienen und andernfalls die Bevölkerung gespalten würde in solche, die „dazugehören", und solche, die ausgegrenzt werden. Vielmehr müsse er eine öffentliche Gefühlskultur fördern, durch die Gesellschaften „Schutzmauern gegen Spaltungen und Hierarchien errichten, indem sie Emotionen wie Mitgefühl und Zuneigung fördern und pflegen" (ebd., 13). So könnten die Voraussetzungen geschaffen werden, unter denen Politik, Gesetzgebung und Rechtsprechung die Zugehörigkeit aller und den Respekt für alle garantieren und erhalten. Eine zentrale Rolle hierbei weist Nussbaum der Erziehung und Bildung sowie der politischen Kultur des jeweiligen Landes zu.

2.4.6 Bezug zur Inklusion

Martha Nussbaums Theorie weist zahlreiche Anknüpfungspunkte sowohl für theoretische Konzeptionen als auch für die praktische Umsetzung von Inklusion auf.

Am unmittelbarsten wird dies im Capability Approach deutlich. Denn die Forderung, dass allen Menschen gleichermaßen die vollen Entfaltungsmöglichkeiten für alle menschlichen Fähigkeiten zukommen müssen, verbietet jede Benachteiligung einzelner Personengruppen aufgrund welcher Merkmale auch immer (Behinderung, Geschlecht, kulturelle oder religiöse Zugehörigkeiten, Herkunftsländer ...). Besonders pointiert gilt dies für Personen, die bestimmte kognitive

Fähigkeiten nicht entfalten können und deren Belange deshalb in vertragstheoretischen Gesellschaftskonzepten allenfalls indirekt berücksichtigt werden können. Diesen Personen gilt Martha Nussbaums Forderung nach einem besonderen Schutz sowohl in politischer und rechtlicher als auch in normativer Hinsicht.

Grundsätzlich geht Nussbaum davon aus, dass die von ihr formulierten gesellschaftlichen Ziele – u. a. Gesundheit, Bildung, politische Rechte und Freiheiten – sich nur dann realisieren lassen, wenn „den Menschen Möglichkeiten gegeben werden, ein erfülltes und lebenswertes Leben zu führen" (Nussbaum 2016a, 182 f.). Hier ergibt sich die Querverbindung zu den am Anfang dieses Kapitels erwähnten entwicklungspolitischen Zielsetzungen Nussbaums, die sich nicht auf Indikatoren wie das Bruttoinlandsprodukt beschränken, sondern eine Vielzahl weiterer Indikatoren zur Lebensqualität, aber auch zum Umweltschutz umfassen.

Deshalb weist Nussbaum dem Staat eine bedeutsame Rolle für die Sicherstellung der Rahmenbedingungen zu. Bezogen auf die Strategien zur Umsetzung von Inklusion ergeben sich hier wesentliche Anknüpfungspunkte für die Entwicklung einer inhaltlich qualifizierten Vorstellung von Inklusion, für deren Umsetzung sowohl Politik als auch Gesetzgeber in der Verantwortung stehen (hierauf kommen wir in Kapitel 4.1.3 zurück).

Eng verbunden mit dem Capabilities Approach ist Nussbaums Entwurf einer politischen Kultur. Sie versteht darunter eine öffentliche „Gefühlskultur", die dafür sorgt, dass allen Gesellschaftsmitgliedern und Personengruppen der gleiche Respekt zukommt. Anstatt Abscheu oder Verachtung gegenüber bestimmten Personen oder Gruppen (z. B. Menschen mit Behinderungen, Menschen aus bestimmten Herkunftsländern, Frauen) zu empfinden, sollen die Gesellschaftsmitglieder sich positiv identifizieren mit Werten wie Respekt, Menschenwürde und Zugehörigkeit. Nussbaum setzt sich anhand historischer Beispiele detailliert mit der Frage auseinander, wie solche „politischen Emotionen" durch Staat und Zivilgesellschaft gefördert werden können, ohne dabei manipulative Praktiken oder sogar Zwang anzuwenden. Konsequent an liberalen Gesellschaftstheorien orientiert, geht sie davon aus, dass die Förderung positiver politischer Emotionen nicht auf bestimmten religiösen oder politischen Überzeugungen beruhen dürfe, sondern auf „Kernelementen" eines „Konzepts von Gerechtigkeit" sowie der „Bedeutung bestimmter Grundrechte" (ebd., 19). Die allen Menschen gegebene Fähigkeit zum Mitgefühl führt Nussbaum auf die anthropologische Angewiesenheit des Menschen auf die Fürsorge durch andere zurück und stellt deshalb fest, „dass alle entscheidenden Emotionen, die eine gute Gesellschaft tragen und zusammenhalten, ihre Wurzeln in der Liebe haben oder eine Form von Zuwendung sind" (ebd., 32).

Aus den historischen und politischen, ethischen und philosophischen, psychologischen und anthropologischen Bezügen ihres Capabilities Approach leitet Nussbaum die enorme Bedeutung von Erziehung und Bildung für die Entwicklung und den Bestand einer „guten" Gesellschaft ab. Auch dies ist eine starke Verbindung zur inklusionstheoretischen, -methodischen und -politischen Arbeit.

2.4.7 Ausgewählte kritische Positionen zu Nussbaum

Da Martha Nussbaum sich selbst als „neo-aristotelisch" begreift, dreht sich ein großer Teil der kritischen Sekundärliteratur um ihre Rezeption der Schriften von Aristoteles und darum, ob und wie ihre Selbst-Positionierung in seiner Tradition als angemessen zu betrachten ist. Auch die von ihr vertretene „aristotelische Variante der Sozialdemokratie" wird in der Sekundärliteratur kritisch diskutiert (vgl. hierzu Galamaga 2014; Sturma 2000). Auf diese unterschiedlichen philosophiegeschichtlichen Traditionen der Auslegung der aristotelischen Schriften soll hier nicht näher eingegangen werden, da der Bezug zu Fragen der Inklusion nicht unmittelbar, sondern allenfalls mittelbar in der Rezeption eines sozialdemokratischen Staatsverständnisses gegeben ist.

Aus liberaler und auch aus kommunitaristischer Sicht ist Martha Nussbaum vor allem deshalb kritisiert worden, weil sie dem Staat eine starke Position zuweist (zum Verständnis von Kommunitarismus vgl. Honneth 1993; Zahlmann 1992). Kontrovers diskutiert werden Fragen der Subsidiarität und die Frage, welche Aufgaben dem Staat im Verhältnis zu Selbsthilfebewegungen und/oder zivilgesellschaftlichen Akteuren zukommen. Zudem werden die Aussagen Nussbaums zu den distributiven Aufgaben des Staates, der einerseits durch angemessene Verteilungspolitik Sorge für das Wohlergehen aller zu tragen habe, andererseits aber nicht in die freie Lebensgestaltung der Bürger_innen eingreifen solle, als widersprüchlich kritisiert (vgl. Galamaga 2014, 28).

Mit dem von Martha Nussbaums befürworteten Recht auf privates Eigentum als einer oftmals notwendigen Voraussetzung für die Entwicklung von Fähigkeiten setzen sich unterschiedliche Autor_innen eher indirekt auseinander. Im Zusammenhang mit globalisierungskritischen und entwicklungspolitischen Fragen nach der Bedeutung und der nötigen Begrenzung privaten Eigentums wird immer wieder auf Rawls, Sen und Nussbaum Bezug genommen, ohne dass diese Thematik im Mittelpunkt der Rezeption ihrer Schriften steht. Grundsätzlicher dagegen ist die Frage danach, wodurch in modernen Gesellschaften tatsächlich Zugehörigkeit und Teilhabe möglich werden – durch Eigentum im Sinne des „Habens" oder vielmehr durch Bildung und Wissen (vgl. exemplarisch Rifkins 2007).

Ein zentraler Kritikpunkt bezieht sich teils auf die anthropologischen Grundannahmen Nussbaums, auf denen ihre Fähigkeiten-Liste beruht, und teils auf die Methodik, mit deren Hilfe sie diese Liste entwickelt hat. Nussbaums Methodik beruht auf einem beschreibenden Zugang zur menschlichen Existenz, der reflektierende Intuition mit hermeneutischen Methoden verbindet. Beispielsweise vergleicht sie Mythen aus verschiedenen Epochen und Kulturen, philosophische, literarische und historische Quellen. Ihre so gewonnenen anthropologischen Aussagen konkretisiert sie in den Fähigkeiten bzw. capabilities, deren Liste sie aufgrund neu gewonnener Beobachtungen und Erfahrungen immer wieder modifiziert. Trotz der immensen Fülle der von ihr herangezogenen Quellen können ihre „essentialistischen" Aussagen über die „Natur des Menschen" aber nicht wirklich überprüft werden (vgl. Beck 2009). Dies hat ihr den Vorwurf eingebracht, ihre Liste sei nicht neutral gegenüber verschiedenen Kulturen, sondern bilde letztlich nur das „abendländische Menschenbild" ab (vgl. Kellerwessel

2012) und übergehe die reale Vielfalt menschlicher Existenzweisen. Nussbaum wiederum grenzt sich von dem von ihr so bezeichneten „Kulturrelativismus" deutlich ab. Sie geht davon aus, dass es möglich ist, universelle Aussagen über die Bedürfnisse der menschlichen Spezies zu treffen, auf deren Basis konkrete Konzepte für ein „gutes Leben" in verschiedenen Arten von Gesellschaften abzuleiten sind (vgl. Nussbaum 2010, 115).

Für die Rezeption der Theorie Martha Nussbaums aus feministischer Perspektive bieten sich mehrere Anknüpfungspunkte. Zum Ersten sind dies die von Nussbaum selbst pointiert formulierten, an einer Philosophie der „differenzierten Gleichheit" orientierten Aussagen zur strukturellen Benachteiligung von Frauen. Mit dem von Herlinde Pauer-Studer (2000) geprägten Begriff der „differenzierten Gleichheit" verweist sie darauf, dass die Gegenüberstellung von „Differenz" und „Gleichheit" zu kurz greift, weil Gleichheit zwischen den Geschlechtern nur gewährleistet werden kann, wenn auch Differenzen und Abweichungen bestehen bleiben können, ohne einen allgemeingültigen Begriff des Menschseins aufzugeben (vgl. Beck 2009, 4 f.).

Zum Zweiten greift sie in ihren Schriften eine Reihe von Themen auf, die wesentlich in der feministischen Theorie beheimatet sind, so die Bedeutung von Gefühlen im Bereich der Erkenntnis oder die Überwindung der Trennung von öffentlicher und privater Sphäre. Zum Dritten wird aber Nussbaums Position deutlich kritisiert von denjenigen feministischen Autorinnen, die sich entweder einer differenztheoretischen oder einer konstruktivistischen Perspektive verpflichtet fühlen (vgl. als Überblick Beck 2009).

Der Vollständigkeit halber sei noch erwähnt, dass auch Nussbaums tierethische Positionierung, der zufolge empfindende Tiere als Individuen zu achten und in gleicher Weise in den Befähigungsansatz einzubeziehen seien wie Menschen, für erheblichen Widerspruch gesorgt hat (vgl. Kellerwessel 2012). Für die hier thematisierten Aspekte der Inklusion ist dieser Aspekt der Nussbaum'schen Theorie aber unerheblich und wird deshalb nicht vertieft.

Anregungen zur Diskussion
Rekapitulieren Sie einige Grundannahmen der Theorie von Martha Nussbaum und diskutieren Sie die folgenden Fragen:

- Was ist das Besondere an Martha Nussbaums Theorie im Vergleich zu Luhmann, Foucault und Bourdieu?
- Wie hat Martha Nussbaum ihre „Liste der Fähigkeiten" entwickelt? Halten Sie die von ihr gewählte Methode für geeignet, um allgemein gültige Aussagen (anthropologische Grundannahmen) zu formulieren?
- Arbeiten Sie den Unterschied von „capabilities" und „functionings" heraus und diskutieren Sie die Bedeutung dieser Unterscheidung für Fragen der Inklusion.
- Wie beurteilen Sie Nussbaums Aussage, dass die von ihr als universell gültig formulierten menschlichen Fähigkeiten nicht gewichtet werden und nicht gegeneinander abgewogen werden sollen?

Hinweise zur weiterführenden Lektüre
Zur Einführung in das Denken Martha Nussbaums ist das Buch von Adam Galamaga (2014) empfehlenswert. Um die verschiedenen Facetten ihres Werkes kennen zu lernen, seien folgende Werke von Martha Nussbaum selbst empfohlen: Nussbaum 2010; Nussbaum 2015; Nussbaum 2016a.

2.5 Norbert Elias: Inklusion als Figuration

> **Norbert Elias (1897–1990)** wurde in Breslau als Sohn eines jüdischen Textilfabrikanten geboren. Nach dem Abitur 1915 zog er als Kriegsfreiwilliger in den Ersten Weltkrieg. Ab 1918 studierte er in Breslau, Heidelberg und Freiburg Philosophie und Medizin, promovierte 1924 zum Dr. phil. an der Universität Breslau und setzte dann sein Studium der Soziologie in Heidelberg fort. Ab 1930 arbeitete er in Frankfurt/Main am dortigen Institut für Soziologie an seiner Habilitationsschrift, bis das Institut 1933 durch die Nationalsozialisten geschlossen wurde. Über Paris emigrierte er 1935 nach London, wo er sich eine neue Existenz als Erwachsenenbildner und wissenschaftlicher Autor aufbaute. Er ließ sich zum Gruppenanalytiker ausbilden und hatte ab 1954 eine Dozentur für Soziologie an der Universität von Leicester. Von 1962 bis 1964 arbeitete Elias als Gastprofessor an der Universität von Ghana in Acra. Es folgten Gastvorlesungen, u. a. in Amsterdam und an verschiedenen deutschen Universitäten. Von 1979 bis 1984 war Elias am Zentrum für Interdisziplinäre Forschung der Universität Bielefeld tätig. Ab 1984 wohnte er in Amsterdam.

2.5.1 Menschen- und Gesellschaftsbild

Norbert Elias hat sich selbst als „Menschenwissenschaftler" verstanden und die Spezialisierung der verschiedenen Wissenschaftsdisziplinen, die sich mit dem Menschen befassen, bedauert. In seinen Schriften arbeitete er sowohl historisch als auch philosophisch, soziologisch, ökonomisch und psychologisch und bezog auch Wissensbestände aus Medizin und Biologie mit ein.

Den Menschen betrachtet Elias als ein fundamental auf andere angewiesenes, bedürftiges, entwicklungsfähiges und nicht durch Instinkte festgelegtes Wesen (vgl. exemplarisch Elias 1986, 114ff.). Charakteristisch für Elias' Herangehen an die verschiedensten gesellschaftlich relevanten Themenbereiche (z. B. Ursachen und Erscheinungsformen von Macht, sog. „Außenseiter" in der Gesellschaft, Umgang mit „Zeit" u. a. m.) ist die historische Perspektive, durch die er sich ein Verständnis für gegenwärtige gesellschaftliche Strukturen und Entwicklungen erarbeitet.

So entstanden die Figurations- und die Prozess-Soziologie. Elias' Hauptinteresse galt den langfristigen Prozessen gesellschaftlicher Veränderung, die er als zwar nicht geplant, aber doch in einer unumkehrbaren Entwicklungsrichtung verlaufend kennzeichnet. Ihm gelten nicht Ruhe und Stabilität, sondern der ständige Wandlungsprozess als gesellschaftlicher Normal-Zustand. Als Antriebskraft der stetigen Veränderungen betrachtet er die in jeder Gesellschaft immer wieder neu auszubalancierenden Macht-Verhältnisse zwischen den einzelnen Gesellschaftsmitgliedern beziehungsweise gesellschaftlichen Gruppen. Elias' Machtbegriff ist ein „Beziehungsbegriff", d. h., Macht kann immer nur zwischen zwei oder mehr Menschen bzw. Gruppen existieren, die in Interdependenzen zueinander stehen. Trotz der Wechselseitigkeit jeder Machtbeziehung ist diese in der Regel nicht symmetrisch, d. h., der Eine bzw. die eine Gruppe verfügt über mehr Machtmittel wie z. B. Geld oder Sanktionspotenziale als der oder die Anderen (vgl. ebd., 76ff). Dadurch entstehen Abhängigkeitsbeziehungen.

In seinem Hauptwerk „Über den Prozess der Zivilisation" (Elias 1969) zeichnet Elias die innere Logik der Entwicklung des westeuropäischen Gesellschaftstypus vom Mittelalter bis zur Gegenwart nach. Im Mittelpunkt seiner Analyse steht die Wechselbeziehung von Soziogenese und Psychogenese.

2.5.2 Soziogenese und Psychogenese

Als Soziogenese bezeichnet Elias die Entstehung der strukturellen Merkmale einer Gesellschaft und ihrer Institutionen, die er vor allem im Zusammenhang mit den Prozessen der Staats- und Nationenbildung in Westeuropa analysierte. Vom frühen Mittelalter über die Neuzeit bis in die zweite Hälfte des 20. Jahrhunderts hinein war die gesellschaftliche Entwicklung Westeuropas gekennzeichnet von zunehmender Differenzierung und Komplexität. Die überwiegende Selbstversorger-Ökonomie wurde durch national vernetzte Marktverhältnisse und Industrieproduktion abgelöst. Die absolute Herrschaft der höfischen Gesellschaft wich einem komplexen Machtgefüge, das vor allem mit der Herausbildung des staatlichen Gewaltmonopols verbunden war.

Mit dem Begriff der Psychogenese ist allgemein die Entstehung des in einer gegebenen Gesellschaft vorherrschenden Persönlichkeitstypus gemeint, der in einem diesem Typus entsprechenden sozialen Habitus seinen Ausdruck findet. Anders als Pierre Bourdieu, dessen Habitus-Konzept zentraler Bestandteil seiner Analysen der Reproduktion sozialer Ungleichheiten innerhalb gegebener Gesellschaften ist, zielt Elias' Habitus-Verständnis auf die Kennzeichnung der Besonderheiten von Gesellschaften insgesamt. Mit der eben skizzierten Soziogenese der westeuropäischen Industriegesellschaften und ihren zunehmend komplexen und interdependenten Gesellschaftsstrukturen korrespondiert die Psychogenese eines von Langsicht und Affektkontrolle gekennzeichneten Habitus. Dass dieser Habitus nicht von allen Bevölkerungsgruppen gleichermaßen ausgeprägt werden kann und dadurch soziale Ungleichheiten verfestigt werden, interessiert Elias dabei nur am Rande. Affektkontrolle erscheint ihm schon deshalb als notwendig, weil der Handel über weite Entfernungen und Zeiträume hinweg ein ökonomisches Verhalten erfordert, das nicht auf raschen Gewinn und unmittelbare Bedürfnisbefriedigung aus ist. Ähnlich ist es mit der Arbeit in Fabriken, die sich nicht mehr an der Fertigstellung eines konkreten Produkts orientiert, sondern einer abstrakten, arbeitsteiligen Logik folgt und ein hohes Maß an Disziplin und Selbstkontrolle, u. a. in Bezug auf die Arbeitszeit, voraussetzt. Um eine anstrebenswerte soziale Position zu erreichen und ein befriedigendes Leben führen zu können, müssen die Individuen lange Bildungswege auf sich nehmen und sich selbst disziplinieren. Die Sozialisation der Individuen und damit ihre Integration in die Gesellschaft geschehen folgerichtig zunehmend weniger durch direkten Zwang und ständige Reglementierung als vielmehr durch Selbstkontrolle und internalisierte Verhaltensstandards.

Den Zusammenhang von strukturellen und individuellen Entwicklungsprozessen, von Soziogenese und Psychogenese, versteht Elias nicht als Ursache-Wirkungs-Verhältnis, so, als folge das eine aus dem anderen, sondern als unauflöslich miteinander verknüpftes Geschehen, in dem in ständigen Wechselwirkungen eine „Passung" der gesellschaftlichen Notwendigkeiten und der vorherrschenden Persönlichkeitsmuster entsteht.

2.5.3 Gesellschaften als Figurationen

Diese Grundannahme erwächst aus Elias' Gesellschaftsverständnis, das mit den gängigen Vorstellungen, denen zufolge Individuum und Gesellschaft sich gegenüberstehen oder Gesellschaften wie konzentrische Kreise aufgebaut sind, radikal bricht. Er betrachtet diese Denkmuster als eine Art Notbehelf, weil unsere Denkgewohnheiten seit Jahrhunderten darauf ausgerichtet seien, in getrennten Einheiten und Gegensätzen zu denken. Die abendländische Philosophie habe dazu beigetragen, den Menschen als Einzelnen zu denken, weil sie in ihren gesellschaftstheoretischen, moralphilosophischen und ethischen Entwürfen immer schon von einem erwachsenen Subjekt ausgehe und deshalb die fundamentale Angewiesenheit des Menschen auf ein Leben in Beziehungen nicht wirklich verstehe. Elias spricht in diesem Zusammenhang von einem Mythos:

„Halb bewusst, halb unbewusst tragen bis heute die meisten Menschen einen eigentümlichen Schöpfungsmythos mit sich: Sie stellen sich vor, dass am ‚Anfang' zunächst ein einzelner Mensch in die Welt trat (...) Zu den Grundbeständen der menschlichen Existenz gehört das gleichzeitige Dasein mehrerer Menschen in Beziehung zueinander" (Elias 1991, 39).

An die Stelle der gewohnten dualistischen Auffassungen setzt er ein Modell menschlicher Interdependenzen im Sinne von niemals abgeschlossenen „Figurationen".

„Was man durch zwei verschiedene Begriffe als ‚Individuum' und ‚Gesellschaft' bezeichnet, sind nicht, wie es der heutige Gebrauch oft erscheinen lässt, zwei getrennt existierende Objekte, sondern verschiedene, aber untrennbare Ebenen des menschlichen Universums" (Elias 1986, S. 140).
„Der Begriff der ‚Figuration' dient dazu, ein einfaches begriffliches Werkzeug zu schaffen, mit dessen Hilfe man den gesellschaftlichen Zwang, so zu sprechen, als ob ‚Individuum' und ‚Gesellschaft' zwei verschiedene und überdies

auch noch antagonistische Figuren seien" (Elias 1986, 140f.), überwinden könne.

Elias konzipiert Individuen als „offene, gegenseitig aufeinander ausgerichtete Eigensysteme, die durch Interdependenzen verschiedenster Art miteinander verbunden sind" (Thönessen 2014, 186).

Diese Figurationen sind historisch wandelbar, und in ihnen werden unterschiedliche „Wir-Ich-Balancen" (Elias 1987) ausgeprägt. Über die Qualität der in den jeweiligen Interdependenzgeflechten gelebten Beziehungen sagt das nichts aus – es handelt sich bei Elias um eine analytische Feststellung, nicht um ein normativ aufgeladenes Beziehungsverständnis. Entscheidend für das Elias'sche Menschenbild ist, dass Menschen

„prinzipiell offene, durch die gesellschaftlichen Umstände formbare Wesen (sind – d. Verf.) (...) Anthropologisch konstant ist lediglich ein Merkmal (...): die fundamentale Gesellschaftlichkeit des Menschen. Elias leitet dieses Axiom aus der biologischen Konstitution des Menschen ab, die dadurch gekennzeichnet ist, daß die Menschen über so wenig angeborene Verhaltensregulative verfügen, daß sie zeit ihres gesamten Lebens auf Hilfe, Kommunikation, Lernen, Sozialisation, kurzum: auf andere Menschen angewiesen sind" (Baumgart & Eichener 1991, 105).

2.5.4 Der Persönlichkeitstyp des Homo Clausus

Den verschiedenen Individualisierungsschüben in der Entwicklung der westeuropäischen Gesellschaften und Nationalstaaten seit der Renaissance schreibt Elias es zu, dass Menschen in der abendländisch geprägten Gesellschaft sich selbst als Einzelne sehen, die ihr individuelles Leben gestalten. Dabei nehmen sie zwar Beziehungen zu anderen auf, verfolgen aber stets ihre eigenen Ziele und Pläne und können oder wollen nicht wahrhaben, dass sie immer schon in Wechselbeziehungen leben.

Das Wissen um diese Angewiesenheit ist, so Elias, nicht nur dem Einzelnen selten bewusst (und wenn, dann oft als bedrohlich), sondern es entspricht auch nicht den gesellschaftlichen und philosophischen Leitideen der Moderne. In seinem Grundlagenwerk „Was ist Soziologie?" stellt Elias der gewohnten Denkfigur des „homo clausus", also eines von Anderen deutlich abgegrenzten und auf sich selbst verwiesenen Einzelnen, die Denkfigur der „homines aperti" gegenüber (Elias 1986, 135 f.). Er verweist darauf, dass alle Denkgewohnheiten, „die uns vorspiegeln, dass das eigentliche ‚Ich' oder ‚Selbst' irgendwo im Innern des einzelnen Menschen residiere" (ebd., 136), der menschlichen Existenz unangemessen sind. Ähnlich wie der amerikanische Soziologe George Herbert Mead, der die notwendige Interaktion mit dem Anderen zur Herausbildung des Eigenen theoretisch begründet hat (Mead 1988), betont Elias, dass der Einzelne die Wahrnehmung seiner selbst nicht ablösen kann von seiner Wahrnehmung durch andere.

An gleicher Stelle präzisiert er, dass es ihm bei seiner kritischen Auseinandersetzung mit dem Typus des „homo clausus" und der positiven Konnotation der

Denkfigur der „homines aperti" in keiner Weise um eine Absage an die Existenz und Bedeutung des Individuums geht. Im Gegenteil misst Elias den Einzelnen als Träger_innen unveräußerlicher Menschenrechte und Menschenwürde eine hohe Bedeutung zu. Aber zum einen will er verdeutlichen, dass „der Begriff ‚Individuum' sich auf interdependente Menschen in der Einzahl, der Begriff ‚Gesellschaft' sich auf interdependente Menschen in der Mehrzahl bezieht" (ebd., 135). Und zum anderen möchte er auf den historischen „Preis" verweisen, den die Menschen für die Hochschätzung des Individuums „zahlen", indem sie sich deutlich von den jeweils „Anderen" abgrenzen und dadurch nicht wirklich ihr Leben in Beziehungen wahrnehmen.

Diese Konsequenz des vorherrschenden Persönlichkeitsmusters des „homo clausus" für das Leben der Einzelnen arbeitet Elias besonders eindrücklich in seinem Spätwerk „Über die Einsamkeit der Sterbenden in unseren Tagen" heraus:

„Das Verständnis für diese Abhängigkeit aber wird gegenwärtig gerade dadurch ganz besonders erschwert, dass man so sehr zu vermeiden versucht, die Begrenztheit des einzelnen menschlichen Lebens, also auch der (Begrenztheit – d. Verf.) des eigenen (Lebens – d. Verf.) und dem kommenden Zerfall der eigenen Person ohne Verdeckung ins Auge zu sehen (…) Als wichtigste Lebensaufgabe stellt es sich dann dar, nach einer Art von Sinn für sich allein zu suchen, einem Sinn, der unabhängig von allen anderen Menschen ist" (Elias 1982, 54 f.).

Und diese „Lebensaufgabe" sieht Elias mit zunehmendem Lebensalter immer skeptischer. Als überzeugter Agnostiker sucht Elias einen möglichen über-individuellen Lebenssinn nicht in religiösen oder transzendenten Sphären, sondern in der Angewiesenheit des Menschen auf andere Menschen.

Die Erfahrung der Interdependenz und der existentiellen wechselseitigen Angewiesenheit der Menschen steht in einem Spannungsverhältnis zum Ideal des autonomen Individuums im wissenschaftlich-rationalen Denken und auch zum Dualismus von Materie und Geist, Körper und Seele. Dennoch bleibt Elias der Hochschätzung des Einzelnen und dem Respekt vor dem Individuum verbunden, in denen sich die aufklärerische Errungenschaft der Menschenrechte mit dem für die Entwicklung der westeuropäischen Gesellschaften bedeutsamen christlichen Menschenbild verbindet. Menschenrechte werden in diesen Traditionen jedem Menschen unter Rekurs auf seine Menschenwürde unhintergehbar zugesprochen, d. h., Menschenrechte schützen jeden Menschen, unabhängig von seinem Geschlecht, seiner Hautfarbe, seiner Religion, seinen körperlichen oder anderen Besonderheiten vor der Verfügung oder der Missachtung durch andere. Elias' besonderes Verdienst ist es aber, auf die problematische Kehrseite dieses Denkens hinzuweisen, die (tendenziell) darin besteht, die Verletzlichkeit und Bedürftigkeit des Menschen zu vergessen und das Wohl oder Interesse des Einzelnen zum ausschließlichen Maßstab des Handelns zu machen.

2.5.5 Bezug zur Inklusion

Norbert Elias hat sich nicht explizit zu Fragen der Inklusion geäußert – zum Zeitpunkt seines wissenschaftlichen Arbeitens war dieser Begriff noch nicht verbreitet. Dennoch liefern seine Werke wesentliche Erkenntnisse für ein umfassendes Verständnis von Inklusion und können in den aktuellen Kontroversen um den Begriff, die Konzepte und Methoden der Inklusion dazu beitragen, klare Positionen zu formulieren.

Elias macht deutlich, dass es keine radikale Exklusion geben kann, weil Individuen und Gesellschaft in Figurationen so miteinander verflochten sind, dass es kein „Außerhalb" gibt – wohl aber randständige und schwache Positionen. Diese entstehen immer dann, wenn machtstärkere Gruppen sich Zugang zu Ressourcen aller Art verschaffen (und sich dadurch „etablieren") können, die den schwächeren Gruppen vorenthalten werden. Hinzu kommt, dass nicht alle Gruppen gleichermaßen die Chance erhalten, den gesellschaftlich erwünschten Persönlichkeits-Typus zu erwerben (um ihn dann ggf. auch in kritisch-reflektierender Distanz verändern zu können), sodass sie geringere Möglichkeiten haben, die Machtbalancen zu ihren Gunsten zu verschieben. In der Regel wird außerdem die „etablierte" Position auch normativ aufgeladen, d. h., die Überlegenen glauben, „sie seien in Hinblick auf ihre menschliche Qualität *besser* als die anderen" (Elias 1990, 7 – Hervorhebung im Original). Häufig internalisieren die „Außenseiter" diese ihnen zugeschriebene vermeintliche „Minderwertigkeit", wodurch die Überwindung ihrer Randständigkeit zusätzlich erschwert wird.

Auf den ersten Blick ähneln sich die Positionen von Elias und Luhmann in der Feststellung, dass es zwar ein Mehr oder Weniger an Zugehörigkeit zur Gesellschaft, nicht aber eine vollständige Exklusion gibt. Aber in starkem Gegensatz zu Luhmann gewinnt Elias diese Erkenntnis nicht aus der Abstraktion einer systemtheoretischen Betrachtungsweise, sondern aus einer radikalen Zuwendung zum konkreten Leben der Menschen als bedürftige und aufeinander existenziell verwiesene Lebewesen. Seine Absage an Menschenbilder, die vom rationalen, erwachsenen und selbstverantwortlichen Subjekt ausgehen, bringt ihn deshalb in ähnlich kritische Opposition zu kontraktualistischen und liberalen Theorien, wie wir es schon bei Martha Nussbaum festgestellt haben – auch wenn er sich nicht explizit mit diesen Theorien auseinandersetzt.

2.5.6 Ausgewählte kritische Positionen zu Elias

Wie bereits erwähnt, konnte Norbert Elias seine Grundlagen-Werke erst mit jahrzehntelanger Verspätung veröffentlichen. Dies warf in der kritischen Rezeption die Frage nach ihrer Aktualität auf. Wesentliche Einwände bezogen sich vor allem auf das von Elias herangezogene, sehr umfangreiche historische Material. So wurde ihm vorgeworfen, nur solche Materialien berücksichtigt zu haben, die seine Theorie von der langfristigen Veränderung des sozialen Habitus im Sinne einer Ablösung von Fremdzwängen durch Selbstzwänge stützen (vgl. u. a. van Dülmen 1996). Ein weiterer Vorwurf bezieht sich darauf, dass Elias die Bedeutung des Staates für die Entstehung der modernen Gesellschaft überbetont und die Rolle anderer Akteure, wie z. B. Kirchen, soziale Bewegungen oder auch Kommunen, entsprechend unterschätzt habe (vgl. ebd. 1996, 273). Ebenfalls auf möglicherweise selektive historische Wahrnehmungen bezieht sich der Hinweis, dass gerade im Zeitalter der (rationalen?) Aufklärung besonders irrationale und gewalttätige soziale Praktiken, wie z. B. die Hexenverbrennungen, um sich griffen, ohne dass Elias dies berücksichtigt habe (vgl. Erdheim 1996, 165 f.). Schließlich ist immer wieder kritisch diskutiert worden – ähnlich wie in Bezug auf Nussbaums „Liste der Fähigkeiten" –, ob und inwiefern Elias' Zivilisationstheorie eurozentristisch sei.

Gegen Ende von Elias' Lebzeiten wurde immer pointierter darüber nachgedacht, ob sich die gesellschaftlichen Veränderungen seit den 1960er Jahren mit den Elias'schen Kategorien und Analyse-Instrumentarien (noch) angemessen erfassen ließen. Zu den wichtigsten Veränderungen zählen die ökonomische und politische Globalisierung, durch die Elias' Konzentration auf den westeuropäischen Gesellschaftstypus obsolet werden könnte. Die neuen sozialen Bewegungen (Studentenbewegung, zweite Frauenbewegung, ökologische Bewegung, Friedensbewegung etc.) stellten den vorherrschenden Persönlichkeitstypus zunehmend in Frage. Die Ambivalenz von neu gewonnenen Freiheiten und Individualisierung auf der einen, einem zunehmenden Selbst-Optimierungs- und Leistungsdruck auf der anderen Seite konnten mit dem noch von Elias geprägten Begriff der „Informalisierung" nur unzulänglich erfasst werden (vgl. Rehberg 1996; Gleichmann et al. 1977).

Anregungen zur Diskussion
Rekapitulieren Sie einige Grundannahmen der Theorie von Norbert Elias und diskutieren Sie die folgenden Fragen:

- Wie verstehen Sie den Begriff der „Figuration" bei Norbert Elias?
- Welche Gemeinsamkeiten und welche Unterschiede gibt es zwischen Elias' und Bourdieus Verständnis von „Habitus"?
- Diskutieren Sie anhand konkreter Beispiele den Zusammenhang von Soziogenese und Psychogenese (z. B. in Bezug auf die Erwerbsarbeit oder das Bildungssystem).
- Für wie aktuell halten Sie die Beschreibung des „homo clausus" nach Elias?
- Was bedeutet die Elias'sche Annahme der radikalen Beziehungsgebundenheit des Menschen für eine Politik der Inklusion?

📖 *Hinweise zur weiterführenden Lektüre*
Als Einstieg in das Werk von Norbert Elias ist zu empfehlen: Baumgartner & Eichner (1991). Weniger umfangreich und leichter lesbar als sein zweibändiges Hauptwerk, dennoch aber sehr instruktiv sind die Schriften von Elias (1970), (1991) und (1982).

2.6 Hinweis zu weiteren relevanten Theorien: Stigma und Anerkennung

Die Auswahl, die wir mit den fünf vorgestellten Theorien getroffen haben, ist nach Relevanz für die Soziale Arbeit erfolgt, durchaus aber zu diskutieren und auch zu ergänzen. Insbesondere die Stigmatheorie nach Erving Goffman und die Anerkennungstheorie nach Axel Honneth dürfen hier aber abschließend nicht unerwähnt bleiben.

Mit Goffmans Stigmatheorie kann sozialpsychologisch verstanden werden, wie Ausgrenzungsprozesse sich auf das Selbstbild der Betroffenen auswirken. Stigmata sind entweder sichtbare oder unsichtbare körperliche, psychische oder soziale Merkmale, die von der Norm abweichen und als minderwertig gelten. Das können eine sichtbare Behinderung, ein Sprachfehler, eine Hautfarbe oder das Alter sein. Menschen werden einer bestimmten Kategorie zugeordnet, die Persönlichkeit verschwindet hinter den Eigenschaften, die dieser Kategorie zugeordnet werden (Goffman 1967). Mit Goffman kann verstanden werden, wie auch Soziale Arbeit dazu beiträgt, mit Etiketten wie „schwer erreichbare Eltern" oder „traumatisiert" den Menschen hinter den Diagnosen zu vergessen, der immer auch andere Eigenschaften aufweist als diejenigen, die dieser Kategorie zugeordnet werden. Scheinbar bestätigen sich die Vorurteile dann durch die Tatsache, dass Menschen sich entsprechend der an sie gestellten Erwartungen verhalten und sich schließlich selbst weniger wertschätzen. Zu Entstigmatisierungsprozessen gehört daher auch der Aufbau eines Selbstbewusstseins (vgl. Kap. 6), das die Fremdzuschreibungen erkennt und sie überwinden oder integrieren kann.

Um mangelnde gesellschaftliche Akzeptanz geht es auch in der Anerkennungstheorie von Axel Honneth. In Anlehnung an den Philosophen Hegel, den Soziologen Mead und die Kritische Theorie entwirft Honneth eine normative Idee einer gerechten Gesellschaft ohne Ausgrenzung, in der alle Individuen trotz Verschiedenheit nicht nur teilhaben können, sondern auch Anerkennung dabei erfahren. Dabei unterscheidet er die drei Dimensionen der emotionalen Zuwendung in Liebes- und Familienbeziehungen, der rechtlichen Gleichstellung, die durch staatliche Gesetze vollzogen wird, und der sozialen Akzeptanz, die gesellschaftlich vermittelt und durch soziale Kämpfe gestaltet wird (bspw. die Anerkennung gleichgeschlechtlicher Lebenspartnerschaften) (Honneth 2012b, 151ff.). Die Missachtung der Anerkennung durch Gewalt in der Familie, durch Verwehrung von Grundrechten oder Stigmatisierungen im gesellschaftlichen Umgang hat auch nach Honneth schwerwiegende Folgen für die Menschen und führt zu sozialen Kämpfen um Anerkennung. Interessant für die Soziale Arbeit ist hier, dass auch interpersonale Gewalt, mit dessen Folgen das Hilfesystem oft zu tun hat, als wichtiges Hemmnis gegen eine gesellschaftliche Gleichstellung von Menschen anerkannt wird, also keine „Privatsache" ist. Hilfen für vergewaltigte Frauen oder misshandelte Kinder stellen somit eine wichtige Dimension der gesellschaftlichen Anerkennung und damit der Inklusion dar.

3 BEDEUTUNG DER META-THEORIEN FÜR DIE INKLUSIONSDEBATTE IN DER SOZIALEN ARBEIT

Was Sie in diesem Kapitel lernen können:

Im folgenden Kapitel geht es um die Frage, welcher praktische Ertrag in Bezug auf die Inklusion in den vorgestellten Theorien zur Inklusion enthalten ist. Wie beurteilen wir Fragen nach Konzeptionen von Projekten und Praxen, wenn wir sie auf dem Hintergrund von Luhmanns, Foucaults, Bourdieus, Nussbaums oder Elias' Menschen- und Weltbild betrachten? Was tragen die vorgestellten Theorien für das (Selbst-)Verständnis pädagogischer oder Sozialer Arbeit bei? Gibt es wirklich einen „Transfer von Inklusionstheorien in die Praxis" oder ist es eher anders herum, dass die Theorie der Praxis nachfolgt?

3.1 Soziale Arbeit als Exklusionsvermeidung und Integrations-/Inklusionsvermittlung (nach Niklas Luhmann)

Luhmanns Systemtheorie und vor allem seine Analysen zum Wohlfahrtsstaat sind in der sozialarbeitswissenschaftlichen Debatte seit den 1990er Jahren häufig aufgegriffen worden. In dieser Debatte ging es vor allem darum, ob es eine eigenständige „Sozialarbeitstheorie" überhaupt geben sollte oder müsse und auf welche theoretischen Grundlagen sich diese stützen könne. Niklas Luhmann diente dabei vor allem Sozialwissenschaftler_innen der früheren Fachhochschulen für Sozialpädagogik/Sozialarbeit als wissenschaftliche Grundlage, die sie gegen die in ihren Augen zu geisteswissenschaftliche Orientierung der universitären Sozialpädagogik (als Subdisziplin der Erziehungswissenschaft) ins Feld führten. Nicht eine hermeneutisch begründete „Lebensweltorientierung", sondern eine soziologisch begründete Systemtheorie könne den Gegenstand der Sozialarbeit angemessen beschreiben (vgl. Kuhlmann 2000, 33ff.). In Abgrenzung zur erziehungswissenschaftlich begründeten Lebensweltorientierung wie auch zur Kritischen Theorie und zu humanistischen Traditionen wurde Soziale Arbeit als eigenständiges System oder zumindest als ein sich entwickelndes System verstanden (zunächst Bommes & Scherr 1996; dann Kleve 1999; Merten & Scherr 2004; Klassen 2004; Lambers 2010; Kleve 2012 u. a.).

In dem Aufsatz „Soziale Hilfe als Funktionsystem der Gesellschaft" führte Dirk Baecker 1994 in Anlehnung an Luhmann aus, dass sich ein gesellschaftliches Funktionssystem der Sozialarbeit ausdifferenziert habe, das weniger zwischen Hilfe und Kontrolle stehe (wie in der bisherigen Theorie der Sozialen Arbeit vertreten), sondern vielmehr mittels der binären Codierung „Hilfe"/„Nichthilfe" stellvertretend für die Gesellschaft Inklusionsprobleme bearbeite. Dieses gesellschaftliche Funktionssystem sei zuständig für stellvertretende Inklusionsvermittlung und für die Exklusionsvermeidung bzw. Exklusionsverwaltung. Albert Scherr und Roland Merten führten später in Anlehnung an diese Funktionsbestimmung aus, dass die Soziale Arbeit dort zuständig ist, wo es um Exklusionen aus den Systemen geht, deren Zugehörigkeit über Lebenschancen entscheidet, d. h., deren Nichtzugehörigkeit einen Mangel an Ressourcen und damit beeinträchtigte Teilhabe bedeutet (Merten & Scherr 2004, 12). Albert Scherr (2004) konstatierte, dass die Hoffnung der Sozialen Arbeit der 1970er Jahre, dass potenziell alle Individuen zu integrieren sind und dass Formen der Benachteiligung und Randständigkeit überwunden werden können, enttäuscht wurde. Danach habe in den 1990er Jahren vor dem Hintergrund der Dauerarbeitslosigkeit die Thematisierung sozialer Ausgrenzung begonnen. Theorien, die die Klassenstrukturen der kapitalistischen Gesellschaft oder andere Herrschaftsformen in den Mittelpunkt stellten, schienen nun nicht mehr so erklärungsmächtig, wohingegen die systemtheoretische Idee des Strukturwandels zu einer modernen, funktional differenzierten Gesellschaft – so Scherr – das Verhältnis von Individuum und Gesellschaft gewinnbringender bestimmen konnte. In Ergänzung dazu müsse die Soziale Arbeit allerdings noch eine Theorie der Lebensführung entwickeln,

„die in der Lage ist aufzuzeigen, unter welchen Bedingungen Inklusion und Exklusion zu einer solchen Hilflosigkeit führen, die Leistungen der Sozialen Arbeit veranlasst und worin die Möglichkeiten und Grenzen solcher Leistungen liegen" (ebd., 56f.).

Scherr definierte Soziale Arbeit als Beobachtung und Bearbeitung unspezifischer Hilfsbedürftigkeit, die im Kern gesellschaftlich verursacht und daher als Bedürftigkeit anerkannt werde, weshalb sie vom Staat bearbeitet wird. Da in der modernen Gesellschaft alle, „ob arm oder reich, erwerbstätig oder arbeitslos, krank oder gesund", zunächst als Individuen – in Anlehnung an Luhmann – aus der Gesellschaft exkludiert sind, müssten sie anpassungsfähig und flexibel sein, wenn sie mit den verschiedenen Funktionssystemen kommunizieren. Diesem höheren Zwang zur Selbstdisziplinierung stehe außerhalb der Funktionssysteme ein Freiheitsgewinn gegenüber (ebd., 62). Anlass für Soziale Arbeit seien die „Exklusionsverdichtungen bzw. -verkettungen", wenn marginalisierte Gruppen, beispielsweise arbeitslose Menschen, zusätzlich in sozialräumlich isolierten Quartieren wohnen. Menschen, die an einem Mangel an Ressourcen leiden oder an einer „Blockierung von Lebenschancen", muss geholfen werden, den Fremd- und Selbstausschluss zu überwinden. Soziale Arbeit reagiert hier mit „Reinklusionsbestrebungen", wenn beispielsweise der Zugang zum Arbeitsmarkt wiederhergestellt wird.

Dabei können die Hilfsbedürftigen „nicht autonom definieren, was ihr Problem und was dessen Lösung ist, und entsprechende Hilfen anfordern" (ebd., 58). Denn als Hilfsbedürftigkeit wird nur akzeptiert, was rechtlich und diagnostisch einzuordnen ist. Hinzu kommt, dass die Hilfebedarfe spezifisch sind, also nur durch Kategorien zu erschließen sind. „Dazugehören" kann nur, wer sich anpasst und flexibel ist, also gibt es eine Teilhabe, bei der man bleiben kann, wie man ist, nicht. Diese Freiheit gibt es – systemtheoretisch betrachtet – nur außerhalb der Systeme.

Luhmanns These, dass der Wohlfahrtsstaat die universelle Zuständigkeit für gesellschaftliche Belange beanspruche und damit einer ständigen Überforderung ausgesetzt sei, zumal er immer mehr Bevölkerungsgruppen und ihre Bedürfnisse zu inkludieren versuche, fand große Zustimmung in der sozialarbeitswissenschaftlichen Debatte. Scherr wies ergänzend darauf hin, dass der Ausschluss aus Systemen auch durch auffälliges Verhalten geschehen kann, was ebenfalls durch Soziale Arbeit zu bearbeiten ist. Die Relativität gesellschaftlicher Normen müsse aber hinterfragt werden.

Im Unterschied zu Scherr hielt Heiko Kleve den Begriff der Integration nach wie vor für relevant und auch nicht durch Inklusion ersetzbar. Denn in den „Lebenswelten" (hier mit Bezug auf Habermas) finde nach wie vor eine andere Kommunikation statt als in den Systemen. Hier sei der Handlungsort der Sozialen Arbeit, und hier würden Menschen entweder integriert oder desintegriert. Dabei meint Integration nach Kleve eine Anpassung an geltende Normen im Sozialisationsprozess, die er als „Basis jeglicher Sozialintegration" versteht (Kleve 2004, 165). In Abgrenzung zu Luhmann, der mit dem Begriff der Integration die Sozialisation in vormodernen Gesellschaften beschreibt, vertritt Kleve die These, dass noch „Lebenswelten spürbar sind", in denen die soziale Partizipation über Integration bzw. Desintegration „läuft". Gesellschaft könne nicht mehr integrieren, nur noch inkludieren, denn die gesellschaftliche „Integration" würde die erforderte Flexibilität verhindern (Kleve in Anlehnung an Honneth, ebd., 173). Während die Lebenswelten integrierende gemeinsame Werte und Normen brauchen, funktionieren die Systeme nach ihren je eigenen Regeln.

Es geht für die Soziale Arbeit also nicht nur um Inklusionsförderung und Exklusionsvermeidung, sondern auch um Hilfe zur Sozialintegration in Lebenswelten. Diese Hilfe soll „Hilfe zur Selbsthilfe" sein, die in Beratungssettings erfolgt. Festzuhalten bleibt bis hier, dass auch Kleve einen bedeutenden Unterschied zwischen Integration und Inklusion herausstellt. Unverständlich bleibt, warum er aber später die Gefahr betont, dass Soziale Arbeit als „System" die Klient_innen unmündig hält, wo er ihre Aufgabenbestimmung doch als Integrationshilfe in Lebenswelten beschrieben hatte.

Wenn man sich in der Theorie Luhmanns bewegen möchte, dann muss auch berücksichtigt werden, dass für Luhmann Lebenswelt „nicht eine den gesellschaftlichen Systemen gegenüberstehende Sphäre unversehrter Vergesellschaftung" bedeutete, sondern „lediglich derjenige Boden und Horizont, der einem Beobachter erscheint, wenn er in der Welt Vertrautes und Unvertrautes vorfindet" (Kneer & Nassehi 1997, 142f.).

Nach Kleves Verständnis von Sozialer Arbeit besteht ihr Erfolg darin, dass die Klient_innen ihre Rolle als Klient_innen wieder „abstreifen" (Kleve 2012, 81f.). Allerdings streite sich dieses Interesse mit der Logik einer Sozialen Arbeit als Funktionssystem. Denn die Organisationen der sozialen Hilfen würden aus Eigeninteresse ihre Klient_innen bewusst unmündig halten, um ihr System zu erhalten, weshalb die Hilfen immer fortgesetzt würden, auch wenn sie nicht mehr notwendig seien. Soziale Arbeit sichere ihre Existenz dadurch, dass sie soziale Probleme eben nicht löse und ihre Klient_innen auf Dauer von der Hilfe abhängig mache (Kleve 2012, 111; vgl. auch Baecker 1994). Die Organisationen seien als autopoietische Systeme vor allem am Selbsterhalt interessiert. Daneben stigmatisierten sie die Klient_innen, um die Hilfe zu rechtfertigen, und schließlich seien sie auch noch ineffizient, da sie Selbsthilfepotentiale ignorierten. An dieser Stelle der Ausführung sei eine Bemerkung erlaubt: Zwar ist die Gefahr, dass es Fälle gibt, in denen Selbsthilfepotentiale übersehen werden, real. Allerdings bleibt u. E. zu fragen, ob dies bei der Beschreibung der Sozialen Arbeit als „System" zwangsläufig die dominierende Gefahr darstellt oder ob nicht auch die Nicht-Wahrnehmung von Problemen genauso wahrscheinlich ist, zumal, wenn sie nicht anschlussfähig für die Kommunikation des Systems sind. Anders ist kaum zu erklären, warum es immer noch mehr Kindeswohlgefährdungen als darauf reagierende Erziehungshilfen gibt (Goldberg & Schorn 2011).

Die von Kleve hervorgehobene, eher negative Funktionsbestimmung widerspricht auch der oben ausgeführten Funktionsbestimmung nach Scherr und der Tatsache, dass Soziale Arbeit daneben und verschränkt mit Beratungstätigkeiten auch Fürsorge für und Begleitung von Menschen ist, die – mit Michael Winkler gesprochen – im „Modus der Differenz" leben (Winkler 1988) und daher häufig kaum Ressourcen mobilisieren können. Kinder, alte und kranke Menschen oder Menschen mit Behinderungen brauchen nicht nur „Hilfe zur Selbsthilfe" und Aktivierung, sondern auch ersetzende Ressourcen der Beziehung und Anteilnahme. Es ist darüber hinaus eine menschliche Eigenschaft, auf Hilfe anderer dauerhaft angewiesen zu sein, daher ist – darauf verweist Martha Nussbaum zu Recht – diese Autonomie nur eine alltagsuntaugliche Abstraktion.

Weiterführender sind daher Systemtheorien, die sich nicht wie Luhmann lediglich auf Kommunikation und Autopoiesis beziehen, sondern reale Menschen als Teile von Systemen verstehen. Silvia Staub-Bernasconi grenzte sich daher mit ihrer Theorie der Sozialen Arbeit explizit von Luhmann ab. Staub-Bernasconi bezog sich auf den argentinischen Philosophen und Physiker Mario Bunge, der sozialen Systemen eine materielle Basis zugesteht. D. h., wenn man „systemisch" denken will, ist man nicht gezwungen, Luhmanns Idee einer Gesellschaft mit selbstreferentiellen, nur aus Kommunikation bestehenden Funktionssystemen zu übernehmen. Nach Bunge beispielsweise bestehen soziale Systeme aus realen Elementen, d. h. aus den Menschen und ihren Handlungen. Auch er geht von Ordnungen in den Systemen aus, die sich nach eigenen Regeln erschaffen und fortsetzen, aber diese Regeln resultieren aus der konkreten Interaktion der Beteiligten.

Anregungen zur Diskussion

- Grenzen Sie verschiedene System-Begriffe voneinander ab und diskutieren Sie ihre Vor- und Nachteile.
- Wie hoch schätzen Sie die Potentiale der Selbsthilfe bei verschiedenen Klient_innengruppen ein?

- Wie verstehen Sie Luhmanns Aussagen zum Wohlfahrtsstaat und seine Kritik daran?
- Diskutieren Sie den von Baecker und Kleve erhobenen Vorwurf, das autopoietische System der Sozialarbeit schaffe die Probleme selbst, die es dann zu lösen vorgebe.

3.2 Neosoziale Arbeit als Normalisierung und Aktivierung (nach Michel Foucault)

In Bezug auf das Thema der Inklusion hat Foucault sowohl für den Armuts- wie für den Behinderungsdiskurs wertvolle Interpretationsmöglichkeiten erschlossen, die über den Erkenntnisgewinn der Systemtheorie hinausgehen und gerade auf die Gefahren und Ambivalenzen von Inklusion aufmerksam machen. Foucaults Theorie zur Disziplinarmacht hat bereits in den 1970er Jahren die Geschichtsschreibung der Sozialen Arbeit beeinflusst, da durch die „Brille" seiner Theorien die Entstehung der Anstaltsfürsorge im 19. Jahrhundert und ihre bis in die 1960er Jahre reichenden Praxen der Disziplinierung und Demütigung als Macht- und Normalisierungstechniken kritisierbar wurden (Dörner 1969; Peukert 1986). Auch in den „Disability Studies" wurden Rehabilitationsbemühungen insbesondere des medizinischen Systems als Auslieferung an den „klinischen Blick" kritisiert, der den Körper auf Dysfunktionen und Defizite reduzierte. Behinderte Menschen sind häufig zu Objekten gemacht worden und dem „Ganzmachen" und „Geraderichten" ausgeliefert gewesen (Waldschmidt 2007, 124f.).

In den letzten Jahren wurde Foucault erneut diskutiert, diesmal mit Bezug auf seine Thesen zur Gouvernementalität (vgl. Anhorn, Bettinger & Stehr 2007; Stövesand 2007; Verlage 2011; Döpke 2011). Insbesondere die „post-wohlfahrtsstaatliche" Neubestimmung Sozialer Arbeit war Gegenstand der Analyse und Kritik (Kessl 2007, 205). Nach Kessl wurde in den letzten Jahren die „bisherige nationalstaatliche Integrationspolitik in eine zunehmend kleinräumige Inklusionspolitik transformiert", was mit Bezug auf die Theorie der Gouvernementalität erklärbar werde (ebd., 206).

In Anlehnung an Foucault beschrieb Stephan Lessenich den aktuellen Wohlfahrtsstaat als „neosoziale Gouvernementalität" (Lessenich 2008, 84). Er löse sich nicht auf, wie viele politisch aktive Menschen kritisierten, werde auch nicht umgebaut, sondern habe nur einen tief greifenden Wandel vom sorgenden zu einem aktivierenden Sozialstaat vollzogen. Damit habe er sowohl die Richtung wie auch die Form geändert. Der neue Geist des Kapitalismus sei durch Aktivität, Mobilität, Flexibilität und Selbststeuerung gekennzeichnet. Lessenich sieht in der neosozialen Neuerfindung des Sozialen eine „Quelle der Normierung und Standardisierung sozialer Beziehungen und gesellschaftlicher Verhältnisse" (ebd., 26). Er trage die Züge einer rechtlich zugestandenen, solidarischen Verantwortung und sozialen Teilhabe, die aber zu einem Instrument sozialer Inklusion und Exklusion gleichermaßen geworden sei (ebd., 34).

Lessenich kritisierte mit Foucault Luhmann, für den der Sozialstaat zum „bösen Onkel" mutiere, der „zur Selbstbefriedigung" neige (ebd., 69). Im Gegenteil sei Sozialpolitik ein Erfordernis der Ökonomie, denn der Staat versorge das Ökonomische mit Sozialem und das Soziale mit Ökonomischem. Auch sei die Analyse von Luhmann falsch, dass das politische System lediglich auf die Gunst der Wähler_innen reagiere. Vielmehr stehe es zwischen den wirtschaftlichen Interessen und denen der Wähler_innen, damit zwischen den Stühlen „kapitalistischer Akkumulationsbedarfe" und „demokratischer Legitimationszwänge" (ebd., 70). Lessenich beschreibt den Wandel sozialstaatlicher Institutionen hin zu „Ermöglichungsagenturen aktiver Eigenverantwortung" (ebd., 84). Dabei hätten sich die Begriffe „Fördern und Fordern" aus dem sozialpädagogischen Sprachgebrauch in den politischen Bereich ausgebreitet (ebd., 87). Unter anderem mit Bill Clinton, Tony Blair und Gerhard Schröder sei eine Politik etabliert worden, die öffentliche Hilfe nicht mehr in Form einer „rentenähnlichen Daueralimentierung", sondern in der Herstellung von Arbeitsbereitschaft, -fähigkeit und -gelegenheit leisten wollte. Damit wurde die stellvertretende Inklusion der arbeitsfähigen Bedürftigen durch Einkommenstransfers abgelöst durch die als höherwertig definierte „Inklusion qua Erwerbsbeteiligung", was schwerwiegende Folgen für diejenigen hat, die auf diese Weise nicht zu integrieren sind (ebd., 88f.):

„Untersozialisierte, d.h.: arbeitsunwillige, risikopräventionsverweigernde, aktivierungsresistente Subjekte erscheinen in diesem Kontext als eine Bedrohung des Sozialen –, als Investitionsruinen, politisch wie moralisch, als Normabweichler und Solidaritätsgewinnler" (ebd., 95).

So entstehe eine neue Ökonomie der Moral, in der die Schuld auf die Subjekte geladen werde, die sich nicht aktivieren lassen. Die Gesellschaft spalte sich in Mobilität und Immobilität, Aktivität werde überhöht und führe zu steigendem sozialen Druck. Dieser Wandel sei noch aufzuhalten, allerdings nur durch Widerstand und eine veränderte „Politik des Selbst" (ebd., 117). Mit Foucault glaubt Lessenich an die Kraft der Kritik, die es ermöglicht, den „Schleier des Nichtwissens" zu lüften und der Bewegung der Regierbarmachung eine andere Bewegung entgegenzustellen, welche es erlaubt, misstrauisch und ablehnend zu sein sowie Macht zu begrenzen oder zu transformieren. Dies sei die „Kunst nicht regiert zu werden, bzw. die Kunst nicht auf diese Weise und um diesen Preis regiert zu werden" (ebd., 140).

Ähnlich wie Lessenich argumentiert auch Marianne Pieper in Bezug auf die Langzeitarbeitslosen, die teilweise aus psychischen Gründen den Anforderungen des Arbeitsmarktes nicht gewachsen sind, weil sie wenig Ressourcen haben: Sie sind wenig gebildet, haben wenige soziale Kontakte, sind arm oder krank. Die „Hartz IV"- Gesetze haben eine neue Anforderung an die selbständige Aktivität gestellt. Damit sei die auf Solidarität basierende Sozialstaatsidee abgelöst worden durch ein neues Prinzip von Leistungsgerechtigkeit. Arbeitslosigkeit erscheint nun als willentlich herbeigeführter, freiheitlicher Entschluss, als moralische Fehlhaltung Einzelner (Pieper 2007, 95f.). Da anders als früher (scheinbar) jeder eine Chance hat, Armut zu vermeiden, ist auch jeder selbst schuld, wenn es ihm nicht gelingt.

Anders als Lessenich sieht der Schweizer Historiker Philip Sarasin (2008, 23 ff.) Foucault nicht als einen Theoretiker, mit dem man neoliberale Politik kritisieren oder gar zum Widerstand dagegen aufrufen muss. Er widerspricht der Lesart, dass Foucaults Analyse der liberalen Gouvernementalität die Freiheit des Liberalismus als Herrschaftstechnik entlarvt. Vielmehr habe Foucault selbst sehr viel von einer Regierungsform gehalten, die im Unterschied zur Disziplinarmacht der Vergangenheit möglichst wenig regiert. Natürlich funktioniere Macht nur, wenn sich die Subjekte die Normen der Macht zu Eigen machten, wie er schon in seinem Buch „Überwachen und Strafen" herausgearbeitet habe (ebd., 23). Aber trotzdem habe Foucault den wirtschaftlichen Liberalismus auch für einen Motor für die politische Kritik des 19. Jahrhunderts und für die Zunahme der Toleranz gehalten. Im Neoliberalismus gestehe man schließlich den Individuen mehr Freiheiten zu, weil er die Kunst sei, so wenig wie möglich zu regieren. Daher meint Sarasin: „Gouvernementalität ist kein Zauberwort für Liberalismuskritik, sondern das genaue Gegenteil davon" (ebd., 29).

Anregungen zur Diskussion

- Geben Sie Foucault Recht in seiner Behauptung, dass niemand den prägenden Einflüssen der Gesellschaft zu entgehen vermag? Welche Konsequenzen hat dies für Ihr Verständnis von Inklusion/Exklusion?
- Kann mit Foucault die Exklusion als ein durchaus wünschenswertes „Außen" verstanden werden? Wäre damit die Gleichsetzung von Inklusion mit einem erstrebenswerten Ideal in Frage zu stellen?
- Stimmen Sie Foucaults und Lessenichs Auffassung zu, dass durch die neoliberale „Regierungskunst" der „Gouvernementalität" der Zwang von außen (Disziplinarmacht) in den Selbstzwang überführt werde?

3.3 Soziale Arbeit als linke Hand des Staates und ihre widersprüchlichen Aufgaben (nach Pierre Bourdieu)

Im Rahmen der fachwissenschaftlichen Diskurse der Sozialen Arbeit spielt Bourdieu eine eher marginale Rolle, obwohl er viel zur Problematik des doppelten oder dreifachen Mandats von Hilfe, Kontrolle und professionellem Auftrag beitragen kann. Denn mit Bourdieu wird Soziale Arbeit als Teilbereich der „linken Hand" des Staates sichtbar, die zwar eine unterstützende und helfende, also positive Rolle spielt, aufgrund ihrer mangelnden materiellen Ressourcen ihre eigentlichen Aufgaben aber nur selten oder nur mit einem besonderen persönlichen Engagement bewältigen kann.

Ein Beispiel hierfür führte Bourdieu in seinem Buch „Das Elend der Welt" in einem Interview mit einer Sozialarbeiterin aus, die Kurse für Arbeitslose anbieten sollte. Die Sozialarbeiterin war dabei konfrontiert mit zwei Widersprüchen, einerseits mit der Resignation der Klient_innen, die sich Arbeit und nicht Kurse wünschten, und andererseits mit der Bürokratie. Damit stehe die Soziale Arbeit in einem ständigen Kampf an zwei Fronten: gegen die demoralisierten Hilfsbedürftigen und gegen die Verwaltungsorgane, die in verschiedenen Welten lebten (Bourdieu 1998, 218). Auch sei es ein Kampf mit zwei „Logiken", denn eine Soziale Arbeit komme nicht ohne einen gewissen „prophetischen Aktivismus oder eine inspirierte Freiwilligkeit" aus, die mit der Unbeweglichkeit bürokratischer Institutionen kollidiere. Soziale Berufe hätten zudem ständig mit der gesellschaftlichen Abwertung zu kämpfen. Sie gehören zur „linken Hand" des Staates, während die „rechte Hand" – hierzu zählt er die Justiz und Teile der Polizei – ein höheres Ansehen genieße. So betrachtet kann es das Kalkül einer konservativen Regierung sein, die Soziale Arbeit bewusst mit nur mangelnden Ressourcen auszustatten, um einerseits den Anschein von Hilfe zu geben, andererseits eine wirkliche Abhilfe der elenden Lebenssituationen durch finanzielle und personelle Ressourcen zu verhindern. Sozialpädagogische Fachkräfte müssen dann die ökonomisch verursachten Widersprüche in ihrer Berufsrolle aushalten, was zu Burn-out-Syndromen führen könne.

In Bezug auf Inklusion wären mit Bourdieu betrachtet einerseits politisch mehr Ressourcen für die „linke Hand des Staates" zu fordern und andererseits eine Sensibilisierung für die feinen Unterschiede der Milieus, die durch das kulturelle Kapital und seine Übertragung zu großen gesellschaftlichen Ungleichheiten werden.

Anregungen zur Diskussion
- Beschreibt Bourdieu die Aufgaben der Sozialen Arbeit in Ihren Augen treffend?
- Kommt Soziale Arbeit wirklich nicht aus ohne einen „prophetischen Aktivismus oder eine inspirierte Freiwilligkeit"?
- Welche beruflichen Strategien könnten helfen, die widersprüchlichen Forderungen von staatlichen oder privaten Trägern und den Klient_innen zu vermitteln bzw. ohne Burn-out-Syndrom auszuhalten?
- Welche neuen Sichtweisen auf Inklusion ermöglicht Bourdieus Beschreibung Sozialer Arbeit?

3.4 Soziale Arbeit als Befähigung (nach Martha Nussbaum)

Die Denkrichtung des „Befähigungsansatzes" (capabilities) von Amartya Sen und Martha Nussbaum geht davon aus, dass es nicht reicht, Menschen Rechte zuzugestehen. Sie müssen zur Inanspruchnahme ihrer Rechte auch befähigt werden. Nussbaum geht anders als der Gerechtigkeitstheoretiker John Rawls nicht von einem „gleichen, kooperationswilligen – und -fähigen Bürger" (Dabrock 2012, 19) aus, sondern berücksichtigt mehr als andere auch die Fürsorgebedürftigkeit von Menschen. Ihre „Fähigkeitenliste" ist nicht gleich bedeutend mit einer inhaltlichen Festlegung von Normen für ein „gutes Leben" – was auch leicht in Gefahr geriete, autoritär oder paternalistisch ausgelegt zu werden. Nussbaum geht es nicht um die konkrete Zielbestimmung, sondern darum, dass alle Menschen das Recht haben und dazu befähigt sein sollen, ihre Ziele zu verwirklichen.

Nussbaum sieht die Menschen – anders als Foucault – nicht als Wesen, die „von der leistungsstarken Maschine der Konventionen" wie „Münzen" geprägt werden. Zwar werden sie von sozialen Normen eingeschränkt, doch diese Normen sind vielgestaltig und „die Menschen gehen krumme Wege" (Nussbaum 2002, 13). Inklusion in Systeme bedeutet daher in ihrer Theorie weniger die Gefahr einer Normierung als vielmehr die Chance der Befähigung zur Teilhabe, welche die Menschen dann individuell gestalten können. Oelkers, Otto & Ziegler diskutierten daher den Capabilities-Ansatz als Basis für eine „Neuorientierung" im Bereich der Bildungs- und Wohlfahrtsforschung. Die Idee des „guten Lebens" kann in ihren Augen als „Schlüsselbegriff" für die „öffentliche Wohlfahrtsproduktion" gelten (Oelkers, Otto & Ziegler 2008, 87).

Mit Nussbaum kann – so sieht es Dabrock – die Idee von sozialer Gerechtigkeit besser gefasst werden. Es gehe immer um die Frage, *wie* jedem das jeweils Angemessene zuteil werden soll und *was* gleich verteilt sein soll, sowie manchmal auch darum, *warum* Gleichheit überhaupt wünschenswert ist (Dabrock 2008, 17). Der Ansatz von Nussbaum hat nach Dabrock den Vorteil, dass er kein „leeres Prinzip" kommuniziert, sondern die Zusicherung der Befriedigung prinzipieller Grundbedürfnisse mit der Förderung von „Selbstachtung und Nicht-Demütigung" (ebd., 31) verbindet. Für ihn stellt dieser Ansatz die richtige theoretische Begründung von gesellschaftlicher Inklusion dar, und er schlägt vor, Soziale Arbeit – genau wie es Bommes & Scherr bereits 1997 forderten – als Exklusionsvermeidung und Inklusionshilfe zu charakterisieren. Es sei evident, dass es „die" Gesellschaft nicht (mehr) gebe und das politische System nicht alleine für die Gestaltung der Gesellschaft zuständig oder verantwortlich sei. Unterschiedliche gesellschaftliche Sphären weisen unterschiedliche Inklusionsbedingungen auf und erfordern somit, ganz im Sinne Nussbaums, unterschiedliche Befähigungen.

„Befähigung zur Teilnahmemöglichkeit an gesellschaftlicher Kommunikation wäre dann in die systemtheoretische Sprache zu übersetzen als Verhinderung wechselseitiger Exklusionsverstärkung und Ermöglichung von Inklusion" (ebd., 49).

Damit steht Martha Nussbaums Fähigkeitenansatz der historisch entwickelten Idee der Sozialen Arbeit als „Menschenrechtsprofession" (vgl. Staub-Bernasconi 1995, 414) am nächsten von den hier vorgestellten Sozialtheorien. Menschenrechte sind neben der sozialen Gerechtigkeit die wichtigste Basis des sozialarbeiterischen Handelns oder, wie es Silvia Staub-Bernasconi mit Bezug auf drohende Ausgrenzungen formulierte: „Menschenrechte machen ernst mit der Tatsache, dass die Weltgesellschaft nicht eine Fiktion, sondern eine in Entstehung begriffene Realität ist, in welcher es kein ‚Außerhalb' mehr gibt." (ebd., 424)

Eine konsequente Anwendung des Befähigungsansatzes in der Sozialen Arbeit wäre mit Bezug auf Nussbaum aber darüber hinaus gebunden an die Notwendigkeit, durch Bildung – auch im Rahmen von Sozialer Arbeit – Menschen zur Inanspruchnahme ihrer Rechte zu befähigen (vgl. auch Kuhlmann 2012, 152).

> **Anregungen zur Diskussion**
> - Können Sie Dabrock zustimmen, der Nussbaums Theorie für eine bessere Grundlage von Debatten über Gerechtigkeit hält als andere Theorien?
> - Geben Sie Oelkers, Otto & Ziegler Recht, dass Nussbaums Idee des „guten Lebens" ein „Schlüsselbegriff" für die Soziale Arbeit sein sollte?
> - Wieso kommen Foucault und Nussbaum zu unterschiedlichen Auffassungen in Bezug auf soziale Inklusion?

3.5 Machtbalancen und ein kritischer Blick auf den modernen Persönlichkeits-Typus (nach Norbert Elias)

Auf Norbert Elias wird bislang weder in der allgemeinen sozialarbeitswissenschaftlichen noch in den verschiedenen Inklusions-Theorien explizit Bezug genommen. Dies ist aus mehreren Gründen bedauerlich. Zum Ersten hilft Elias, den oben ausgeführten Aspekt der Macht auch und gerade in helfenden Beziehungen wahrzunehmen und die vorhandenen machtförmigen Strukturen als veränderbare Machtbalancen zu verstehen. Zum Zweiten kann die nähere Beschäftigung mit Elias' Konzept der Wechselwirkungen von Soziogenese und Psychogenese dazu beitragen, vorherrschende Verhaltens-Standards und Vorstellungen von Normalität als Ergebnis historischer Prozesse zu erkennen und zu relativieren. Dieser Aspekt ist gerade im Kontext interkultureller Sozialer Arbeit von Bedeutung, die immer wieder der Gefahr unterliegt, Erfahrungen des Andersartigen und Fremden als „kulturbedingt" festzuschreiben. Zugleich hilft Elias, im sozialarbeiterischen und pädagogischen Kontext den vermeintlichen Gegensatz zwischen Handlungsstrategien, die entweder auf die strukturellen oder auf die verhaltensbedingten Ursachen von sozialer Ungleichheit und Diskriminierung abzielen, zu überwinden. Denn nach Elias sind Menschen zwar der Macht des Habitus und der herrschenden Diskurse nicht einfach ausgeliefert, können aber auch nicht durch einfache Willensakte daraus aussteigen. Ausgangspunkt einer kritischen professionellen Praxis ist vielmehr die Analyse und Veränderung der Wir-Ich- und der Macht-Balancen. Nicht zuletzt schärft Elias den Blick für den „Preis", den die Betonung der Autonomie des Einzelnen erfordert: die tendenzielle Vereinsamung und Entsolidarisierung der Individuen in der modernen Gesellschaft. Seine Kritik am vorherrschenden Persönlichkeitstypus des „homo clausus" liefert eine solide theoretische Basis, sich dem Imperativ der „Selbst-Optimierung" zu widersetzen. Zugleich ist die Elias'sche Erkenntnis der Bedürftigkeit des Menschen, seines Angewiesenseins auf Beziehung und Interaktion ein starkes Argument gegen ein unkritisches Konzept von Inklusion als Teilhabe an dem vorherrschenden leistungsorientierten Wirtschafts-, Bildungs- und Erziehungs-System.

> **Anregungen zur Diskussion**
>
> - Reflektieren Sie Ihre bisherigen Erfahrungen in professionellen Kontexten (z. B. als Schüler_innen oder Studierende, als Honorar- oder Fachkräfte) unter dem Gesichtspunkt der Machtbalancen.
> - Teilen Sie die Kritik von Elias am Leitbild des autonomen Individuums in der modernen Gesellschaft? Warum oder warum nicht?
> - Welche Konsequenzen hat diese Kritik Ihrer Meinung nach für die professionelle Arbeit im Kontext von Inklusion?

Als vorläufige Zwischenbilanz dieses Kapitels halten wir fest: Ob Inklusion als positiv zu beschreibendes Ziel professioneller Arbeit in sozialen, pädagogischen und gesundheitsbezogenen Handlungsfeldern gesehen werden kann, hängt im Wesentlichen davon ab, in welches System Menschen unter welchen Bedingungen „inkludiert" werden sollen. Welche normativen Leitvorstellungen und welche Menschenbilder herrschen beispielsweise in der Arbeitswelt oder im Bildungssystem vor? Wird mit der Forderung nach Inklusion eine Kritik der gegebenen Verhältnisse verbunden? Welche (unterschiedlichen) Absichten verfolgen diejenigen, die von Inklusion sprechen, und in welchen Kontexten tun sie das? Diese Fragen werden uns im Weiteren beschäftigen.

4 DISKURSE UND KONTROVERSEN IN WISSENSCHAFT UND POLITIK

Was Sie in diesem Kapitel lernen können:

In diesem Kapitel werden die bislang dargestellten und diskutierten theoretischen Grundlagen weiter konkretisiert und auf einzelwissenschaftliche und politische Diskurse und Kontroversen bezogen. Sie können lernen, wie und mit welchen theoretischen Bezügen verschiedene Wissenschaften wie die Soziologie, Politikwissenschaft, Psychologie und Erziehungswissenschaft ihre Diskurse um Exklusion und Inklusion geführt haben und welche Kontroversen dabei im Vordergrund standen oder vernachlässigt wurden. Außerdem können Sie lernen, auf welchen Ebenen der Politik die Rahmenbedingungen für Inklusion gesetzt werden und welche politischen und sozialen Akteure an der Ausgestaltung von Inklusion beteiligt sind.

4.1 Sozialwissenschaftliche und politische Zugänge zur Inklusion

Das Thema der Inklusion berührt soziologische, politikwissenschaftliche und sozialpolitische Themen und Fragestellungen gleichermaßen. Neben den allgemeinen Gesellschaftstheorien („Meta-Theorien"), die wir in Kapitel 2 behandelt haben, gibt es Überschneidungen mit soziologischen Theorien der sozialen Ungleichheit sowie der Integration sozialer Systeme. Politikwissenschaftlich ergeben sich Fragen nach den politischen Akteuren und nach den Partizipationsmöglichkeiten verschiedener Bevölkerungsgruppen. (Sozial-)politisch ist von Interesse, welche Bedeutung den staatlichen Organen für die Gestaltung der Rahmenbedingungen von Inklusion zukommt und welche (sozial-)politischen Instrumentarien inklusions- und/oder exklusionsförderlich erscheinen.

4.1.1 Verständnis sozialer Ungleichheit und Inklusion

Grundsätzlich sollen alle Menschen den gleichen Zugang zu Bildung, Einkommen, Teilhabe und Einfluss haben. Diese (Chancen-)Gleichheits-Maxime ist die normative Grundlage moderner Demokratien und lässt sich sogar juristisch einklagen, z. B. bei Verstößen gegen das Allgemeine Gleichbehandlungs-Gesetz (AGG). Aber faktisch sind die Wege für die einen geebnet und für die anderen erschwert, denn beim Zugang zu wichtigen Ressourcen (zum Ressourcenbegriff s. Kap. 5.1.5) werden ethnische, milieuspezifische, körperbezogene, geschlechtliche oder auch religiöse Merkmale von Personen wirksam. Von sozialer Ungleichheit wird immer dann gesprochen, wenn die Verknüpfung solcher Merkmale mit dem Zugang zu Ressourcen nicht zufällig, sondern auf eine systematische bzw. strukturelle Art und Weise erfolgt.

Ressourcen können materieller oder auch immaterieller Art sein und dienen dazu, ein nach den Maßstäben der jeweiligen Gesellschaft „gutes" Leben führen zu können. Ihre Verteilung wird in verschiedenen Gesellschaftstypen mit sehr verschiedenen Merkmalen von Personen verknüpft. Beispiele hierfür sind die Verweigerung des Zugangs zu Bildung, Einkommen und Bürgerrechten für die schwarze Bevölkerung im ehemaligen Apartheidsstaat Südafrika oder die auch gegenwärtig noch vorenthaltenen Bildungschancen für Mädchen und Frauen in Ländern wie Afghanistan oder Pakistan.

Der Begriff der „sozialen Ungleichheit" bezeichnet also den Tatbestand, dass gesellschaftlich als wertvoll betrachtete Güter und Ressourcen (Geld, Eigentum, Bildung, Status etc.) systematisch ungleich verteilt werden, sodass vorteilhafte oder nachteilige Lebensbedingungen für bestimmte Personen und Personengruppen entstehen (vgl. Hradil 1992, 148).

Aus diesen Verteilungs- und Zugangs-Mechanismen entsteht das sog. Ungleichheitsgefüge in einer Gesellschaft, das sich als soziale Schichtung oder genauer als unterschiedliche soziale Lagen und Positionen beschreiben lässt (vgl. Mogge-Grotjahn 2017a). Aussagen über die Position von Personen oder Gruppen im sozialen Ungleichheitsgefüge sind immer auch Aussagen über deren Chancen auf Inklusion bzw. ihr Risiko der (teilweisen) Exklusion.

Die Zugehörigkeit (Inklusion) zu modernen Gesellschaften wie Deutschland ergibt sich vor allem durch Erwerbsarbeit, soziale Nahbeziehungen wie Familie und Freunde und/oder soziale Milieus, durch Kontakte im Sozialraum bzw. Wohnquartier und durch die Möglichkeiten politischer Partizipation (vgl. Kronauer 2002). Voraussetzung für den Zugang zur Erwerbsarbeit und ein dadurch gesichertes eigenes oder abgeleitetes Einkommen ist das Verfügen über Bildungsabschlüsse. Vom Einkommen hängen wiederum Wohnmöglichkeiten, Konsum- und Freizeitchancen ab. Außerdem verschafft die Erwerbsarbeit soziale Anerkennung und Kontakte jenseits von Familie oder Freundschaftsbeziehungen. Der Sozialraum, in dem Menschen wohnen, bietet besseren oder schlechteren Zugang zu Dienstleistungen und Freizeitmöglichkeiten, ermöglicht oder erschwert Kontakte und Zugehörigkeit.

Schon diese wenigen Stichworte zeigen, dass Personengruppen, die bestimmte ungleichheitsrelevante Merkmale aufweisen – beispielsweise über wenig Bildung verfügen, einen Migrationshintergrund haben, auf verschiedenste Weise behindert oder beeinträchtigt sind – in der Regel in mehr als einer Hinsicht von Exklusion bedroht sind. Sie verfügen einerseits über schwächere materielle Ressourcen, andererseits über weniger Teilhabe- und Partizipationsmöglichkeiten. Ungleichheiten existieren somit sowohl im Sinne eines „Oben" oder „Unten", „Haben" oder „Nicht-Haben" als auch im Sinne eines „Drinnen" oder „Draußen", „Dazugehören" oder „Nicht-Dazugehören" (vgl. Mogge-Grotjahn 2017a).

Wie wir in Bezug auf die Theorie Pierre Bourdieus bereits in Kapitel 2 ausgeführt haben, stehen die materiellen und die partizipatorischen Dimensionen von In- und Exklusion in Wechselbeziehung. Wer beispielsweise wenig Geld hat, kann an bestimmten sozialen Aktivitäten nicht teilnehmen, weil etwa die Fahrtkosten für einen Ausflug oder die Beiträge für einen Sportverein nicht aufgebracht werden können. Trotzdem lassen sich die Wechselbeziehungen zwischen materiellen und immateriellen Ungleichheitsfaktoren bzw. diese „beiden Modi der gesellschaftlichen Zugehörigkeit" (Kronauer 2002, 46) nicht im Sinne eines einfachen Ursache-Wirkungs-Verhältnisses verstehen, dem zufolge stets das eine aus dem anderen folgen müsste. Beispielsweise kann jemand materiell gut situiert sein, bleibt aber wegen seiner nicht-deutschen Staatsbürgerschaft von der politischen Partizipation ausgeschlossen; oder eine erwerbslose und allein erziehende Akademikerin kann zwar materiell weitgehend exkludiert sein, aber über ein dichtes soziales Netzwerk verfügen, durch das sie sozial inkludiert ist.

Der Schlüssel zu – fast – allen Dimensionen der Inklusion besteht in der modernen Gesellschaft in Bildungschancen und Bildungserfolgen. Aber trotz formeller Chancengleichheit sind Bildungschancen sozial ungleich verteilt und systematisch im Sinne von Stefan Hradil an bestimmte Merkmale gebunden. Das erste Merkmal ist die soziale Herkunft. Der Zusammenhang zwischen dem sozio-ökonomischen Status der Eltern und den Bildungschancen und -erfolgen der Kinder ist in Deutschland besonders stark ausgeprägt, aber auch in anderen Ländern empirisch nachweisbar. Als zweites Merkmal spielt die geografische und kulturelle Herkunft eine gewichtige Rolle. Kinder aus Familien mit Migrationsgeschichte weisen deutlich schwächere Bildungschancen und -erfolge auf als Kinder einheimischer Eltern. Drittens stellt Behinderung ein wesentliches Exklusions-Risiko dar, da Menschen mit Behinderungen oftmals der Zugang zum Bildungssystem und in der Folge auch zum Arbeits- und Wohnungsmarkt erschwert wird. Viertens fungiert auch das Geschlecht nach wie vor als „sozialer Platzanweiser". Obwohl Mädchen und Frauen durchschnittlich bessere Bildungserfolge aufweisen als Jungen und Männer (das gilt sowohl im Vergleich einheimischer Mädchen/Frauen mit einheimischen Jungen/Männern als auch im Vergleich der Mädchen/Frauen mit Migrationshintergrund mit den Jungen/Männern mit Migrationshintergrund), gelingt es ihnen nach wie vor nicht, diese Erfolge auch auf dem Ausbildungs- und Arbeitsmarkt sowie in den einflussreichen Eliten der Gesellschaft wirksam werden zu lassen. Frauen verdienen durchschnittlich immer noch weniger als Männer, haben ein höheres Armutsrisiko einschließlich des Risikos der Altersarmut und verfügen über weniger politische und ökonomische Macht als Männer (vgl. Mogge-Grotjahn 2017b).

Trotz dieser eindeutigen Aussagen muss darauf hingewiesen werden, dass solche empirisch nachweisbaren Zusammenhänge keinen Automatismus darstellen; sie können auftreten und tun dies in statistisch relevanter Häufigkeit, sie müssen es aber nicht. Das bedeutet: Aussagen über „die" Armen, „die" Migrant_innen, „die" Menschen mit Behinderungen oder „die" Frauen (und Männer) sind in der Regel verkürzend. (Der Zusammenhang von sozialer Herkunft und Bildung wurde bzw. wird in den Kapiteln 2.3 und 4.3 dargelegt. Auf die wechselseitigen Verflechtungen der Ungleichheitsdimensionen gehen wir im folgenden Abschnitt, Kap. 4.1.2 zu Intersektionalität, näher ein.)

Ein weiterer wichtiger Gesichtspunkt für die Erhöhung der Inklusionschancen und Verringerung der Exklusionsrisiken besteht in den persönlichen Ressourcen der Einzelnen. Von außen betrachtet „gleiche" strukturelle und materielle Bedingungen und die daraus resultierenden „gleichen" Lebenslagen können höchst unterschiedlich erlebt, verarbeitet und gestaltet werden. Auf diesen Aspekt wird in jüngster Zeit in der Inklusions- bzw. Exklusionsforschung ein verstärktes Interesse gerichtet. Dabei geht es nicht darum, die soziale Ungleichheit, die Armutsgefährdung und die Verweigerung von Partizipationsrechten zu legitimieren, sondern darum, besser und präziser zu verstehen, unter welchen Bedingungen Menschen in der Lage sind, exkludierende Lebenslagen ohne größere Schäden zu verkraften und sie nach Möglichkeit auch wieder zu überwinden, und welche Unterstützungsangebote sie hierbei bekommen müssen (vgl. Kap. 5.1.6 zu Resilienzförderung).

4.1.2 Das Konzept der Intersektionalität

Wie eben schon ausgeführt, bestehen Wechselwirkungen zwischen den verschiedenen Ursachen und Dimensionen sozialer Ungleichheit. Zur Erforschung dieser Wechselwirkungen wurde das Konzept der Intersektionalität entwickelt, das im Zusammenhang der Frauenbewegungen ab den 1960er Jahren entstanden ist. Ausgangspunkt war die Kritik schwarzer Frauen in den USA an den bürgerlichen weißen westeuropäischen und überwiegend heterosexuellen Frauen, die zwar ihre Diskriminierungserfahrungen im Rahmen feministischer Studien analysierten, dabei aber die Diskriminierungen von Frauen unterschiedlicher Hautfarbe, Frauen mit Behinderungen, aber auch von lesbischen Frauen und Frauen in Armutslagen vernachlässigten. Die Juristin Kimberlé Crenshaw stellte 1989 bei einer Analyse von Gerichtsfällen, in denen es um Klagen gegen Diskriminierungen und Entlassungen ging, fest, dass insbesondere schwarze Frauen benachteiligt wurden. Es handelte sich also um die gleichzeitige Wirksamkeit von geschlechtsbezogener und ethnischer Diskriminierung. Zur Beschreibung solcher Gleichzeitigkeit von Benachteiligungen verwendete Crenshaw das Bild des Verkehrsunfalls an einer Kreuzung (= intersection), bei dem zunächst nicht erkennbar ist, aus welcher Richtung der „Unfall" an dieser Kreuzung kam (Winker & Degele 2009, 12).

Die Intersektionalitätsforschung verstand und versteht sich als theoretische und empirische Weiterentwicklung der Geschlechterforschung und fragte zunächst danach, in welchem Verhältnis und welchen Wechselbeziehungen die soziale Kategorie Geschlecht mit anderen Kategorien steht. In der weiteren Entwicklung wurde aber das Geschlecht als alleiniger Fokus der Analyse aufgegeben, und es rückte die Vielschichtigkeit und Gleichzeitigkeit unterschiedlicher Diskriminierungs-Dimensionen und Exklusions-Mechanismen in den Mittelpunkt des Interesses. Neben Geschlecht werden auch andere Strukturkategorien für die „Auseinandersetzung mit Macht- und Herrschaftsverhältnissen nutzbar" gemacht (Windisch 2014, 45). Der Begriff „Strukturkategorien" wird für solche Analyse-Kategorien verwendet, die sich auf zentrale gesellschaftliche Funktionsbereiche beziehen, wie z. B. Ökonomie, Politik oder Recht (vgl. ebd., 123).

Daraus ergeben sich die weiter oben bereits angesprochenen Ungleichheitsgefüge als Folge des an die soziale Herkunft und/oder persönliche Merkmale geknüpften unterschiedlichen Zugangs zu Kapital, Erwerbsarbeit, Bildung, (sozial-)staatlichen Leistungen und Macht. In der Debatte um relevante Kategorien von Anti-Diskriminierungspolitiken wurde dabei immer wieder auch auf Helma Lutz und Norbert Wenning verwiesen, die insgesamt elf Linien einer möglichen hierarchischen Differenz vorgeschlagen haben: „Geschlecht, Sexualität, ‚Rasse'/Hautfarbe, Identität, Nation/Staat, Kultur, Gesundheit, Alter, Sesshaftigkeit/Herkunft, Besitz, Nord-Süd/Ost-West, gesellschaftlicher Entwicklungsstand" (2001, 20). Aus pragmatischen Gründen und aus Gründen der Relevanz für gesellschaftliche Machtstrukturen und Benachteiligungen gehen die meisten Forscher_innen jedoch von weniger Kategorien aus. So schlugen Winker & Degele in Anlehnung an die angloamerikanische Literatur, die Klasse, Geschlecht und Rasse als wichtigste Kategorien benennt, die Erweiterung auf den Körper vor, weil damit auch Behinderungen, Schönheitsideale, Alter sowie gesundheitliche Belastungen beschreibbar werden (Winker & Degele 2009, 49).

Eine Parallele zwischen intersektionalem und inklusions-orientiertem Denken besteht darin, Diskriminierungen und Benachteiligungen aufgrund persönlicher Merkmale überwinden zu wollen, dabei aber die Vielfalt eben dieser persönlichen Merkmale nicht einzuebnen. Intersektionales Denken verbindet die Analyse der strukturellen Verursachungen gegebener Macht- und Herrschaftsverhältnisse mit der Wahrnehmung und Achtung von Differenz und Vielfalt. Das erscheint auch deshalb wichtig, weil die Erfahrung, dass die jeweiligen personalen Merkmale und Besonderheiten die eigenen Lebenschancen beeinflussen, oder auch „nur" die Erwartung, dass dies so sein könnte, den betroffenen Menschen nicht äußerlich bleiben, sondern (als stärkende oder schwächende Persönlichkeits „muster") in ihre Psyche einwandern und bedeutsam sind für ihren Habitus und ihre Identität (vgl. Mogge-Grotjahn 2016).

Bei der Frage, wie strukturelle und subjektbezogene Dimensionen von Ungleichheit (= „Inequality") miteinander verschränkt sind, kommt dem Konzept des Habitus im Bourdieu'schen Sinne eine besondere Bedeutung zu (vgl. Kap. 2.3). Denn Menschen, die sich in ähnlichen sozialen Positionen befinden und ähnliche persönliche Merkmale aufweisen, gehören nach Pierre Bourdieu sog. „sozialen Feldern" an, durch die ihre Handlungsmöglichkeiten bestimmt bzw. „gerahmt" werden (vgl. Schütte 2013). Sie bilden, wie bereits ausgeführt, einen gemeinsamen Habitus aus, der sich in Sprachstilen, Identitätskonzepten, Lebensentwürfen, ästhetischen Präferenzen, Verhaltensstandards und Körperpraktiken ausdrückt. Auf diese Weise „verkörpern" sie ihre soziale Position und bringen das vorhandene Ungleichheitsgefüge immer wieder hervor. In Analogie zum Begriff des „Doing Gender" kann man diese Prozesse als „Doing Inequality" bezeichnen (vgl. Mogge-Grotjahn 2015, 143f.).

Auf die gesellschaftliche Anerkennung der Vielfalt beziehen sich die Begriffe „Diversity" und „Heterogenität", die häufig synonym verwendet werden; der Begriff „Diversity" wird aber deutlicher im Sinne einer Handlungs-Orientierung verstanden, z. B. in Konzepten des „Diversity-Managements". Menschen mit oder ohne Behinderungen; hetero-, homo-, bi- oder transsexuelle Menschen;

Menschen mit oder ohne Migrationshintergrund; junge und alte Menschen sollen gleichermaßen Wertschätzung erfahren und Zugang zu allen Ressourcen haben. Handlungskonzepte, die auf Diversity und Heterogenität aufmerksam machen und sie positiv zu gestalten versuchen, verfolgen dieses Ziel der Anerkennung von Vielfalt und Differenzen. So sollen beispielsweise die kulturelle Heterogenität in einer Schulklasse oder der gemeinsame Schulbesuch von Kindern mit und ohne Behinderung oder die große Altersstreuung in einer Betriebsbelegschaft nicht als Belastung, sondern als Ressourcen gesehen werden, die es zu fördern oder auch zu nutzen gilt.

Dies führt allerdings zu einer Paradoxie: Einerseits sollen Differenzen wahrgenommen und ihnen mit Wertschätzung begegnet werden, andererseits sollen sie überwunden werden, um Benachteiligungen und soziale Ungleichheiten aufzuheben. Gerade die Beachtung und Wertschätzung von Differenzen trägt auch zu ihrer Reproduktion bei. Den aus dieser Paradoxie entstehenden Herausforderungen wird sowohl in der gendersensiblen als auch in der interkulturellen Sozialen Arbeit große Aufmerksamkeit gewidmet (vgl. Bretländer, Köttig & Kunz 2015 sowie Eppenstein & Kiesel 2008, vgl. dazu weiter Kap. 6.6).

Intersektionalität ist nicht nur ein theoretisches Konzept, sondern zugleich eine Leitlinie für das Handeln unterschiedlichster Akteure. Beispielsweise berücksichtigt der *Bundesverband für körper- und mehrfachbehinderte Menschen* in seiner Arbeit auch die Belange von Menschen mit Migrationshintergrund. Das *Netzwerk behinderter Frauen und Mädchen NRW* verbindet in seiner Arbeit die Dimensionen Geschlecht und Behinderung zu spezifischen Hilfe-Angeboten. Das Projekt „*Hotel plus – Hilfeform für Wohnungslose mit psychiatrischen Problemen*" hat sich auf die besonderen Bedürfnisse von Menschen, die sowohl von Wohnungslosigkeit betroffen als auch psychiatrisch erkrankt sind, eingestellt. Soziale Bewegungen, politische Akteure, Fachkräfte aus helfenden Berufen und kritische Wissenschaftler_innen verbinden Armutsfragen mit Behinderungsfragen, Fragen von Gender und von Heteronormativität mit Fragen von Migration und Ethnizität, Fragen von Demokratie, Menschenrechten und Partizipation mit der Forderung nach einem selbst bestimmten Leben für *alle*. Dies ist zugleich die inhaltliche Beschreibung eines qualitativen Verständnisses von Inklusion.

Die praktische Umsetzung intersektionalen Denkens stößt aber häufig an politische, rechtliche und professionelle Grenzen. Nicht trotzdem, sondern gerade deswegen ist die Auseinandersetzung mit Intersektionalität ein absolutes „Muss" für die Entwicklung inklusionsförderlichen professionellen Handelns.

Exkurs zu Good Practice: die Claudiushöfe in Bochum

Ein aus intersektionaler Perspektive besonders interessantes Projekt, die „Claudiushöfe", befindet sich in Bochum.

Es handelt sich um ein ökologisch nachhaltig gebautes Mehrgenerationenprojekt, in dem Menschen mit und ohne Behinderungen, mit und ohne Migrationshintergrund und mit unterschiedlichen materiellen Ressourcen in verschiedenen Haushalts- und Familienformen leben.

In dem 2012 fertig gestellten und zentral gelegenen „Dorf in der Stadt" wohnen etwa 200 Personen – etwa ein Drittel Kinder, Jugendliche und junge Erwachsene, ein Drittel Erwachsene bis 60 Jahre und ein Drittel Erwachsene über 60 Jahre. Sie leben allein, in Familien oder Wohngemeinschaften. Während der größte Teil der Familien mit Kindern in Reihenhäusern wohnt, verteilen sich die übrigen Bewohner_innen auf Mietwohnungen unterschiedlicher Größe. Auch zwei studentische Wohngemeinschaften sowie vier Wohngemeinschaften des ambulant betreuten Wohnens für Menschen mit Beeinträchtigungen gehören zum „Dorf". Alle Wohnungen sind barrierefrei und energie-effizient gebaut.

Trägerin des Gesamtprojektes ist das Matthias-Claudius-Sozialwerk, das aus dem Förderverein der integrativen Matthias-Claudius-Gesamtschule in Bochum entstanden ist. Finanziert wurde das Projekt durch eine Stiftung. Zusätzlich sind Mittel des Bundes und aus der Wohnraumförderung des Landes NRW in die Finanzierung eingeflossen. Auf diese Weise kann ein Teil der gut 80 Wohneinheiten als geförderter Wohnraum an sozial schwächere Familien und Personen vermietet werden. Zum „Dorf" gehören ein Bistro und ein Hotel, die jeweils als Inklusionsbetriebe Beschäftigungsmöglichkeiten für Menschen mit und ohne Beeinträchtigungen bieten. Dem Hotel angeschlossen ist ein – ebenfalls inklusiver – Wäschereibetrieb. Der Pflegestützpunkt des Johanneswerks findet sich mitten im „Dorf". Ferner sind Gewerberäume vermietet, u. a. an ein Fahrradgeschäft und ein Restaurant. Die Bewohner_innen der Claudius-Höfe können sich informell im öffentlichen Raum begegnen, beispielsweise auf Innenhöfen, in verschiedenen Gartenbereichen und auf Gemeinschaftsterrassen, auf einem Kinderspielplatz und im „Raum der Stille".

Für größere Veranstaltungen kann der „Claudius-Saal" angemietet werden, dessen Einrichtung flexible Nutzungen ermöglicht. Außerdem steht ein großer Gemeinschaftsraum zur Verfügung (durch eine Umlage von den Mieter_innen finanziert), der von den Bewohner_innen in Eigenregie betrieben wird, aber auch für private Feiern angemietet werden kann. Seit dem 01.10.2014 arbeitet eine Diakonin als Inklusionsbeauftragte des Matthias-Claudius-Sozialwerks in den Claudius-Höfen, um inklusive Freizeitangebote zu entwickeln und den Bau neuer sozialer Netzwerke voranzutreiben. Aber auch die privaten Initiativen vieler Mieter_innen sorgen dafür, dass die verschiedenen Bewohnergruppen nicht unter sich bleiben, sondern miteinander in Kontakt treten und gemeinsame Aktivitäten entwickeln. Unter Inklusionsgesichtspunkten besonders hervorzuheben ist der Kultur-Verein KU|KU|C, unter dessen Dach sich die Abteilungen ClaudiusTHEATER, ClaudiusWISSEN, ClaudiusKLÄNGE und ClaudiusEXTRA versammeln. Die anderen KU|KU|C-Initiativen dienen der Veranstaltung von Vorträgen, Vortragsreihen und Seminaren zu gesellschaftlich relevanten Themen im Bereich von Bildung und Wissenschaft und der Förderung von Musik, Malerei und Literatur.

Für die Mieter_innen gibt es die Möglichkeit der Interessenvertretung und der Partizipation an den Entwicklungen der Claudius-Höfe über den jeweils für zwei Jahre gewählten Bewohnerrat, in dem alle Bewohnergruppen vertreten sind und

> der ein Mitspracherecht bei Neuvermietungen innehat. Die Lage der Claudius-Höfe in einem zentralen Stadtquartier trägt außerdem dazu bei, dass es sich hier nicht um einen abgeschotteten Sozialraum, sondern um einen Teil des Gemeinwesens handelt – so gibt es gute Kontakte zu einer Bürgerinitiative des Stadtteils und zum ebenfalls im Stadtteil angesiedelten „Haus der Begegnung".
> (http://claudius-hoefe.mcs-bochum.de; Mogge-Grotjahn 2016)

Das Konzept der Intersektionalität erweist sich nicht nur als theoretisch weiterführend (vgl. Meyer 2017), sondern trägt auch zur Entwicklung komplexer und innovativer Strategien der Inklusionsförderung bei. Deshalb greifen wir es in Kapitel 7 nochmals auf.

4.1.3 Politische und soziale Akteure

Im Zusammenhang mit dem Konzept der Intersektionalität wurde bereits deutlich, dass viele verschiedene Akteure an Projekten und Strategien zur Inklusionsförderung beteiligt sind, die sich in ihren Zielsetzungen erheblich unterscheiden können. Zudem erweisen sich die tradierten politischen Strukturen und Zuständigkeiten oft als hinderlich bei der Entwicklung und Umsetzung innovativer Projekte. Deshalb ist es erforderlich, die verschiedenen politischen und sozialen Akteure ebenso zu kennen wie die rechtlichen und politischen Rahmenbedingungen, unter denen sich die Überwindung von Exklusionsrisiken und die Förderung von Inklusionschancen vollziehen. Zu unterscheiden sind:

- politische Akteure
- Selbsthilfeorganisationen (z. B. von Menschen mit Behinderungen oder Organisationen von Migrant_innen) und
- Organisationen, die sich für die Interessen von Ausgegrenzten und Schwachen engagieren und ihnen Unterstützung anbieten (z. B. die „Tafel"-Bewegung) sowie
- die professionellen Akteure, also Fachkräfte des Sozialwesens und angrenzender Berufe.

Ebenen der Politik

Politische Akteure sind auf der nationalstaatlichen Ebene die Bundesregierung und die Landesregierungen als Gesetzgeber sowie politische Parteien, Kreise und Kommunen. Ihr Wirken ist eingebettet in die europäischen und teilweise auch globalen politischen Strukturen und Institutionen. Beispielsweise wurde die UN-BRK verabschiedet, sodann durch die Regierung der Bundesrepublik Deutschland – und viele andere Regierungen weltweit – ratifiziert und in Gesetzen der einzelnen Bundesländer, beispielsweise den Schulgesetzen, umgesetzt. Ihre konkrete Ausgestaltung obliegt schließlich den Kommunen. Ein ähnliches Beispiel ist die sog. „Lissabon-Strategie" der Europäischen Union, durch die in allen Mitgliedsstaaten der EU die Armut bis zum Jahr 2010 überwunden werden sollte. Die gemeinsam verabredeten Ziele wurden in koordinierten Einzelschritten („Methode der Offenen Koordination") in nationalstaatliche Sozialpolitiken übersetzt (vgl. Benz 2017) und schließlich in einzelnen Gesetzen wie etwa dem sog. „Bildungs- und Teilhabepaket" der Bundesregierung konkretisiert. Der konkreten Ausgestaltung des Sozialstaates auf nationalstaatlicher Ebene und seiner Umgestaltung durch seine Europäisierung und Globalisierung kommt eine zentrale Bedeutung für eine inklusionsförderliche oder -hinderliche Politik zu (vgl. Huster & Boucarde 2012).

Die besondere Bedeutung der Kommunen

Eine besondere Bedeutung für die konkrete Umsetzung von Sozial-Leistungen ebenso wie für die Bereitstellung (inklusionsförderlicher) Infrastruktur kommt den Kommunen zu. Sie müssen nicht nur den Zugang zu den gesetzlich garantierten Sozialleistungen für alle benachteiligten Bevölkerungsgruppen gewährleisten, sondern nehmen durch die Ausgestaltung der kommunalen Infrastruktur weiteren Einfluss auf deren Inklusionschancen. Beispielsweise übernehmen die Kommunen freiwillige Selbstverwaltungsaufgaben, wie die Einrichtung von Jugendfreizeitstätten oder Seniorentreffs, Deutschkurse für Asylsuchende u. a. m. Allerdings sind die einzelnen Kommunen finanziell sehr unterschiedlich ausgestattet, und finanziell schwächere Kommunen müssen sich in ihrem sozialpolitischen Handeln oft auf die Gewährung von Pflichtleistungen beschränken (vgl. Burmester 2017).

Die in Kapitel 3.2 bereits erwähnte neoliberale Wohlfahrtspolitik wird auf kommunaler Ebene besonders dadurch wirksam, dass Akteure der Zivilgesellschaft, wie z. B. soziale Netzwerke Betroffener, in die Entwicklung und Durchführung von Hilfeangeboten einbezogen werden und mit den Anbietern sozialer Dienstleistungen zusammenarbeiten sollen. So können und sollen professionelle und nicht-professionelle Akteure, haupt- und ehrenamtliche Kräfte zusammenwirken. Diese Art von Netzwerkarbeit spielt in der Sozialen Arbeit traditionell eine große Rolle, hat aber durch das Aktivierungsparadigma und die verstärkte Orientierung am Sozialraum an Bedeutung gewonnen (vgl. Burmester 2017) (auf die Sozialraumorientierung kommen wir in Kapitel 5.1.2 nochmals zurück).

An dieser Stelle beschränken wir uns auf den Hinweis, dass der Deutsche Verein für öffentliche und private Fürsorge Ende 2011 Eckpunkte für einen „inklusiven Sozialraum" (Deutscher Verein 2011) und im Frühjahr 2012 darauf aufbauende „Empfehlungen zur örtlichen Teilhabeplanung für ein inklusives Gemeinwesen" veröffentlicht hat (Deutscher Verein 2012). Darin wird ein Inklusionsverständnis entwickelt, das sich auf alle Menschen bezieht, und ein inklusiver Sozialraum „als ein barrierefreies Lebensumfeld" bestimmt, „das alle Menschen mit und ohne Behinderungen, alte und junge Menschen, Menschen mit oder ohne Migrationshintergrund selbst bestimmt gemeinsam nutzen und mitgestalten können" (ebd., 1f.). Die weiter oben bereits erwähnte Paradoxie der wertschätzenden Betonung von Differenzen und der gleichzeitigen Absicht, sie zu überwinden, findet sich allerdings auch hier wieder: Einerseits werden Planungsprozesse auf Sozialräume bezogen, andererseits fokussieren sie in diesen Sozialräumen lebende Personengruppen, wie z. B. Menschen im höheren Lebensalter oder Menschen mit Migrationshintergrund. Besonders bedeutsam wird die kommunale Ebene auch, wenn es um die Bildungschancen von Kindern und Jugendlichen geht, die aufgrund von Vernachlässigung, mangelnder Förderung oder familiärer Konfliktlagen benachteiligt sind. Hier präventiv zu wirken ist möglich, wie die sog. „Präventionsketten" (vgl. Stange 2012) – beispielsweise in Monheim – zeigen:

> **Exkurs zu Good Practice: die Monheimer Präventionskette**
>
> Angeregt durch die AWO-ISS-Langzeitstudien zu „Armut im Vorschul-, Kindes- und Jugendalter" (1997–2012), begann die Stadt Monheim am Rhein 2002 ihre kommunale Politik in Bezug auf Kinder und Jugendliche zu verändern. Denn die AWO-Studien hatten ergeben, dass eine Benachteiligung von armen Kindern vorhersehbar war. Obwohl nicht alle armen Kinder automatisch in belastenden Lebenslagen lebten, so waren sie doch gesundheitlich, sozial und kulturell benachteiligt. Bei Abschluss der Langzeitstudie 2012 lebten von den armen Jugendlichen nur 19% im Wohlergehen, 44% in belasteten Lebenslagen und 37% in multipler Deprivation. Bei den nicht-armen Jugendlichen waren es mehr im Wohlergehen (39%) und bei den Belastungen (51%), aber weniger bei den multiplen Deprivationen (11%, Holz et al. 2012, 18.). Darüber hinaus wurde nachgewiesen, dass es vom Kindergartenalter an einen deutlichen Zusammenhang zwischen Armut der Familie und einer Bildungsbenachteiligung gibt, die sich in niedrigeren Schulabschlüssen manifestiert (vgl. Laubstein et al. 2012).
>
> Die Stadt Monheim hat heute ein umfassendes Angebot von der Geburt bis zum Berufseinstieg, das armen Kindern präventiv mehr Chancen als bisher geben möchte. Dabei spielt nicht nur die Schule, sondern vor allem die Kinder- und Jugendhilfe eine wichtige Rolle. Diese beansprucht Hilfe zu leisten, die nicht erst auf Defizite reagiert, sondern präventiv und aktiv gestaltet. So gibt es eine Fachstelle zur Vernetzung der Angebote, Begrüßungs-Pakete für Neugeborene, Beratungen durch Familien-Hebammen, ein Netzwerk Präventiver Kinderschutz, Fortbildungen für Mitarbeiter_innen der zu Familienzentren umgewandelten Kindertagesstätten (u. a. in Marte meo).
>
> Den Eltern stehen eine Vielzahl von Hilfsangeboten zur Sprach- und Gesundheitsförderung zur Verfügung, auch werden die Familien bei institutionellen Übergängen ebenso begleitet wie die Jugendlichen der Gesamtschule beim Einstieg in den Beruf.
> (https://www.monheim.de/kinder-jugend/moki-monheim-fuer-kinder/)

Im Folgenden werden zwei sehr unterschiedliche Bereiche praktischer Politik, nämlich Politik im Kontext von Migration und Politik im Kontext von Behinderung, und die mit ihnen verbundenen Diskurse und Kontroversen exemplarisch aufgegriffen. Es zeigt sich aber auch hier, dass die nach wie vor wissenschaftlich und politisch übliche klare Abgrenzung von Problem- bzw. Themenbereichen zu starken Vereinfachungen führt, die im Sinne einer umfassenden Inklusions-Politik überwunden werden müssen.

4.1.4 Der migrationspolitische Diskurs

Zu den strukturellen Merkmalen, die Inklusionschancen verringern und Exklusionsrisiken erhöhen, gehören das Fehlen der deutschen Staatsangehörigkeit und/oder der Tatbestand des sog. „Migrationshintergrundes". Als „Ausländer_innen" gelten Menschen, die in Deutschland leben, aber nicht über die deutsche Staatsbürgerschaft verfügen. Als „Migrant_innen" bzw. Personen mit „Migrationshintergrund" gelten in den amtlichen Statistiken all diejenigen, die im Ausland geboren wurden und ab 1950 nach Deutschland eingewandert sind, sowie alle Eingebürgerten; außerdem alle in Deutschland als Deutsche Geborenen, bei denen mindestens ein Elternteil den vorstehend genannten Gruppen angehört (vgl. Brinkmann & Sauer 2016, 6). Mit dieser Definition werden in der Regel zwei Migrationsgenerationen erfasst, während andere Definitionen den Begriff des Migrationshintergrundes auf bis zu drei Generationen ausweiten. Eine Besonderheit, auf die hier nicht näher eingegangen wird, stellt die Bevölkerungsgruppe der „Aussiedler_innen" und/oder „Spätaussiedler_innen" dar, die nach dem 2. Weltkrieg bzw. nach der Auflösung von Sowjetunion und Ostblock in den 1990er Jahren aus östlichen Staaten nach Deutschland eingewandert sind und als sog. „ethnische Deutsche" i. d. R. die deutsche Staatsangehörigkeit besaßen oder zugesprochen bekamen (vgl. Boeckh 2017). Ihr Status als Deutsche sagt aber wenig über ihre tatsächlichen Sprachkenntnisse oder sonstige Zugehörigkeits-Merkmale aus. Je nach statistischen Erfassungsmerkmalen handelt es sich um etwa 2 Millionen „Aussiedler_innen" und etwa 2,5 Millionen „Spätaussiedler_innen" (vgl. Brinkmann & Sauer 2016; BAMF 2016).

Von den 2016 etwa 83 Millionen in Deutschland lebenden Menschen hatten circa 8,7 Millionen, also etwas mehr als 10%, eine ausländische Staatsangehörigkeit. Etwa 17,1 Millionen, also mehr als 20%, bilden die Gruppe der „Menschen mit Migrationshintergrund". In den Jahren 2015 und 2016 wurden außerdem etwa 1,2 Millionen Flüchtlinge registriert, deren Bleibeperspektiven derzeit aber nicht seriös berechnet werden können (ebd.).

So vielfältig, wie die Gründe sind, die zur Migration führen – u. a.: Arbeitsmigration, Heiratsmigration, Bildungsmigration, Fluchtmigration –, so vielfältig sind auch die Lebenslagen der (dauerhaft) in Deutschland lebenden ausländischen Bevölkerung und der Bevölkerung mit Migrationshintergrund. Entscheidend für die Frage der Inklusionschancen und Exklusionsrisiken sind hier die gleichen strukturellen Faktoren wie bei allen anderen Bevölkerungsgruppen auch – also: Bildungsabschlüsse und -chancen; Position auf dem Erwerbsarbeitsmarkt; Einkommen und Vermögen; Wohnsituation; familiäre Situation und soziale Netzwerke. Spezifische Faktoren kommen aber hinzu: erstens die Rechtspositionen der verschiedenen Gruppen von Migrant_innen, die entscheidend sind für die Dauer ihres Aufenthaltsrechtes und für ihre Möglichkeiten der gesellschaftlichen Partizipation. Zweitens die ethnische Segregation, beispielsweise auf dem Wohnungsmarkt und bei der Zugehörigkeit zu sozialen Milieus und Netzwerken. Drittens die durch Herkunft, Sprache, Religion und Kultur mit-bestimmte Identität und Selbst-Verortung im gesellschaftlichen „Drinnen" oder „Draußen".

Die politische und mediale Diskussion fokussiert sich häufig auf die kulturellen Aspekte der Zugehörigkeit von Migrantinnen und Migranten und verortet die Verantwortung für den Integrationsprozess vor allem bei den zugewanderten Bevölkerungsgruppen selbst. Kontrovers wird dabei immer wieder verhandelt, ob die universellen Menschenrechte von Einzelnen oder Gruppen abgelehnt werden dürfen, und ob es toleriert werden muss, wenn kulturelle Wertvorstellungen nicht geteilt werden. Konkret beziehen sich solche Kontroversen auf Kleidungsvorschriften (Kopftuch, Burka), das Verhältnis der Geschlechter, das Recht auf Beschneidung, demokratische Prinzipien oder Erziehungsvorstellungen. Dahinter steht die Debatte um „Universalismus" oder „Kulturrelativismus" (vgl. Sen 2012) und um die „interkulturelle Pädagogik" (vgl. Prengel 1995, 77 ff.), auf die wir in Kapitel 4.1.3 nochmals eingehen. An dieser Stelle folgen zunächst einige Hinweise auf spezifische Exklusionsrisiken der migrantischen Bevölkerung.

Insgesamt weist die ausländische und die migrantische Bevölkerung in allen Dimensionen der Exklusionsrisiken höhere Werte auf als die einheimische Bevölkerung. Zugleich ist aber die Bevölkerung mit Migrationshintergrund in sich so stark differenziert, dass keine pauschalisierenden Aussagen gemacht werden sollten. Deshalb beschränken wir uns hier auf einige wenige, im Zusammenhang der Inklusions- und Exklusionsthematik insgesamt aussagekräftige Zahlen und verweisen im Übrigen auf die Fülle der zu allen möglichen Bereichen verfügbaren empirischen Daten (s. o.).

Insgesamt haben Familien mit Migrationshintergrund ein im Vergleich zu einheimischen Familien deutlich unterdurchschnittliches (Haushalts-)Einkommen. Ihr Armutsrisiko ist mit 24% etwa doppelt so hoch wie das der deutschen Bevölkerung, wobei die Türkeistämmigen sogar ein Armutsrisiko von 33% aufweisen, gefolgt von Zuwanderern aus Osteuropa mit etwa 28% (vgl. Brinkmann 2016, 156). Ursachen hierfür sind im Vergleich zur einheimischen Bevölkerung eine geringere Erwerbsbeteiligung, unregelmäßigere Erwerbsverläufe, niedrigere Einkommen und längere Phasen von Arbeitslosigkeit. Somit sind Migrantinnen und Migranten überdurchschnittlich stark auf den Bezug von Mindestsicherungsleistungen (Arbeitslosengeld II/Sozialgeld) und Sozialhilfe (SGB XII) angewiesen (vgl. Boeckh 2017).

Die durchschnittlich schlechteren Chancen von Migrantinnen und Migranten auf dem Erwerbsarbeitsmarkt hängen mit ihren Bildungsabschlüssen und beruflichen Qualifikationen eng zusammen. Während in der einheimischen Bevölkerung etwa 12% der Kinder in sog. bildungsfernen Elternhäusern aufwachsen, sind es bei den Migrant_innen insgesamt gut 24% und unter Türkeistämmigen sogar etwa 50% (vgl. Brinkmann 2016).

Im Jahr 2014 haben 14% der Jungen und 11,4% der Mädchen mit Migrationshintergrund die Schule ohne Abschluss verlassen, das sind etwa doppelt so viele wie bei den Schülerinnen und Schülern ohne Migrationshintergrund. Auch der besuchte Schultyp ist vom Migrationsstatus abhängig. Die Schulstatistik für das Schuljahr 2014/2015 zeigt, dass ausländische Schülerinnen und Schüler an Hauptschulen mit einem Anteil von 19,2 % und an Förderschulen mit 10,1 % überrepräsentiert sind. An Gymnasien sind sie mit 4,1 % hingegen unterrepräsentiert (vgl. Boeckh 2017).

Die Ursachen hierfür sind vielfältig und lassen sich nicht allein auf die Besonderheiten der Herkunftsländer oder die Zusammensetzung der jeweiligen Gruppen von Migrant_innen nach sozio-ökonomischem Status zurückführen. Um die Komplexität der Verursachungszusammenhänge zu veranschaulichen, weisen wir hier auf das interessante Beispiel der spanischen Migrant_innen in Deutschland hin, deren Kinder lange Zeit unterdurchschnittliche Bildungserfolge aufwiesen. Nachdem die spanischstämmigen Eltern eigene Vereine gegründet hatten und sich intensiv um die schulische Integration ihrer Kinder kümmerten, stiegen deren Schulerfolge deutlich an, und ihre Bildungsabschlüsse sind mittlerweile höher als die der einheimischen Jugendlichen (vgl. Brinkmann 2016, 156 f.).

An diesem Beispiel wird deutlich, dass strukturelle Merkmale, wie der sozio-ökonomische Status, und/oder das Bildungssystem des Herkunftslandes allein nicht ausreichen, um die Bildungs- und somit die Inklusionschancen von Migrant_innen in Deutschland zu bestimmen. Auch die Eigeninitiative und die Orientierung an kultur-übergreifenden Vorstellungen eines anstrebenswerten, weil „guten", Lebens spielen eine gewichtige Rolle. Auffällig ist, dass der Begriff der Inklusion bislang eher selten im Zusammenhang mit Migration gebraucht wird und stattdessen von Integration gesprochen wird; der Integrationsbegriff in Bezug auf zugewanderte Bevölkerungsgruppen wiederum hat den früher gebräuchlichen Begriff der Assimilation weitgehend abgelöst. Im Kontext von Behinderung wird der Begriff der Integration eher kritisch gesehen, was darauf verweist, dass Zugehörigkeit und Teilhabe nicht für jede Bevölkerungsgruppe das Gleiche zu bedeuten scheinen.

Sprachgebrauch und Begriffe („Semantiken") sind mehr als eine Frage des möglichst präzisen und/oder korrekten Ausdrucks. Sie verweisen auf tiefer liegende Zusammenhänge und normative Fragen. So ist es kein Zufall, dass im Migrationskontext nach wie vor von Integration gesprochen (und dabei häufig weiterhin Assimilation gemeint) wird, denn anders als bei Menschen mit Behinderungen wird allgemein davon ausgegangen, dass Migrant_innen „von außen" in die aufnehmende Gesellschaft einwandern und mit ihr zusammenwachsen sollen und/oder wollen und/oder müssen. Dieser Grundgedanke ist aber in Anbetracht der oben skizzierten Zusammensetzung der Bevölkerung und auch in Anbetracht der großen Heterogenität auch der einheimischen Bevölkerung durchaus kritisch zu betrachten.

Lange Zeit galt West-Deutschland in seiner politischen und gesellschaftlichen Selbstwahrnehmung nicht als Einwanderungsland – trotz der Fülle der Aussiedler_innen und der millionenfach angeworbenen sog. „Gastarbeiter". Auch die Deutsche Demokratische Republik (DDR) hatte zwar sog. „Vertragsarbeiter" aus befreundeten sozialistischen Staaten angeworben, aber keinerlei Integrationspolitik verfolgt (vgl. Brandenburgische Landeszentrale für politische Bildung 2009). Erst seit Beginn der 1990er Jahre und nach der Vereinigung der beiden deutschen Staaten wurde ein Paradigmenwechsel vollzogen und eine gezielte Zuwanderungs- und Integrationspolitik entwickelt, die sich u. a. in Zuwanderungs- und Staatsbürgerschaftsgesetzen und in sog. „Integrationsgipfeln" niederschlug (vgl. Bendel & Borkowski 2016).

Von Beginn der Zuwanderung an und bis in die Gegenwart hinein waren die Erwartungen, sich zu assimilieren und/oder zu integrieren, weitgehend einseitig an die Migrant_innen gerichtet. Mit Assimilation ist nichts anderes als Anpassung gemeint, d. h., Migrant_innen sollen sich sprachlich ebenso wie in ihren normativen und kulturellen Orientierungen sowie ihrem Alltagsverhalten an das angleichen, was für die aufnehmende Gesellschaft als gemeinsame Standards angenommen wird. Mit dem Begriff der Integration dagegen ist die Vorstellung verbunden, dass aus einheimischer und zugewanderter Bevölkerung eine neue gesellschaftliche Einheit entsteht. Dieses Verständnis von Integration ähnelt dem allgemeinsoziologischen Konzept der Integration von Gesellschaften.

Wissenschaftlich und politisch wird seit Jahren kontrovers über eine Reihe von Fragen diskutiert: Ist „Integration" eine Forderung, die im Wesentlichen an die Zugewanderten gerichtet werden sollte? Wie homogen ist die aufnehmende deutsche Gesellschaft tatsächlich? Sind für die höheren Armuts-Risiken und geringeren Bildungserfolge in erster Linie kulturelle oder sozio-ökonomische Faktoren verantwortlich? Pointiert werden diese und andere Fragen zusammengefasst in der Diskussion um die Kennzeichnung der bundesrepublikanischen Gesellschaft als „multikulturelle Gesellschaft" oder als „Einwanderungsgesellschaft" oder als „Migrationsgesellschaft". Der Begriff der „Multikulturalität" wird wegen seiner allzu starken Fokussierung allein auf sprachliche, normative und kulturelle Dimensionen zunehmend verworfen. Der Begriff der „Einwanderungsgesellschaft" erscheint ebenfalls als nicht umfassend genug, um die vielfältigen Veränderungen des Zusammenlebens zu kennzeichnen. Denn mit den Migrationsbewegungen (Ein- und Auswanderungsprozesse) werden sämtliche sozialen Strukturen, die Ausprägung sozialer Milieus, die Institutionen und das Zusammenleben deutlich verändert. Migrationspolitik kann sich deshalb nicht auf Zuwanderungsgesetze sowie migrationsspezifische Programme der Arbeitsmarkt-, Bildungs- oder Wohnungsbaupolitik beschränken, sondern ist ein Querschnitts-Thema für alle politischen Ressorts.

4.1.5 Der behinderungspolitische Diskurs

Im Zusammenhang der Inklusionsdebatte hat die Bedeutung von „Behinderung" für die Teilhabe an der Gesellschaft ein besonderes politisches und öffentliches Interesse gefunden. Nach jahrelangem politischem Engagement von Selbsthilfegruppen und Organisationen von Menschen mit Behinderungen wurde 2006 die UN-BRK verabschiedet. 2009 hat die Bundesrepublik Deutschland die UN-BRK ratifiziert, d. h., die BRD ist politisch und rechtlich verpflichtet, für die volle Teilhabe von Menschen mit Behinderungen in allen gesellschaftlichen Bereichen zu sorgen.

Die Personen, Gruppen und Organisationen, die an der Ausarbeitung der UN-BRK beteiligt waren, haben das Verständnis von Behinderung weiterentwickelt und einen sog. Paradigmenwechsel vollzogen, d. h., die grundlegenden Annahmen darüber, was „Behinderung" bedeutet, verändert. Sie haben an die Stelle des bis dahin vorherrschenden medizinischen Verständnisses von Behinderung ein Verständnis gesetzt, das Behinderung als soziale Kategorie betrachtet. Und sie haben die Teilhabe von Menschen mit Behinderungen als ein Menschenrecht deklariert.

Das medizinische Modell begreift Behinderung als schwere und langfristige individuelle Beeinträchtigung. „Mentale, physische oder anatomische (Funktions) Störungen (impairment) werden (…) als Ursache von Beeinträchtigungen und/ oder Leistungsminderungen (disability) interpretiert und systematisch mit sozialen Benachteiligungen bzw. Diskriminierungen (handicap) in Verbindung gebracht" (Windisch 2014, 27). Dieses Verständnis von Behinderung liegt den gesetzlichen Leistungsansprüchen und der Praxis von Versicherungen zugrunde und ist in therapeutischen und rehabilitativen Handlungsfeldern ebenso verankert wie im Arbeitsmarkt und im Bildungssystem. „Rechtlich begründete, individuelle Ansprüche auf Sozial- und Dienstleistungen, auf Assistenz und Unterstützung können in den meisten europäischen Staaten ausschließlich durch Bezug auf medizinische Diagnosen geltend gemacht werden" (ebd., 31).

Das soziale Modell dagegen hebt die soziale Konstruktion von Behinderung hervor. Demnach stellen nicht die Besonderheiten der betroffenen Personen eine „Behinderung" dar, sondern die realen und symbolischen Barrieren sowie die mangelnde Assistenz. Hinzu kommen „hartnäckige Gegebenheiten in der symbolischen Sphäre menschlicher Gewohnheiten, Einstellungen, Wahrnehmungsmuster und Bewertungen" (Rösner 2002, 15, zit. n. Graumann 2012, 82).

Theresia Degener betrachtet das soziale Modell von Behinderung als „bedeutsames Instrument (…), um diskriminierende und repressive Strukturen zu analysieren" und damit als „heuristische[n] Ausgangspunkt für eine rechtsbasierte, an Antidiskriminierung orientierte Behinderungspolitik" (Degener 2015, 156 f.). Sie zeigt aber auch, dass die UN-BRK nicht bei diesem sozialen Modell stehen bleibt, sondern teils implizit, teils explizit einen wesentlich weiter gehenden Paradigmenwechsel hin zu einem menschenrechtlichen Modell von Behinderung vollzogen hat. Deshalb wurden überall da, wo behinderte Menschen nicht in der Lage sind, die ihnen formal zustehenden Rechte tatsächlich zu realisieren, die entsprechenden Menschenrechtsnormen konkretisiert, präzisiert und erweitert (vgl. Graumann 2012, 82). Mit der UN-BRK sollten keine „Sonderrechte" für im medizinischen Sinne als „behindert" anerkannte Personen geschaffen,

„sondern der allgemein anerkannte Menschenrechtskatalog auf den Kontext von Behinderung zugeschnitten werden, unter Berücksichtigung der Verschiedenheit, die Behinderung mit sich bringen kann" (Degener & Mogge-Grotjahn 2012, 65 f.).

Die UN-BRK fordert dazu auf, die „Defizitorientierung im Umgang mit Behinderung durch eine Diversitätsorientierung zu ersetzen" (Graumann 2012, 84). Deshalb fordert die Konvention nicht nur rechtliche und strukturelle Maßnahmen, sondern die Vertragsstaaten müssen sich auch zu bewusstseinsbildenden Maßnahmen verpflichten (Art. 8 UN-BRK). Die Konvention richtet sich somit nicht nur an Staat und Politik, sondern auch an die Medien, die Zivilgesellschaft und die pädagogischen Professionen. Es geht nicht nur um gleiche Rechte und Möglichkeiten für alle, sondern vor allem auch um die „Freiheit, eigene Entscheidungen zu treffen", d. h., „behinderte Menschen [sollen] in die Lage versetzt werden (…), ihre individuellen Potenziale für Autonomie und Freiheit voll zu entwickeln" (ebd., 85). Erst ein derart umfassendes Verständnis von Inklusion und seine Umsetzung in den Sphären des Rechts, des sozialen Miteinanders und der gemeinsamen kulturellen Werte entspricht dem Ziel der vollen Anerkennung, wie es weiter oben in Bezug auf Axel Honneth ausgeführt worden ist (vgl. Kap. 2.6).

In Blick auf die UN-BRK problematisiert Monika Windisch die starke Fokussierung auf das ihrer Auffassung nach nicht hinreichend ausdifferenzierte Merkmal der Behinderung. Sie fragt, ob und wie weit es möglich sei, „behinderungspolitische Forderungen als gemeinsame Interessen einer relativ homogenen Randgruppe zu repräsentieren" und moniert, dass dadurch

„Differenzen zwischen den Lebensrealitäten ‚der' Menschen mit Behinderungen systematisch aus[geblendet werden] (…) Auch Differenzmerkmale wie Rasse/Ethnie, Klasse, Geschlecht und Staatbürgerschaft außer Acht zu lassen, bringt das Risiko mit sich, im Rahmen der Behindertenbewegung ausschließende Mechanismen weiter zu führen, die auf der gesamtgesellschaftlichen Ebene verhindert werden sollen" (Windisch 2014, 34).

Damit werden, so Windisch, möglicherweise soziale Ungleichheiten außer Acht gelassen. Ganz in diesem (und im intersektionalen) Sinne wird vermehrt die Verknüpfung der Kategorie „Behinderung" mit anderen Kategorien wie „Migration" und „Geschlecht" wissenschaftlich vorangetrieben und zumindest ansatzweise auch in praktisches Handeln überführt. Ausgehend vom Gedanken der Menschenrechte werden Inklusion (in Bezug auf Menschen mit Behinderungen), Integration (in Bezug auf Menschen mit Migrationshintergrund) und „Diversität" (in Bezug auf Körper, Geschlecht und Sexualität) zusammen gedacht, beispielsweise in Forschungsprojekten (vgl. Wansing & Westphal 2014).

Umso problematischer erscheint die öffentliche Fokussierung der Inklusions-Debatte auf die Öffnung des allgemeinen Schulsystems für Schüler_innen mit Behinderungen. Ebenfalls öffentlich geführt, aber weitgehend vom Fokus „Inklusion" abgekoppelt, finden daneben kontroverse Debatten über den Zusammenhang zwischen sozialer Herkunft und Bildungserfolg („PISA") und über den Zusammenhang von Migrationshintergrund und Bildungserfolg statt. Und wiederum an anderen öffentlichen Orten wird über die Bedeutung der Geschlechtszugehörigkeit für Schulerfolg, Bildungs- und Berufswege debattiert. Dabei machen allein der weit überproportionale Anteil von Kindern und Jugendlichen mit Migrationshintergrund und/oder aus materiell benachteiligten Familien an Förderschulen (vor allem mit dem Schwerpunkt „Lernen") sowie der überproportionale Anteil von Jungen an Fördermaßnahmen überdeutlich, dass die unterschiedlichen Benachteiligungs-Kategorien intersektional zusammen gedacht werden müssen (vgl. Statistisches Bundesamt 2016; Powell & Wagner 2014).

4.2 Der psychologische Diskurs

Das Stichwort „Inklusion" sucht man in Sachregistern allgemeinpsychologischer Fachbücher vergeblich. Lediglich in anwendungsbezogenen Teildisziplinen der Psychologie, beispielsweise der Rehabilitationspsychologie (s. Wolf-Kühn & Morfeld 2016) und der Pädagogischen Psychologie (s. Woolfolk 2008) sowie in der Sozialpsychologie, werden Fragen der Inklusion behandelt.

Im Unterschied zu den Sozialwissenschaften ist die Berufspraxis der Psycholog_innen häufig von politischer Abstinenz geprägt. Dies trifft insbesondere für die psychotherapeutisch Tätigen zu. Um eine enge und vertrauensvolle Beziehung zu Klient_innen mit verschiedenen Weltanschauungen, politischen und religiösen Überzeugungen aufzubauen, erscheint dies zweckmäßig.

Eine Brücke zu Zielen der Inklusion findet sich in den ethischen Grundsätzen der Deutschen Gesellschaft für Psychologie (DGPs) und des Berufsverbandes Deutscher Psychologinnen und Psychologen (BDP).

> *„Psychologinnen und Psychologen:*
> *(1) achten die Würde des Menschen und respektieren diese in ihrem Handeln;*
> *(2) erkennen das Recht des Einzelnen an, in eigener Verantwortung und nach eigenen Überzeugungen zu leben;*
> *(…)*
> *(5) fördern Möglichkeiten der selbstbestimmten Persönlichkeitsentwicklung und tragen zur Gewährleistung fördernder Rahmenbedingungen bei;*
> *(6) fördern die Verständigung im sozialen Zusammenleben und den gegenseitigen Respekt;*
> *(…)"* *(Berufsverband Deutscher Psychologinnen und Psychologen 2016, 7).*

Krämer (2013) nimmt zur Begründung seiner mit inklusiven Werten verbundenen Denk- und Arbeitsweise Bezug zur humanistischen Psychologie. Deren Menschenbild ist mit den Zielsetzungen der Inklusion übereinstimmend auf persönliche Autonomie, Selbstentfaltung und Wertschätzung (der Unterschiedlichkeit von Menschen) gerichtet. Diese Grundhaltung lässt sich nicht nur ethisch legitimieren, sondern kann sich auch auf die empirische Bewährung durch die klinische Wirksamkeitsforschung stützen (Biermann-Ratjen, Eckert & Schwartz 2003, 51ff.).

4.2.1 Pädagogisch-psychologische Themenfelder

Innerhalb der Pädagogischen Psychologie sind vielfältige Forschungsthemen im Kontext von schulischer und außerschulischer Förderung und Intervention anschlussfähig. So verweisen beispielsweise Spinath, Hasselhorn, Artelt, Köller, Möller & Brünken (2012) auf die in der Pädagogischen Psychologie angesiedelte Forschung zu Frühindikatoren und Prädiktoren zur Identifikation von Risikofaktoren für zentrale schulische Leistungsbereiche. Daneben liegen – empirisch belegt – wirksame Trainings- und Förderprogramme (z. B. zur Prävention von Lese-Rechtschreibschwächen in der Grundschule und zur Förderung des Mengenbewusstseins und von Zahlenrelationen) vor. Besondere Relevanz hat im Umsetzungsprozess der Inklusion auch die Aus- und Weiterbildung. Dies gilt für Berufsausbildung und Studium, spezifisch auch für die Fortbildung von Führungskräften und Fachpersonal in der direkten Inklusionsarbeit (s. auch Kap. 5.2.4).

Spinath et al. (2012, 96f.) verweisen auch auf die Einbindung der Expertise der Psychologie durch die Einrichtung von interdisziplinären Forschungsverbünden beispielsweise am Deutschen Institut für Internationale Pädagogische Forschung in Frankfurt (DIPF; s. auch Hartmann, Hasselhorn & Gold 2017) und dem in Bamberg ansässigen Nationalen Bildungspanel (NEPS) hin. So hat das Nationale Bildungspanel u. a. zum Ziel, Fragen des Zusammenhangs von sozialer Ungleichheit, Bildungsentscheidungen und Bildungsprozessen von Menschen mit Migrationshintergrund zu erforschen (s. auch www.bildungspanel.de).

4.2.2 Zur Bedeutung sozialer Vergleiche

Die in der Sozialpsychologie angesiedelten Fragen zur sozialen Wahrnehmung, sozialer Interaktion und zur Teilhabe an Gemeinschaft treffen zentrale Themen der Inklusion. Die Sozialpsychologie untersucht Gedanken, Gefühle und das Verhalten in Bezug auf andere Personen und Personengruppen (s. Stroebe, Hewstone & Jonas 2007, 6f.). Kernthemen sind dabei neben der sozialen Wahrnehmung, soziale Vergleiche, Einstellungen gegenüber anderen Personen, soziale Interaktion, der Einfluss von Gruppen und das Verhalten gegenüber Gruppen (Frey & Bierhoff 2011).

Im Alltag sozialer Gruppen finden vielfältige soziale Vergleiche und damit verbundene Bewertungs- und Etikettierungsprozesse statt. Soziale Inklusion dagegen zielt darauf ab, dass Kategorien und Unterschiede in Gruppen (z. B. in Schulklassen oder Arbeitsteams) an Bedeutung verlieren bzw. das darin liegende Trennende und ggf. auch Diskriminierende wegfällt. Winkler (2014) fordert deshalb eine spezifische Aufmerksamkeit für solche Gruppenprozesse, die möglicherweise der Inklusion entgegenstehen:

„Die Debatte um Inklusion nimmt die sozialpsychologischen Mechanismen der Ausgrenzung nicht ernst. Soziale Gruppen versichern sich ihrer Existenz, indem sie sich gegen jene abgrenzen, die als nicht zugehörig bezeichnet werden" (ebd., 110).

Welche Funktion haben soziale Vergleiche? Die Bedeutung sozialer Vergleiche leitet sich daraus ab, dass sie zur Reduktion von subjektiver Unsicherheit beitragen (Festinger 1954). Ebenso dienen sie der Entwicklung und Überprüfung des Selbstkonzeptes. Zugleich stiften soziale Vergleiche motivationale Anreize und unterstützen die Identitätsfindung. Darauf soll im Folgenden näher eingegangen werden.

Bierhoff (2006, 15) unterscheidet zwischen Fähigkeitsvergleichen und Vergleichen von persönlichen Werten und Meinungen (objektivierbaren Ansichten). In empirischen Studien zeigte sich, dass bei der Auswahl von Vergleichspersonen ähnliche Personen gewählt werden, wenn es um den Fähigkeitsvergleich und Vergleich persönlicher Werte geht. Bei Fragen der Überprüfung bzw. Bestätigung von Meinungen sind demgegenüber Vergleiche mit unähnlichen Personen besonders informativ und dienen der Bestätigung der eigenen Ansichten. Es lassen sich drei Richtungen sozialer Vergleiche unterscheiden:

1. der Vergleich mit ähnlichen Personen (lateraler Vergleich)
2. der abwärts gerichtete Vergleich, d. h. soziale Vergleiche beispielsweise mit Personen, die weniger Einkommen, Berufserfahrung u. a. haben als die vergleichende Person. Bei Vergleichen des gesundheitlichen Zustandes kann es auch das persönliche Leid lindern, wenn sich eine Person mit anderen Personen vergleicht, deren gesundheitlicher Zustand sie als (noch) schlechter einschätzt (Wills 1991).
3. der aufwärts gerichtete Vergleich. Das sind Vergleiche mit Personen, die beispielsweise mehr Einkommen, einen höheren soziale Status u. a. haben als die vergleichende Person. Dies kann die Leistungsmotivation steigern oder durch Identifikation mit „besseren" Gruppen als Selbstwertsteigerung erfahren werden.

Neben dem Wunsch nach „Selbsterkenntnis, Selbstverbesserung und nach einem positiven Selbstbild" ermöglichen soziale Vergleiche auch, „Informationen richtig zu verstehen und erfolgreich zu kommunizieren" (Corcoran & Mussweiler 2011, 23). Mit Letzterem ist gemeint, dass Personen Ergebnisse des eigenen Verhaltens in ihrer Wertigkeit nur einschätzen und sich darüber mit anderen austauschen können, wenn sie dabei einen Referenzmaßstab einbeziehen. Dieser kann sich auf quasi objektivierte Maße beziehen (z. B. das Ergebnis eines Intelligenztests), meist bleibt der Vergleichsmaßstab jedoch im Belieben der urteilenden Person. Insofern lassen sich viele soziale Ereignisse aus unterschiedlichen Perspektiven und mit unterschiedlichen Bewertungen „lesen". Von großer Bedeutung bei der Wahl der Vergleichsperson bzw. -gruppe sind motivationale Faktoren. Bei einem Vergleich mit ähnlichen Personen steht die Selbsterkenntnis im Mittelpunkt, bei einem abwärts gerichteten Vergleich (z. B. mit weniger leistungsfähigen Personen) die Selbstaufwertung und bei einem aufwärts gerichteten Vergleich die Selbstverbesserung. „Im Allgemeinen wird die Richtung des sozialen Vergleichs favorisiert, die den Selbstwert fördert oder aufrechterhält" (Bierhoff 2006, 30).

Die Ergebnisse sozialer Vergleiche beeinflussen neben unserem Selbstbild auch unser Gefühl (z. B. die Freude über ein hohes Leistungsergebnis), unsere Motivation (z. B. für zukünftige Leistungsanforderungen), das Anspruchsniveau für ähnliche zukünftige Situationen und unsere Selbstwirksamkeitsüberzeugung bezogen auf die Bewältigung zukünftiger vergleichbarer Anforderungen (Bandura 1997). Insbesondere spielen Vergleiche mit Gruppen und zwischen Gruppen zur (Weiter-)Entwicklung der sozialen Identität eine wichtige Rolle. Bei Letzterem stehen Vergleiche zwischen der eigenen Person als Teil einer sozialen Gruppe (Eigengruppe) und Personen anderer sozialer Gruppen (Fremdgruppe) im Mittelpunkt. Soziale Vergleiche bilden den unverzichtbaren Ausgangspunkt für das Selbstwissen einer Person über sich und für die Bildung einer individuellen und sozialen Identität.

Diese Mechanismen und Funktionen sind unmittelbar relevant für Inklusions- bzw. Exklusionsprozesse, weil die erfahrene „Andersartigkeit" auf die Identität der Personen einwirkt und die Überwindung der benachteiligenden Lebenslagen erschwert – beispielsweise haben Kinder, die in Armut leben, häufig ein niedriges Selbstwertgefühl, oder Menschen mit Behinderungen fühlen sich „zweitklassig".

Negative Selbst- und Fremdwahrnehmungen beruhen häufig auf (sprachlichen) Vereinfachungen und darauf, dass Merkmale sozialer Gruppen generalisiert werden. Daraus resultieren Stereotype und Etikettierungen, z. B. in Form von pauschalen Annahmen über „die" Arbeitslosen oder „die" Migrant_innen, ohne dass die in der jeweiligen Gruppe real bestehenden Unterschiede zur Kenntnis genommen werden (s. auch Bierhoff 2006, 2f.; Jonas, Stroebe & Hewstone 2007).

Anregungen zur Diskussion
Rekapitulieren Sie den Abschnitt zu sozialen Vergleichen und diskutieren Sie folgende Fragen:

- Welche sozialen Vergleiche beschäftigen Sie besonders, d. h., mit welchen sind Sie persönlich sehr zufrieden und welche ziehen Sie häufig heran?
- Welche sozialen Vergleiche beschäftigen Sie, weil Sie damit nicht zufrieden sind, d. h. wo Sie Ihren Ansprüchen nicht genügen bzw. wo Sie sich wünschen, zu einer Gruppe zu gehören, sich dort jedoch nicht aufgenommen fühlen?
- Was sind bzw. waren Ihre Handlungsstrategien in diesen Situationen?
- Wonach streben Sie bei diesen sozialen Vergleichen, und was würde Sie zufriedener machen?
- Welche Relevanz hat die Forschung zu sozialen Vergleichen für die soziale Inklusion?

4.2.3 Soziale Vergleiche in der Schule

Strebt man einen nicht diskriminierenden Umgang mit sozialen Unterschieden an, so müssen die Bedürfnisse nach und Motive für soziale Vergleiche ernst genommen werden. Menschen benötigen soziale Vergleiche zur Handlungsplanung, Selbsteinschätzung und als Ansporn für die eigene Entwicklung. Augenfällig ist dies beispielsweise im kindlichen Wetteifern, um die eigenen körperlichen Grenzen auszutesten und sich mit den Kräften anderer Personen zu messen. Auch wollen Jugendliche wissen, wo sie beispielsweise bezogen auf ein Schulfach im Vergleich zur Schulklasse stehen. In diesem Sinne fordert Steins (2005, 88ff.), konstruktiv mit sozialen Vergleichen umzugehen, diese mit den Kindern und Jugendlichen zu besprechen und Metawissen über die alltäglich ablaufenden Prozesse, mögliche Urteilsfehler (z. B. Generalisierung, Kontrastbildung) zu vermitteln und Handlungsstrategien beispielsweise zur Stärkung der Eigenmotivation zu fördern.

Es ist von großer Bedeutung, wie sich ein Kind bzw. Jugendlicher eine von ihm erzielte schulische Leistung erklärt. Wird dies auf eine nicht änderbare Eigenschaft (z. B. Intelligenz oder fehlende Intelligenz) zurückgeführt, so geht die Person bei Misserfolg eine zukünftige Leistungsanforderung sehr wahrscheinlich mit weniger Engagement an. Soziale Vergleiche fallen bei größerem nicht behebbarem Unterschied im Vergleichsmaßstab im Sinne von aufwärts gerichteten Vergleichen potentiell selbstwertmindernd und motivationshemmend aus.

So kann dies bei Schüler_innen geschehen, die aus Förderschulen an eine Regelschule kommen. Wenn sie in einen neuen Klassenverband aufgenommen werden, bringen diese Kinder und Jugendliche ihre bisherigen sozialen Vergleichsmaßstäbe mit, die sie in ihren Fähigkeiten in den verschiedenen Lernbereichen ihrer bisherigen Schule ausweisen. In der Regelschule erfahren sie dann, dass ihre bisherigen Selbsteinschätzungen in einigen Lernbereichen dem Klassendurchschnitt nur teilweise oder nicht entsprechen. Diese neu vorzunehmenden sozialen Vergleiche haben einen potentiell selbstwertbedrohenden Effekt.

Deutlich realistischer fällt die Selbsteinschätzung bei Vergleichen aus, wenn die Selbstwertbedrohung wegfällt. In diesem Sinne gilt es von Seiten der pädagogischen Fachkräfte, die möglichen motivationsreduzierenden und selbstwertbedrohenden Effekte zu kennen und bewusst durch eine differenzierte Information der Schüler_innen ein Wissen über diese Mechanismen zu vermitteln und damit auch die Bedeutung sozialer Vergleiche zu relativieren (vgl. ebd., 89).

Andererseits finden auch bei den bisherigen Schüler_innen der Regelschule soziale Vergleiche statt. Diese gilt es aus der Perspektive der pädagogischen Fachkräfte keinesfalls zu unterbinden, sondern viel mehr zur Kenntnis zu nehmen und konstruktiv in die pädagogische Arbeit einzubinden. Parallel gilt es die Leistungsbewertung im Unterricht auf den Prüfstand zu stellen. Sowohl für ehemalige Förderschüler_innen als auch für Regelschüler_innen geht es darum, eine am individuellen Lernfortschritt gemessene Bewertung vorzunehmen (zur Leistungsmessung in der Schule Weinert 2014; s. auch Hasselhorn & Gold 2013).

4.2.4 Gruppenpsychologische Mechanismen

Aber nicht nur in Schulen, sondern auch am Arbeitsplatz, im Sportverein und an vielen anderen Orten kommt es zu Abgrenzungen zwischen sozialen Gruppen und Abwertungen der jeweils „Anderen". Um diese Zusammenhänge und Mechanismen besser verstehen, sie beeinflussen und u. U. auch überwinden zu können, ist es sinnvoll, sich mit Erkenntnissen der Gruppenpsychologie zu befassen. Konstitutiv für soziale Gruppen sind folgende Aspekte:

- ein gemeinsames Ziel,
- die Anzahl der Mitglieder (Klein- vs. Großgruppen),
- eine Abgrenzung zwischen Gruppe und sozialem Umfeld,
- die Möglichkeit der direkten (face-to-face) Kommunikation,
- die wechselseitige Einflussnahme der Gruppenmitglieder aufeinander,
- die zeitliche Dauer der Gruppenaktivitäten

(vgl. Bierhoff 2006, 489; König & Schattenhofer 2006, 15).

Der Gruppe kommt aus der Perspektive der Gruppenmitglieder neben der Aufgabenfunktion (z. B. zum Erreichen des Arbeitsergebnisses) eine sozioemotionale Funktion zu. Darin drücken sich die Motive und Bedürfnisse aus, die beim Einzelnen zum Eintritt bzw. zum Verbleib in einer Gruppe beitragen. Personen geben sich in Gruppen gegenseitig Halt und Orientierung, sie brauchen die Rückmeldung über sich zur Entwicklung einer persönlichen und sozialen Identität. Auch stellt die Gruppe eine Quelle der sozialen Unterstützung, des sozialen Austauschs und der Solidarität dar (König & Schattenhofer 2006).

Durch die Gruppenzugehörigkeit befriedigt die Person primäre, biologische Bedürfnisse (insbesondere Nahrung, Unterkunft, Sexualität), individuelle psychische Bedürfnisse (Orientierung, Sicherheit, soziale Unterstützung, Identität u. a.) und soziale Bedürfnisse (Geselligkeit, Freundschaft, Macht- und Führungsbedürfnis u. a.).

Eine Gruppe bildet sich durch eine Markierung eines Innen- und eines Außenraums. Die Zugehörigkeit kann dabei durch Geburt (z. B. Familie), durch persönliche Interessen (z. B. Freizeitgruppen), Bildung und Qualifikation (z. B. die Berufsgruppe) und durch ein gemeinsames Schicksal (z. B. eine gemeinsame Betroffenheit) zustande kommen. Zur Unterscheidungsbildung tragen äußere Merkmale wie Kleidung, Symbole, Verhaltensbesonderheiten und Gruppenregeln bei.

In sozialpsychologischen Laborexperimenten zeigte sich, dass es eine Tendenz zur Bevorzugung der Eigengruppe gibt. Personen vergeben nach einer willkürlichen Unterteilung einer Gesamtgruppe in Teilgruppen bereits nach kurzer Zeit den Mitgliedern ihrer Teilgruppe mehr Ressourcen und bewerten sie positiver als die anderen Teilgruppen (Bierhoff 2006, 370).

Grundlage für Vergleichsprozesse zwischen Gruppen ist die soziale Kategorisierung, d. h. die Zuordnung von Gruppenmerkmalen, die die Unterschiede zwischen Eigen- und Fremdgruppe betonen. Dies ist besonders einfach möglich, wenn Ähnlichkeiten und Unterschiede sich leicht ermitteln lassen (z. B. Körperbehinderung oder Nicht-Behinderung, Einheimisch oder Migrant) und dem Verhalten der Gruppenmitglieder eine eindeutige Bewertung (im Sinne von normativer Zuordnung beispielsweise eines höheren Status, einer höheren moralischen Qualität) zugeordnet werden kann.

Gruppenvergleiche setzen neben der individuellen auch eine soziale Identität als Mitglied einer der Gruppen voraus. Fällt die Bewertung für die eigene Gruppe eher negativ aus, kann dies – sofern dies möglich ist – zu sozialer Mobilität, also dem Versuch, die Gruppe zu wechseln, beitragen. Ein weiterer Effekt kann der Versuch sein, sozialen Wandel herbeizuführen, also sich einer sozialen Bewegung, wie z. B. der Behindertenrechtsbewegung, einer politischen Partei o. ä. anzuschließen. Ziel ist dabei die Besserstellung der eigenen sozialen Gruppe.

Die Bereitschaft, andere Personen zu unterstützen und solidarisch zu handeln, kann auf ein verletztes Gerechtigkeitsempfinden gestützt sein (z. B. der eigene Wohlstand aktiviert Schuldgefühle gegenüber Menschen in prekären Lebensumständen) oder aus der Art der Arbeitsteilung in der Gruppe heraus motiviert sein, d. h. aus dem Bewusstsein „Jede/r wird gebraucht und trägt einen wichtigen Teil zum Gesamterfolg der Gruppe bei" (vgl. Bierhoff, Rohmann & Frey 2011, 98).

Anregungen zur Selbstreflexion über persönliche Erfahrungen mit Exklusion
- Wo haben Sie in Ihrer Biographie schon einmal – gegen Ihren Willen – Exklusion erfahren?
- Was waren Ihre Handlungsstrategien in dieser Situation?
- Welche Nachteile hatte diese Situation für Sie (und andere Personen)?
- Gab es u. U. auch Vorteile aus dieser Situation für Sie (und andere Personen)?
- Wie würden Sie diese Erfahrungen in die Arbeit in einem Inklusionsprojekt einbringen?

Für die Förderung von Inklusion sind vor allem jene Erkenntnisse von Interesse, die sich auf die Bedingungen konstruktiver Zusammenarbeit in Gruppen beziehen. Hier liefert beispielsweise die Team-Forschung wertvolle Hinweise. Zur Beschreibung von (Arbeits-)Teams heben Kriz & Nöbauer (2008, 23 ff.) folgende fünf Aspekte hervor:

1. die Spezifik des Ziels,
2. den Synergieeffekt,
3. die Fähigkeiten der Team- und Gruppenmitglieder,
4. die Verantwortung und
5. die Selbstorganisation.

Der Synergieeffekt entsteht aus der Art des Zusammenwirkens der Gruppenmitglieder (vgl. Balz & Spieß 2009, 99). In arbeitsteiligen Strukturen wird durch die Integration der Einzelbeiträge eine Verbesserung des Gruppenresultats (über die Addition der Einzelbeiträge hinaus) erwartet. Die Bündelung der Kompetenzen und Leistungspotentiale sowie motivationsfördernder Gruppeneffekte sind hierfür Voraussetzung (Nerdinger 2008). Bei Lerngruppen finden sich diese Synergien dann, wenn die Teilnehmenden sich durch jeweils unterschiedliche Stärken auszeichnen und diese Kompetenzen für das Gesamtergebnis hilfreiche Beiträge darstellen. Der Gruppenzusammenhalt lässt sich außerdem durch die Struktur der Aufgabe stärken. Eine konstruktive Kooperation leitet sich aus der Verzahnung der Arbeitsausführung ab. Gebert (2004, 34) definiert Interdependenz als die wechselseitige Abhängigkeit bei der Arbeitsausführung und/oder dem Arbeitsergebnis. Interdependente Tätigkeiten richten sich auf einen gemeinsamen Lern- bzw. Arbeitsgegenstand und setzen die Koordination von Einzelaktivitäten voraus. In diesem Sinne wäre es zur Förderung von Inklusion in Lerngruppen auch wichtig, echte Kooperationsaufgaben zu entwickeln, die die Zusammenarbeit aller Teilnehmer_innen mit ihren jeweils verschiedenen Leistungspotentialen und Talenten erfordern.

Als besonders wirksam für die Überwindung von Stereotypien und Vorurteilen kann der soziale Kontakt angesehen werden. Bierhoff (2006, 381ff.) verweist darauf, dass in den USA seit der Aufhebung der Rassentrennung in den 1960er Jahren Vorurteilswerte gegenüber Farbigen in den Meinungsumfragen bei weißen USA-Amerikaner_innen kontinuierlich zurückgegangen sind. Allerdings reicht der pure Kontakt nicht aus. Hinzu müssen kooperative gemeinsame Aktivitäten, institutionelle Unterstützung und ein vergleichbarer Status der sich begegnenden Personen kommen. Ein häufiger Kontakt bei großem Statusunterschied, beispielsweise von Gefängnisinsassen und Wärtern, würde die wechselseitige Abwertung eher verstärken (vgl. ebd., 381).

Im Sinne des Modelllernens haben positive Modelle mit hohem sozialen Status, die sich gegen Vorurteile bzw. Herabsetzungen aussprechen, eine besondere Wirkung. Dies findet sich beispielsweise in der Respekt-Kampagne des internationalen Fußballverbandes. Wirksam ist dies insbesondere, wenn die Person ursprünglich selbst aus der diskriminierten sozialen Gruppe stammt, sie zwischenzeitlich aber eine „angesehene" soziale Position erworben hat.

Ein weiterer Effekt besteht bei ursprünglich diskriminierten Personen darin, wenn es im Kontakt gelingt, die schätzenswerten persönlichen Merkmale der Person kennenzulernen. Diesen Effekt der Ablösung einer Person von einer Gruppe, zu der sie gehört und gegenüber der in einer Mehrheitsgruppe Vorurteile bestehen, nennt man Dekategorisierung. An die Stelle von pauschalisierenden Gruppenmerkmalen treten dann die Individuen mit ihren jeweils einzigartigen Talenten, Fähigkeiten und Merkmalen.

Anregungen zur Diskussion
Rekapitulieren Sie den Abschnitt über soziale Gruppen und beziehen Sie dies auf Fragen zum Wechsel der sozialen Gruppe:

Stellen Sie sich vor, dass Sie ursprünglich zu einer großen und etablierten sozialen Gruppe (z. B. Journalisten, Bankangestellte, eingeschworene Fußballfans) gehörten. Nach einer langen Zeit haben Sie nun aber das Gefühl, mit den in der sozialen Gruppe verfolgten Zielen, den vertretenen Werten, den Regeln untereinander oder dem Verhalten, das überwiegend gegenüber einer anderen Gruppe gezeigt wird, nicht mehr übereinzustimmen. Nach längerem Abwägen entscheiden Sie sich „auszusteigen", Sie exkludieren sich selbst. In dieser für Sie neuen Situation fragen Sie sich, was Ihnen diese Situation bringt und was Sie nun tun können.

Versetzen Sie sich gedanklich in diese Situation und fragen Sie sich danach:

- Welche Fähigkeiten brauchten Sie, um sich von ihrer langjährigen sozialen Gruppe zu lösen?
- Gab es auch „Vorteile", die Ihnen das Ausscheiden aus der sozialen Gruppe brachte?
- Welche Gefahren können in der Situation Ihrer Exklusion stecken?
- Wie würden Sie diese persönlichen Erfahrungen für die Arbeit in einem inklusiven Projekt nutzen?

Die Inklusion mit ihren gesellschaftspolitischen Implikationen ist für die wissenschaftliche Psychologie eher ein „fremdes" Thema. Die zahlreichen anwendungsorientierten Aufgabenfelder der Psychologie sprechen dafür, dass die Psycholog_innen sich in den aktuellen Dialog über die Inklusion stärker als bisher einmischen sollten. Dies findet in einzelnen Anwendungsfeldern der Psychologie wie der politischen Psychologie oder der Friedenspsychologie bereits statt. Insgesamt ist das in der wissenschaftlichen Psychologie vorliegende Interventionswissen jedoch noch wenig mit den für die Inklusion wichtigen Feldern des Kompetenzerwerbs der an Inklusion beteiligten Fachkräfte verknüpft.

Weitere Themen aus der psychologischen Forschung erscheinen hier ebenfalls für den interdisziplinären Diskurs zu Inklusion und Exklusion anschlussfähig, so beispielsweise die Stressforschung, die Forschung zu kritischen Lebensereignissen und die Resilienzforschung.

4.3 Der erziehungswissenschaftliche und schulpädagogische Diskurs

In der öffentlichen Debatte ist das Thema der Inklusion weniger mit sozialpolitischen Fragen oder mit soziologischen sowie psychologischen Theorien verbunden, sondern vor allem mit der Frage nach einer Schulreform, die behinderte Kinder in die allgemeine Schule integriert bzw. inkludiert. Dies ist eine Folge der „Besetzung" des Inklusions-Begriffes durch den „Behinderungs-Diskurs" (s. Kap. 4.1.5) und der politischen Bedeutsamkeit der UN-BRK. In den erziehungswissenschaftlichen, heil- und sonderpädagogischen Diskursen wird das, was wir heute unter „Inklusion" verstehen, schon seit den 1990er Jahren diskutiert, allerdings unter dem Titel einer „Pädagogik der Vielfalt".

4.3.1 Pädagogik der Vielfalt

Eine erste theoretische Begründung zu einer „Pädagogik der Vielfalt" legte Annedore Prengel mit ihrer Habilitationsschrift 1993 vor. Der dort vorgestellte Ansatz gilt heute vielen als „Klassiker" der inklusiven Pädagogik. Prengel diskutierte die Chancen und Grenzen einer Schule für alle, indem sie die Bewegungen der feministischen, interkulturellen und integrativen Pädagogik der 1970er und 80er Jahre in ihren Anliegen und Problemen nachzeichnete. Obwohl in verschiedenen sozialen Bewegungen verankert und oftmals ohne Berührungspunkte, hatten die koedukative, die interkulturelle und die integrative Pädagogik trotzdem wesentliche strukturelle Gemeinsamkeiten aufzuweisen (Prengel 1993, 12). Alle drei Bewegungen hatten das Anliegen, das Bild vom „normalen" Schüler (männlich, deutsch, nicht-behindert) zu hinterfragen und die Berücksichtigung besonderer Bedürfnisse von Mädchen, Kindern mit anderer Muttersprache und Kultur sowie behinderten Kindern zu fordern. Dabei hatten alle das Problem zu lösen, wie eine Berücksichtigung der Heterogenität erfolgen kann, ohne die „besonderen" Schüler_innen zu stigmatisieren und zu diskriminieren. Um den individuellen, geschlechtlichen und kulturellen Verschiedenheiten gerechter zu werden – so die These Prengels –, müsse zunächst der offene und versteckte Sexismus, biologischer und kultureller Rassismus wie Behindertenfeindlichkeit bewusst gemacht und bearbeitet werden. Alle drei benachteiligten Gruppen hatten erst in einem historischen Prozess gleiche Bildungschancen erhalten. Auf dem Weg dahin hatten sie oftmals nur die Möglichkeit, als angepasster „Emporkömmling" oder als nicht ernst genommener Außenseiter zu agieren, d. h. die eigene Identität entweder zu leugnen oder zu idealisieren.

Im Hintergrund dieses paradoxen Zwangs nach Positionierung in Bezug auf ein stereotypes Normalitätsverständnis sah Prengel die Vorstellung, Differenzen seien entweder gänzlich zu negieren oder als Komparativbildungen (quantitatives Mehr oder Weniger) bzw. als Komplementbildungen (Gegenteil von) zu verstehen. Der Hinweis auf Differenzen wurde daher als Argument für den Ausschluss der abweichenden „Anderen" oder für Hierarchiebildungen mit Zwang zur Anpassung in einer Gruppe missbraucht.

Aus dieser Kritik heraus wurde aus der Ausländerpädagogik mit der Sonderbeschulung der Kinder der Gastarbeiter der 1960er Jahre nach deren Auflösung zunächst eine „Assimilationspädagogik", wobei sich die „Ausländerkinder" der deutschen Kultur anpassen sollten. Als Gegenkonzept entwickelte sich schließlich die interkulturelle Pädagogik, die Idee des gegenseitigen Lernens an kulturellen Unterschieden. Stets stand sie aber damit in Gefahr, besondere Bedürfnisse zu negieren (etwa das Erlernen der deutschen Sprache). Auch sei die Orientierung an Bildungszielen mit über-kulturellem Gültigkeitsanspruch schwer, da unterschwellig eurozentristische in universalistische Werte einfließen können.

Ähnlich verlief der Beginn der Koedukation in Deutschland. Die Mädchen passten sich dem Stundenplan der Schulen für die Jungen an. „Weibliche" Fächer wie Haushaltskunde, Ernährungslehre und Kinderpflege galten als unakademisch und wurden nicht übernommen. Mädchen wurden an Jungen gemessen und so zu Mängelwesen erklärt. Daher wurden im feministischen Diskurs der 1980er Jahre Mädchenschulen und Trennung im Unterricht, besonders in Sport und Naturwissenschaften, gefordert, da im geschlechtergetrennten Unterricht die Mädchen besser abschnitten. Da sich dies aber nicht durchsetzte, auch wegen der Gefahr einer Abwertung der Mädchenschule und einer Entfremdung der Geschlechter in der Schule, setzte Prengel auf eine koedukative Pädagogik. Auch die „Sonderpädagogik" war der Gefahr ausgesetzt, dass behinderte Kinder hier zwar erstmals beschult, dabei aber auf ihren „Defekt" reduziert wurden. Die Perspektive bestand zunächst in der „Normalisierung", der Anpassung an das, was Nicht-Behinderte als normal ansahen. So wurde beispielsweise die Gehörlosensprache lange nicht als Sprache anerkannt. Dagegen versuchte die Integrationspädagogik, Kinder in den normalen Unterricht einzugliedern und ihnen begleitend Hilfen zur Verfügung zu stellen. Ihr „Anders-Sein" sollte alle bereichern. Ein positiver Effekt war auch, dass man unerwartete Bildungsfortschritte durch den Einfluss der gleichaltrigen Mitschüler_innen feststellen konnte. Aber ebenso konnten Eltern und Lehrer_innen feststellen, dass in manchen Situationen die besondere Förderung unerlässlich war und Kinder in integrativen Klassen benachteiligt wurden, wenn diese Förderung unterblieb.

Die historische Erfahrung habe – so Prengel – gelehrt, dass in allen drei Bereichen die Alternative „Gleichheit versus Differenz" falsch war. Vielmehr müsse die Vielfalt in der Gleichheit und die Gleichheit in der Differenz gedacht werden. Dabei gehe es immer um die Anerkennung des „Anderen", der auf eine Weise anders ist, die man sich nicht vorstellen kann. Der Umgang mit der unbekannten

Differenz müsse aber erst erlernt werden. Daher schlug Prengel vor, das Gleichheitspostulat in die Perspektive einer radikalen Pluralität zu stellen. Auf der Basis gleicher Rechte könne sich dann die Verschiedenheit entfalten. Pädagogik der Vielfalt bedeute daher nicht eine Haltung der Indifferenz, sondern im Gegenteil eine Wertschätzung der Differenz und der Heterogenität. Dies beinhalte die Anerkennung der Nicht-Vergleichbarkeit der Verschiedenen, ihrer grundsätzlichen „Inkommensurablität" (ebd., 49). Anerkennung von Verschiedenheit – so Prengel in Anlehnung an Axel Honneth – bedeute dreierlei: die emotionale Achtung, das Vorhandensein gleicher Rechte und die Achtung vor der soziokulturellen Eigenart des Individuums. Pädagogik der Vielfalt verstehe sich daher als „Pädagogik der intersubjektiven Anerkennung zwischen gleichberechtigten Verschiedenen" (ebd., 62). Dabei müsse auch eine Konfrontation mit dem Leid ausgehalten werden, wie es gerade im Thema Behinderung enthalten ist.

4.3.2 Von der Integrationspädagogik zur Inklusion

Durch die Ratifizierung der UN-BRK hat sich die Debatte um eine „Pädagogik der Vielfalt" zunehmend auf das Thema der Inklusion von behinderten Schüler_innen sowie auf konkrete Schulprogramme und didaktische Konzepte konzentriert. Insbesondere im „Index für Inklusion" sind – wie in der Einführung bereits ausgeführt – Ansprüche an inklusiven Unterricht formuliert. Mit der wachsenden Popularität des Begriffs der Inklusion kamen die Vertreter_innen der bereits etablierten „Integrationspädagogik" in Erklärungsnot. Die im Index für Inklusion formulierten pädagogischen Werte und Praxen waren nicht neu, sie gehörten entweder allgemein zum pädagogischen Ethos (Wertschätzung, Kooperation u. a.) oder waren als didaktische Modelle in den integrativen Schulen bereits etabliert. Das Neue an der Inklusion war zunächst nur die Berücksichtigung anderer Formen von Diskriminierung und die radikalere Infragestellung von Normalität.

In der Integrationspädagogik setzte sich in Anlehnung an Alfred Sander schließlich mehr und mehr die Idee einer Stufenfolge durch, die von der Exklusion behinderter Menschen zu deren Segregation, schließlich zur Integration und darauf aufbauend zur Inklusion geführt habe, die als „optimierte Integration" zu verstehen sei. Diese Entwicklung hin zu immer mehr Gleichberechtigung und Anerkennung sei damit aber noch nicht abgeschlossen, sie ende in einer allgemeinen Pädagogik für alle Kinder (Sander 2003). Inklusion solle demnach irgendwann kein eigenständiges Thema mehr sein (Frühauf 2008, 30).

In der Lesart dieser Stufenfolge erscheint die Integration als die unvollkommenere Inklusion. In diesem Sinne unterschied auch Andreas Hinz die Inklusion von der Integration in verschiedenen Veröffentlichungen anhand von Listen, auf denen er beide gegenüberstellte. So habe Integration beispielsweise „Eingliederung von Kindern mit bestimmten Bedarfen in die allgemeine Schule" bedeutet, während Inklusion meint: „Leben und Lernen für alle Kinder in einer allgemeinen Schule". Integration bedeute ein „differenziertes System je nach Schädigung" mit „spezieller Förderung" zu etablieren, während Inklusion meint, ein "umfassendes System für alle" zu schaffen, in dem gemeinsam und individuell gelernt wird. Dieses individuelle Lernen meint nach Hinz aber nicht ein "individuelles Curriculum für einzelne", sondern "ein individualisiertes Curriculum für alle". Danach lehnt Inklusion auch Kontrolle durch Expert_innen ab und plädiert für "kollegiales Problemlösen im Team". Integration konzentriere sich auf das Individuum, Inklusion denke "systemisch" (Hinz 2002, 4). Hinz hatte in den 1980er und 90er Jahren gemeinsam mit Hans Wocken an einem Hamburger Schulversuch zur Integration von Förderschüler_innen in der Grundschule gearbeitet (Wocken 1987) und das, was dort unter Integration verstanden wurde, zunächst als gleichbedeutend mit Inklusion bewertet. Später grenzte er sich davon ab, vor allem mit Bezug darauf, dass in der Inklusion alle Dimensionen von Heterogenität in den Blick genommen werden müssten und eine Fixierung auf behinderte Kinder abzulehnen sei, weil ebenso "Geschlechterrollen, ethnische Herkunft, Nationalitäten, Erstsprachen, (…) soziale Milieus, Religionen und weltanschauliche Orientierungen" neben den "körperlichen Bedingungen" eine wichtige Rolle spielten (Hinz 2008, 33, vgl. auch Hinz 2010, 65). Mit Bezug auf Annedore Prengel sah er eine Orientierung an der Bürgerrechtsbewegung und an der Vision einer Gesellschaft ohne Diskriminierung und Marginalisierung. Inklusion ist demnach kein sonderpädagogisches Programm, sondern bedeutet die "große Chance für Interessensbündnisse mit allen Gruppierungen, die mit gesellschaftlicher Marginalisierung konfrontiert sind". Außerdem zeichne sich die inklusive Pädagogik durch eine Balance von kognitivem und sozialem Lernen aus (Hinz 2008, 35f.). Inklusionspädagogik will nicht eine Gruppe in etwas Bestehendes integrieren. Vielmehr sind alle Pädagogiken und ihre Professionen gemeinsam dafür zuständig, lernförderliche pädagogische Arrangements zu entwickeln.

4.3.3 Die Zwei-Gruppen-Theorie und das Lernen am gemeinsamen Gegenstand

In dem Versuch der Abgrenzung von Inklusion gegenüber Integration spielte die Ablehnung der so genannten "Zwei-Gruppen-Theorie" eine wichtige Rolle. Behinderte und nicht-behinderte Kinder sollten nicht automatisch getrennt gefördert, sondern es sollten für alle gleichermaßen Einzelförderungen vorgesehen werden. Dies warf aber praktische und auch theoretische Probleme auf, wie sie auch Prengel schon thematisierte. Wer als Ziel definiert, Diskriminierung abzubauen und alle zu bilden, muss zunächst feststellen können, wer aus welchen Gründen und wie benachteiligt wird. Hinz versuchte, dieses Problem durch die Unterscheidung zweier Schritte zu lösen:

"Solange es um die gesellschaftliche Analyse von Marginalisierungsgefahren geht, ist es nicht nur legitim, sondern geboten, in Gruppenkategorien, auch im Sinne alltagstheoretischer ‚Zwei-Gruppen-Theorien' zu denken und mit ihnen zu arbeiten. (…) Sobald es jedoch darum geht, wie Strukturen entwickelt und Interventionen geplant werden können, werden sie gefährlich, weil sie zu ihrer eigenen Zementierung beitragen, die Individualität der einzelnen Perso-

nen solchen Kategorien unterwerfen und damit Erwartungshorizonte massiv reduzieren" (Hinz 2008, 39 f.).

Obwohl er individuelle Förderpläne und überhaupt den Begriff „Förderung" als diskriminierend ablehnte und stattdessen von „Heterogenitätsdimensionen" sprach, gestand Hinz zu, dass auf „Menschen mit elementaren Unterstützungsbedürfnissen" in besonderer Weise Rücksicht zu nehmen ist (ebd., 56). Hinz sprach statt von „Förderbedarf" von „planungsbedürftigen" Schüler_innen. Auch müsse es weiterhin eine universitäre Sonderpädagogik geben, damit Fachwissen vermittelt wird, wie Kinder „mit elementaren Unterstützungsbedürfnissen" spezifisch unterrichtet werden können. Die Sonderpädagog_innen sollten lernen, eine Unterstützung zu bieten, ohne die unterstützten Gruppen kategorial zu verorten.

Im Hintergrund dieser Idee eines gemeinsamen Unterrichtsgegenstandes mit individuellen Lernzielen stand dabei Georg Feusers Konzept einer „entwicklungslogischen Didaktik", wobei die Schüler_innen an einem „gemeinsamen Gegenstand" ohne Differenzierung der Unterrichts*inhalte* lernen sollten. Wenn das Thema also beispielsweise im Rahmen von Projektunterricht die Herstellung einer Gemüsesuppe ist, so können daran sowohl praktische wie auch mathematische oder chemische Inhalte vermittelt werden. Was gelernt wird, ist individuell verschieden, je nachdem auf welchem Entwicklungsstand sich das Kind befindet. Der Lerngegenstand soll dabei die Kinder anregen, auf die nächste Entwicklungsstufe zu gelangen. Das Niveau der Entwicklungsstufen kann verschieden sein, trotzdem oder deswegen ist Kooperation zentral.

Die u. a. von Hinz vertretenen Forderungen blieben in der Sonder-/Integrationspädagogik nicht ohne Widerspruch. Erhard Fischer, vom Lehrstuhl für Sonderpädagogik der Universität Würzburg, wies beispielsweise darauf hin, dass Zuschreibungen auch von Defiziten durchaus vorteilhaft sein können,

„hinsichtlich der Schaffung erforderlicher rechtlicher Hilfen, der Kommunikation und des Zusammenhalts unter ‚Betroffenen', der Institutionalisierung spezifischer Hilfsdienste oder der Förderung behinderungsspezifischer Vereinigungen" (Fischer 2003, 27).

Und Ju-Hwa Lee stellte die Frage, „wie überhaupt sonderpädagogische Kompetenzen nicht sonderpädagogisch umgesetzt werden können" (Lee 2010, 131). In Bezug auf die Idee des gemeinsamen Curriculums/Unterrichtsgegenstands hatte Hans Wocken bereits bei Erscheinen 1989 eingewandt, dass eine Didaktik, die sich der Heterogenität anpasst, nicht nur „ziel- und inhaltsdifferent, sondern auch wegdifferent" sein müsse (Wocken 2010, 124). Zwar sollte die „Zwei-Gruppen-Pädagogik" überwunden werden, aber die Individualisierung im Unterricht könne auch leicht zur Vereinzelung führen. Daher sei ein wesentliches Postulat einer inklusiven Didaktik, gemeinsame und verschiedene Lernsituationen auszubalancieren. Wocken forderte „flexible Lernlandschaften" und sprachliche Barrierefreiheit (ebd., 124). Andere Pädagog_innen sahen das Problem, dass einerseits die akademischen Themen für die nicht-behinderten Schüler_innen und andererseits auch die alltagspraktischen Themen, die behinderte Schüler_innen zur Selbsthilfe bräuchten, zu kurz kommen könnten (Theunissen

2006). Weiter wurde befürchtet, dass im gemeinsamen Unterricht gerade die behinderten Schüler_innen benachteiligt werden und zwar insbesondere:

- *„dass Schüler mit gering qualifizierten Unterstützern Vorlieb nehmen müssen,*
- *dass Bildung nur für diejenigen ermöglicht wird, die von sich aus oder mit geringer Unterstützung lernen können,*
- *dass Eltern in neue Verantwortlichkeiten gedrängt werden, die viele Familien selber nicht bewältigen können (z. B. bei einer Therapie-Organisation),*
- *dass qualifizierte Fachkräfte und deren Institutionen zerrissen sind zwischen integrativen Aufgaben und der Aufgabe in spezialisierten Bezügen immer weniger Ressourcen einsetzen zu können."* (Lelgemann 2009, 30)

Trotz dieser kritischen Einwände, die sich vor allem auf die didaktische Planung und Durchführung des Unterrichts beziehen, gibt es vor allem einen Problembereich, der die Grundschule betrifft und die Besonderheit der Lern- und Sprachbehinderung sowie der Verhaltensauffälligkeiten: das so genannte „Ressourcen-Etikettierungs-Dilemma".

4.3.4 Inklusion als enthinderte Integration und das Ressourcen-Etikettierungs-Dilemma

Seit der von der UNESCO 1994 verabschiedeten so genannten „Salamanca Erklärung" wurde „inclusive" Bildung als Ziel international anerkannt, doch hat es seitdem in Bezug auf den Inklusionsbegriff viele unterschiedliche Interpretationen und Missverständnisse gegeben. Unklar blieb z. B., ob Inklusion zusammen *mit* Integration oder *anstatt* verfolgt werden sollte. Insbesondere Hans Wocken setzte sich für die erste Strategie ein, denn er vertritt die These, dass vieles von dem, was heute unter Inklusion verstanden wird, bereits in der Integrationspädagogik praktiziert wurde. Denn diese habe bereits mit dem „Homogenisierungswahn der traditionellen Schule", dem Sortieren der Kinder, dem „Sitzenbleibenelend" und dem „unpädagogischen Notenfetischismus (...) radikal gebrochen" (Wocken 2010, 55).

Den Unterschied zwischen Inklusion und Integration sieht Wocken daher lediglich in der Begründung der Inklusion als menschenrechtsbasiert (ebd., 73). Er stellte in Anlehnung an Sander eigene Qualitätsstufen der Behindertenpolitik und Pädagogik auf und begann bei der 0, weil es historische Phasen gab, in denen behinderte Menschen nicht nur nicht integriert oder separiert waren, sondern sogar verfolgt und ermordet wurden, wie in der NS-Zeit, was er „Extinktion" (keine Rechte, keine Anerkennung) nennt. Es folgen:

1. Exklusion: Recht auf Leben, emotionale Zuwendung
2. Separation: Recht auf Bildung, pädagogische Unterstützung
3. Integration: Recht auf Gemeinsamkeit und Teilhabe, solidarische Zustimmung
4. Inklusion: Recht auf Selbstbestimmung und Gleichheit, *rechtliche Anerkennung*

(vgl. ebd., 75 und 77, Hervh. d. Verf.).

In diesem Verständnis stellt Inklusion für Wocken eine visionäre, eine „enthinderte Integration" dar (ebd., 78), in der Gebärden- und Schriftdolmetscher, Induktionsanlagen, Parkplätze, Nachteilsausgleiche für Studierende usw. selbstverständlich geworden sind.

Dass unter dem Titel Integration bereits inklusive Pädagogik im Sinne der Ablehnung der „Zwei-Gruppen-Theorie" betrieben wurde, versuchte Hans Wocken mit dem Hamburger Schulversuch der „Integrativen Regelklassen" zu belegen. Ausgangspunkt dieses Versuches war die Problematik einer Diagnostik, die seiner Auffassung nach vorschnell Grundschulkinder als „förderbedürftig" abstempelte, um Ressourcen zu bekommen. In den normalen integrativen Schulen bestehe die Gefahr eines „Bedarfs-Angebots-Junktims" darin, dass die Deklassierung von Kindern durch kategoriale Statusdiagnosen staatlich belohnt wird: „Wird ein Kind als behindert eingestuft, gibt es dafür extra Ressourcen. Wer extra Ressourcen haben will, muss vorab behinderte Kinder namentlich benennen können" (ebd., 120).

Die Ressource folge dabei nicht dem Schüler, sondern dem Etikett, dies nannte Wocken dann das „Ressourcen-Etikettierungs-Dilemma" (Wocken 2015, 28). Frühe Statusdiagnose und kategoriale Klassifikationen seien daher unverantwortlich, wertlos, „für präventive Zwecke dysfunktional und ungeeignet und schließlich (…) diskriminierend und menschenrechtswidrig" (Wocken 2010, 37). Da in heterogenen Lerngruppen immer Förderbedarf vorhanden ist, ist nach Wocken stattdessen eine grundsätzliche Zuweisung von Ressourcen nach Quote sinnvoll. Statistisch nachzurechnen sei, dass 6 bis 8% aller Schüler_innen Förderbedarf im Bereich Lernen, Sprache, Verhalten haben. Daher sollte den Grundschulen einfach pro Zug einer Schule (d.h. also ungefähr für vier Klassen) ein Sonderpädagoge zugewiesen werden, wie es in den „integrativen Regelklassen" des Schulversuchs in Hamburg gemacht wurde. Der große Vorteil liege nicht nur in der Abschaffung des Verfahrens der Sonderschulzuweisung, die Eltern und Kinder früh mit der „sozialdarwinistischen Härte eines gegliederten Schulwesens" konfrontiere, sondern auch darin, dass Prävention stattfinden könne (ebd., 33 und 47). Trotzdem könne man das Dilemma, dass es Diagnosen brauche, um Ansprüche zu begründen, insgesamt gesellschaftlich nicht lösen. Nicht nur Integration, auch Inklusion könne ohne etikettierte Behinderte nicht auskommen. Es bekomme eben im Alltag nicht jedermann ein persönliches Budget für eine Assistenz, sondern nur der, „der nachweislich und amtlich bescheinigt ‚behindert' ist" (ebd.). Daher könne sich die „Zwei-Gruppen-Theorie" durch die Hintertür immer wieder hereinschleichen.

Auch andere Autoren bezweifelten, ob mit der Einführung inklusiver Konzepte und Ideen die Probleme der Integration zu lösen sind und „inwiefern die der Kritik unterzogenen Aspekte der Integrationspädagogik im Inklusionskonzept überhaupt zu vermeiden sind" (Lee 2010, 73). Georg Feuser warnte wie Wocken vor der Abwertung des Begriffes der Integration – als einer der wenigen auch mit Bezug auf gesellschaftstheoretische Begrifflichkeiten (Luhmann u.a.):

„Was Inklusion im Sinne ihrer Begriffsgeschichte und nach Übernahme in die Soziologie bezeichnet, fokussiert gesellschaftswissenschaftlich die Teilsystemexklusionen und -inklusionen in einer funktionsteiligen Gesellschaft. Er

qualifiziert sich im Feld der Pädagogik nicht dadurch, dass man die Integration schlecht redet, anstatt sie akribisch zu analysieren und Inklusion als Logo einer illusionären heilen Gesellschaft, die man für sich selbst gerne hätte, dem Integrationsbegriff entgegenhält" (Feuser 2011, 2).

Tendenziell berge die Ablehnung aller Besonderheiten zugunsten eines großen allgemeinen „Wir" die Gefahr der Vereinzelung in einem amorphen Gesamtsystem ohne innere Struktur. Wenn außerdem geleugnet werde, dass behinderte Menschen manchmal mehr bräuchten als Assistenz, würde Abhängigkeit bzw. das Angewiesensein auf Andere „per se in die Nähe einer inferioren Situation" gebracht. Hier schließt die Argumentation von Feuser deutlich an Nussbaum und Elias an.

Im Einzelfall ist die Praxis den theoretischen Auseinandersetzungen der Erziehungswissenschaft und der Schulpolitik voraus und beweist – selbstverständlich nicht ohne ein besonderes Engagement aller Beteiligten –, dass es eine „Schule für alle" geben kann. Gleichzeitig verweisen diese Modelle der „guten Praxis" auch darauf, welche Konzepte und Rahmenbedingungen gebraucht werden. Die meisten dieser Schulen sind Alternativschulen oder Grundschulen in Stadtteilen mit so genanntem „Erneuerungsbedarf". Eine solche Schule ist die Schule im Stadtteil „Berg Fidel" in Münster.

Exkurs zu Good Practice: Eine Schule für alle – Berg Fidel Münster

Der Schulleiter der Grundschule in Berg Fidel in Münster, Reinhard Stähling, hatte schon lange vor der Inklusionsdebatte damit begonnen, alle Schüler_innen seines Schulbezirkes aufzunehmen, egal wie behindert sie waren, welche Sprache sie sprachen oder welche „emotional-sozialen Förderbedarfe" sie attestiert bekamen (Stähling 2006). In den altersgemischten Klassen sind daher in der Regel vier Schüler_innen mit Behinderungen und in der Schule insgesamt ungefähr 30 Nationen vertreten. Die Altersmischung verhindert dabei sowohl das Sitzenbleiben und ermöglicht das Lernen im eigenen Tempo, d. h. mit den größeren oder kleineren Schüler_innen. Diese „Schule für alle" hat sich in jahrzehntelanger Aufbauarbeit entwickelt und kann heute durch einen Förderverein und verschiedene Modellprogramme ihr besonderes didaktisches Konzept verwirklichen. Als Ganztagsschule verfügt sie neben Integrationshelfer_innen und Förderlehrer_innen auch über sozialpädagogische Kräfte und Erzieher_innen. Diese bilden gemeinsam mit den Grundschulpädagog_innen ein Team, das ganztags für die Betreuung, Bildung und Förderung der einzelnen Kinder zuständig ist. Im Unterricht sind immer mindestens zwei Lehrkräfte anwesend. Die Lehrpläne sind individualisiert, d. h., es wird zieldifferent unterrichtet. Alle lernen, was sie können, und zu einem großen Teil auch, was sie möchten. Das soziale Lernen findet im Rahmen gegenseitiger Hilfestellungen und im „Klassenrat" statt. Vormittags wie nachmittags findet Unterricht im Wechsel mit gemeinsamer Freizeitgestaltung statt (Rhythmisierung des Unterrichts). Die Klassen sind jahrgangsübergreifend, wodurch lernbehinderte und verhaltensauffällige Schüler_innen besonders gut gefördert werden (Stähling 2012, 112). Die Schule lehnt sich an reformpädagogische Traditionen von Korczak, Montessori oder Petersen an, orientiert sich aber auch an Prengels „Pädagogik der Vielfalt" und Feusers „Unterricht am gemeinsamen Gegenstand", d. h., es findet eine innere Differenzierung durch „entwicklungsniveaubezogen-biografische Individualisierung" statt (ebd., 117). Ein wesentliches Element daneben ist das „Caring Curriculum" (entwickelt von Nel Noddings mit Bezug auf Uri Bronfenbrenner; vgl. auch Villa & Thousand 2000), das besonderen Wert auf Beziehungsarbeit und soziales Lernen legt. Grundlegend ist hier der „soziale Kredit", das Zutrauen in die positive Entwicklung von Kindern (ebd., 95ff.).

„Caring education" geht weit über das traditionelle Berufsverständnis von Lehrer_innen hinaus und betont die Bedeutung multiprofessioneller Teams – insbesondere die Beteiligung von Schulsozialarbeit. Die Schule versteht sich nicht nur als Lernort, sondern auch als Schutz- und Beziehungsraum. Voraussetzung für die Arbeit ist, dass Pädagog_innen sich das Wissen um die Bedürfnisse, Interessen und Stärken der Kinder erarbeiten. Wichtige Wege zum Kind sind das Zuhören, der Dialog und das Begeistern für die Lerninhalte. Lernziele leiten sich – entgegen des üblichen Denkens in der Schule – aus der Lerngruppe ab und verstehen sich nicht als Erfüllung eines formalen Curriculums. Von großer Wichtigkeit ist dabei eine Distanz zu den eigenen Entwicklungswünschen der Erwachsenen, damit Kinder nicht zu „Erfüllungsgehilfen" elterlicher Wünsche und Ziele werden (vgl. Stähling & Wenders 2012, 16).

Handlungsregeln, die die Pädagog_innen für die Arbeit mit den Kindern in der Schule Berg Fidel erarbeitet haben, sind:

„1. Achte die Kinder!
2. Frage sie nach ihrem Befinden und ihren Erlebnissen!
3. Sei Du selbst!
4. Freue dich über ihre Fähigkeiten!
5. Lerne mit ihnen ihre Lieblingsorte kennen!
6. Ermutige sie, etwas zu wagen!
7. Erwarte ihr Bestes; erwarte keine Perfektion!
8. Erwische die Augenblicke, wenn sie gut sind!
9. Lache über ihre Witze!
10. Habe Spaß an ihren Entdeckungen!
11. Sei erreichbar!
12. Schaffe für sie eine sichere und offene Umgebung!
13. Träume mit ihnen!
14. Entscheide gemeinsam mit ihnen!
15. Betone ihre Einzigartigkeit!
16. Bau etwas mit ihnen auf!
17. Lass sie Fehler machen!
18. Inspiriere ihre Kreativität!
19. Höre ihre Lieblingsmusik mit ihnen!
20. Wertschätze sie, egal, was sie tun!"
(ebd., 15)

In der Schule für alle ist nicht nur eine besondere helfende Beziehung notwendig, sondern auch eine andere Tagesgestaltung in Bezug auf Unterricht, Freizeit und soziales Lernen. Am Morgen werden die Kinder gemeinsam begrüßt und gehen dann in eine zweistündige Phase des freien Arbeitens in kleinen Lerngruppen an einem selbst gewählten Lerngegenstand, die ein „Lernen ohne Ausgrenzung" (Schnell 2010) ermöglicht. Die Wahl des Lerngegenstandes erfolgt neigungsorientiert und soll an die Interessen der Kinder anschließen. Hier wird das individuelle Begleiten der Kinder im Sinne des Lerncoachings praktiziert. Kinder mit sonderpädagogischem Förderbedarf erhalten zusätzlich Förderangebote (z. B. Psychomotorik, Verhaltenstraining) in speziellen Kleingruppen. Nach der Hofpause und dem gemeinsamen Frühstück findet der Lernklassenrat statt. In dieser von den Klassenlehrer_innen geleiteten Einheit geht es um die Reflexion des Lernprozesses, der Arbeitsform und der -methoden. Ein weiteres Element des pädagogischen Konzepts sind der „Freie Forscher Club", eine an drei Tagen in der Woche für je eine Stunde eingerichtete thematisch freie Arbeit an einer selbst gewählten Fragestellung. Die Forschungsergebnisse werden dann von den Kindern mit Unterstützung der Lehrkräfte dokumentiert, in Vorträgen und Experimenten den anderen Kindern präsentiert. Der Tag wird beschlossen mit einer gemeinsamen Abschlussrunde, danach finden noch freiwillige „Ateliers" statt, wie Theater, Medienprojekte oder Musikgruppen (ebd., 85).

Was die Schule beweist: Inklusion ist praktisch möglich – zumindest in der Grundschule in einem sozialen Brennpunkt, wenn die Lehrkräfte ein besonderes Maß an Engagement und innovative didaktische Konzepte entwickeln und – vermutlich am wichtigsten – wenn zusätzliche personelle Ressourcen erschlossen werden.

Anregungen zur Diskussion

- Diskutieren Sie, ob es möglich und sinnvoll ist, in der pädagogischen Arbeit auf Gruppenkategorien, Entwicklungsnormen und Förderpläne zu verzichten, wie Hinz (2008) es forderte.
- Überlegen Sie, ob die Schule „Berg Fidel" ein Modell für alle Schulen werden könnte und wenn nein: warum nicht?
- Was halten Sie von der Idee der radikalen Heterogenität und der Forderung nach Nicht-Assimilation?
- Inwieweit müssen sich Menschen anpassen an Gruppennormen, um zusammenleben zu können?

5 INKLUSIVE HANDLUNGSANSÄTZE UND METHODEN

Was Sie in diesem Kapitel lernen können:

Dieses Kapitel stellt methodische Ansätze der Sozialen Arbeit vor, die an die vorangegangenen Ausführungen anknüpfen. Sie können hier lernen, dass die Gestaltung von Inklusionsprojekten im Sinne systemischen Denkens mehrere Ebenen im Blick haben muss. Dies sind die institutionellen Kontexte (Organisationsstrukturen und -kulturen, Akteure und ihre Ziele), die Methoden im Unterstützungsprozess und das Menschenbild der professionellen Fachkräfte. Aus der Sozialarbeitswissenschaft können dafür bekannte Ansätze (Empowerment-, Gemeinwesen- und Systemischer Ansatz; Kap. 5.1) genutzt werden. Daneben lernen Sie in der Inklusionsarbeit neu entwickelte Methoden (personenzentrierte Zukunftsplanung, die Zukunftsfeste und Universelle Designs; Kap. 5.2) kennen. Prinzipien inklusiver Arbeit werden im Gastbeitrag von Christina Reichenbach im Kontext inklusiver Diagnostik vertieft.

5.1 Ansätze zur Begründung einer inklusiven Praxis

Die folgenden Ansätze wurden zwar zeitlich vor der Inklusionsdebatte entwickelt, eignen sich aber als Ideengeber, zur Begründung und zur kritischen Reflexion konkreter Inklusionsstrategien und -projekte. Den Ansätzen gemeinsam ist, dass sie Aspekte des Menschenbildes in sozialen Berufen kritisch reflektieren, sich zu den Ursachen und Änderungsstrategien sozialer Missstände äußern und die helfende Beziehung in einem partizipatorischen und ressourcenorientierten Sinne konzipieren.

Der Beschreibung des humanistischen Menschenbildes folgen Ausführungen zum Empowerment-Ansatz, zum Gemeinwesen- und zum systemischen Ansatz. Eine vertiefende Analyse findet sich zum Ressourcen-Begriff und zum Konzept der Resilienz.

5.1.1 Das Menschenbild der humanistischen Psychologie

Die im Folgenden ausgeführten Ansätze eint eine enge Verwandtschaft mit dem Menschenbild der humanistischen Psychologie. Den Vertreter_innen des humanistischen Ansatzes (Maslow, Rogers, Moreno, Perls, Tausch u. a.) ging es seit den 1960er Jahren darum, eine „dritte Kraft" neben der Psychoanalyse und der Verhaltenstherapie zu etablieren und damit die Psychologie zu reformieren. Kritik an den etablierten Schulen der Psychologie richtete sich insbesondere auf das dort vertretene naturwissenschaftlich-analytische und mechanistische Menschenbild. Der humanistische Ansatz stellte demgegenüber emotionale und motivationale

Prozesse im Rahmen eines ganzheitlichen Menschenbildes in den Mittelpunkt. Bei aller theoretischen Heterogenität beschreibt Kriz (2014, 185 f.) als verbindende Momente des humanistischen Ansatzes in der Psychotherapie ihre holistische Grundorientierung, die Betonung von Sinnhaftigkeit im menschlichen Leben und der Bedeutung menschlicher Begegnung für die psychische Entwicklung.

Holistisch meint das ganzheitliche Verständnis des Menschen und seines subjektiven Erlebens und Verhaltens. In seinem Erleben setzt der Mensch sich nicht quasi additiv aus unterschiedlichen Einzelerfahrungen zusammen, sondern es entsteht bei ihm ein spezifischer Sinneseindruck, der alle Erfahrungsteile integriert. Die Bedeutung der Sinnhaftigkeit hebt die humanistische Psychotherapie hervor, sie „sieht den Menschen als reflexives Wesen, der seine Existenz und sein Dasein sinnhaft in dieser Welt definieren muss" (ebd., 186). Dies betrifft die Beschreibung der eigenen Biographie und die Ideen zur Zukunft. Ohne diese Wurzeln kann der Mensch im Hier und Jetzt nicht sinnvoll handeln.

Die menschliche Begegnung ist die Basis menschlichen Lebens, auf der sich der persönliche Selbstwert, eine individuelle Persönlichkeit und der Blick auf die eigene Kultur und Gesellschaft vermitteln. Hier sind Analogien in den Grundannahmen in den Theorien von Nussbaum und Elias sichtbar, die beide die Bedürftigkeit des Menschen, seine Angewiesenheit auf emotionale Beziehungen, seine Formbarkeit und seine Entwicklungsfähigkeit betonen.

Das Menschenbild von Carl Rogers soll hier exemplarisch für den humanistischen Ansatz näher erläutert werden. Im Kontext der helfenden Beziehung schrieb Rogers der Autonomie des Einzelnen, sowohl der Klient_innen wie auch der Helfer_innen, eine große Bedeutung zu. „Der vollendete Mensch (…) greift nicht in das Leben der Wesen ein, er erlegt sich ihnen nicht auf, sondern verhilft allen Dingen zu ihrer Freiheit" (Rogers 1973, 21).

Zentraler Forschungsgegenstand von Rogers war die Entwicklung des Selbst als Ziel der Persönlichkeitsentwicklung, wobei er u. a. beim existentialistischen Philosophen Kierkegaard Anleihen nahm. Dies trifft beispielsweise auf dessen Maxime zu: „Das Selbst werden, das man in Wahrheit ist." Grundannahme ist das Streben nach Selbstentfaltung und Unabhängigkeit von äußerer Kontrolle. In diesem Sinne formulierte Rogers das Konzept der *Aktualisierungstendenz*, d. h., jede Person hat eine ihr innewohnende Tendenz zur Entfaltung ihrer Möglichkeiten. Als bestätigt kann mittlerweile gelten, dass es Selbstorganisationsprozesse beispielsweise auch in Familien, Arbeitsgruppen und in Organisationen gibt. Dies verbindet sich zu einem optimistischen Menschenbild.

Rogers Zugang zum humanistischen Ansatz war philosophisch geprägt, aber auch empirisch fundiert. Er fand als übereinstimmenden Effekt erfolgreicher Therapien die persönliche Integration vielfältiger Erfahrungen und die Stärkung eines positiven Selbstbildes der Klient_innen. Rogers konnte belegen, dass hierfür drei Basisvariablen im Berater-/Therapeutenverhalten von zentraler Bedeutung sind: Empathie, unbedingte Wertschätzung und Kongruenz (s. Rogers 1973).

Entscheidend für die Anschlussfähigkeit im Kontext der Inklusion sind das optimistische Menschenbild, die auf Entwicklung ausgerichtete Verarbeitung persönlicher Erfahrungen und das nichtdirektive, auf Selbstexploration und Selbstfindung der Klient_innen gerichtete partnerschaftliche Beziehungsangebot der professionellen Helfer_innen.

Im Folgenden werden nun Ansätze vorgestellt, die auf der Basis des humanistischen Menschenbildes arbeiten bzw. daran anschlussfähig sind. Begonnen wird mit dem Empowerment-Ansatz, dem folgen der Gemeinwesen- und der systemische Ansatz.

5.1.2 Empowerment-Ansatz

Die Inklusion zielt auf die Teilhabe bisher ausgeschlossener Menschen. Um deren Teilhabe zu ermöglichen, müssen Menschen jedoch gestärkt und ermutigt werden, damit sie ihre Rechte in Anspruch nehmen können. Diese Ermutigung strebt das Empowerment-Konzept an. Ausgangspunkt des in den 1970er Jahren in den USA entstandenen Ansatzes bildeten die Bürgerrechtsbewegung der schwarzen Bevölkerung, der radikalen Feministinnen und emanzipatorische Ansätze der Sozialen Arbeit im Kontext der Gemeinwesenarbeit (Solomon 1976). Ursprünge lassen sich aber noch weiter zurück bei sozialarbeiterischen Initiativen zur Stärkung marginalisierter Bevölkerungsgruppen seit dem 19. Jahrhundert in zahlreichen Ländern finden.

In wörtlicher Übersetzung heißt Empowerment Selbstbemächtigung bzw. -befähigung. Im Mittelpunkt steht dabei die Person mit ihrer Eigenverantwortlichkeit und Kompetenz zur Lebensgestaltung.

> *„Empowerment (...) bezeichnet Entwicklungsprozesse in der Dimension der Zeit, in deren Verlauf Menschen die Kraft gewinnen, derer sie bedürfen, um ein nach eigenen Maßstäben buchstabiertes ‚besseres Leben' zu leben"* (Herriger 2010, 13).

Dieses Grundverständnis des in der Sozialen Arbeit etablierten Ansatzes geht von einer partizipatorischen Unterstützungsbeziehung zwischen Helfer_in und Klient_in aus. Bei Fragen der Lebensgestaltung der Klient_innen steht die Ermutigung zur Entfaltung von vorhandenen Potentialen im Vordergrund, die es dem Individuum bzw. der Gruppe ermöglichen, Belastungen und Problemsituationen aus eigener Kraft zu bewältigen und ein – soweit wie möglich – selbstbestimmtes Leben zu führen. Neben dem Ziel der Teilhabe am Gemeinschaftsleben steht das Ziel der Autonomie des Einzelnen.

In der Vielgestaltigkeit und Offenheit des Wortes Empowerment steckt die Gefahr eines Container-Begriffs, d. h. eines für vielfältige Interessen und Positionen nutzbaren Begriffs. Theunissen (2013) weist daher in Bezug auf die Hilfe für behinderte Menschen auf die Gefahr hin, „Empowerment als ein individualistisches und entpolitisiertes Konzept" zu verstehen. Für ihn sind in Anlehnung an Herriger (1996) vier Handlungsebenen untrennbar mit dem Empowerment-Konzept verbunden:

1. die subjektzentrierte Ebene,
2. die gruppenbezogene Ebene,
3. die institutionelle Ebene und
4. die sozialpolitische und gesellschaftliche Ebene.

Zu (1): Auf der subjektzentrierten Ebene geht es um die Stärkung des Selbstvertrauens, der Selbststeuerungskompetenz und der Selbstwirksamkeitserwartung (self-efficacy, Bandura 1997). Ausgangspunkt hierfür sind die Zielklärung, Ressourcenanalyse und der Fähigkeitserwerb. Wichtig ist dabei, dass die Zielfindung bei den von einer Person subjektiv als sinnvoll erlebten Bedürfnissen und Wünschen ansetzt. Sie können Ausgangspunkt einer tragfähigen subjektzentrierten Arbeit zu einem selbstbestimmten Leben sein und kurz- und mittelfristige Ziele mit der Erarbeitung einer biographischen Perspektive verbinden – so, wie es die von Hinz & Kruschel (2013) dokumentierte Methode der Zukunftsfeste konkretisiert (s. Kap. 5.2.3). Theunissen (2013, 73) verweist auf die Notwendigkeit der Kombination von Unterstützung im Alltag im Sinne von alltäglicher Assistenz (z. B. für Menschen mit Beeinträchtigungen in einer Wohngruppe) und weiteren additiven Hilfen im Sinne von psychosozialer Beratung, Kompetenztraining (z. B. zu kommunikativen Fähigkeiten, zur Selbstbehauptung in Gruppen) oder therapeutischen Angeboten.

Zu (2): Auf der gruppenbezogenen Ebene spielt die Netzwerkbildung, d. h. Förderung bestehender Netzwerke und Reaktivierung früherer Netzwerke, eine zentrale Rolle. Diese Netzwerke können im familiären Bereich, im beruflichen Kontext, in aktuellen Freizeit- und in neuen Interessengruppen und/oder in Gruppen mit sozialtherapeutischen oder sozialpolitischen Zielsetzungen gesucht werden. Im konkreten Einzelfall stellt sich die Frage, ob eine Wiederherstellung früherer Beziehungen, die Anreicherung bestehender Kontakte oder aber bei den Klient_innen die Teilnahme an neuen, auf die Selbsthilfe bzw. Selbstvertretung ausgerichtete Gruppen anzustreben sind. Der Netzwerkarbeit kommt ein großer Stellenwert zu, da sich in Studien immer wieder zeigt, dass Menschen in prekären Lebenslagen und am Rande der Gesellschaft über weniger familiäre und außerfamiliäre Kontakte verfügen (Keupp, Rudeck, Seckinger & Straus 2010).

Im Empowerment-Konzept kommt der Selbstvertretung im Kontext von Selbsthilfegruppen oder sozialpolitisch aktiven Gruppen (self-advocacy groups, s. auch Theunissen 2013, 74) ein besonderer Stellenwert zu, da es hier immer auch um eine Vertretung der Interessen der Betroffenen, um Solidarisierung im Gruppenkontext, um persönliche Kompetenzentwicklung und individuelle Selbstreflexion geht. Die in diesem Kontext entstandenen Beratungsangebote von Betroffenen für Betroffene (z. B. Eltern helfen Eltern) stellen ein niederschwelliges Angebot dar und lassen bei den Betroffenen und ihren Angehörigen wertvolle Kompetenzen entstehen.

Zu (3): Auf der institutionellen Ebene ist mit dem Empowerment-Konzept eine Abwendung von der tradierten „top-down"-Logik, die auch in psychosozialen und karitativen Organisationen vorherrscht, hin zu einer „bottum-up"-Logik verbunden. Prozesse, die insbesondere den bürokratischen, den ökonomischen und den machtorientierten Gesichtspunkten untergeordnet werden, stehen für ein machtorientiertes und an der Institutionslogik orientiertes „top-down"-Vorgehen. Hier gilt es partizipatorische Elemente im Institutionsalltag zu stärken und durch Beteiligung der Klient_innen und Bewohner_innen an Meinungsbildungs- und Entscheidungsprozessen zu etablieren („bottum-up"-Logik). Theunissen (2013) sieht in dem auf Fettermann (2001) zurückgehenden und in den USA preisgekrönten Modell der *Empowerment-Evaluation* eine Methode, die

„jedem direkt und indirekt Betroffenen einer Organisation oder eines sozialen Systems (z. B. Wohnheim) die Gelegenheit gibt, gehört zu werden, eine Evaluation (Qualitäts- oder Konzeptüberprüfung, Dienstleistungskontrolle) aktiv mitzugestalten sowie bei der Entwicklung zukünftiger Konzepte oder Aufgaben mitzuarbeiten und mitzubestimmen." (Theunissen 2013, 75)

Die Empowerment-Evaluation umfasst die Formulierung des Anliegens, das Sammeln, Bewerten und Begründen relevanter Aspekte, das Erarbeiten zukünftiger Ziele und die Entwicklung von Handlungsstrategien. Dieses Instrument bietet im Kontext der Inklusion einen methodischen Rahmen, um sich konstruktiv mit den unterschiedlichen Interessen der Beteiligten auseinanderzusetzen. Insbesondere bei Einführung inklusiver Strukturen in einer Institution kann dieses Instrument eine Prozessbegleitung in konflikthaften Phasen der Organisationsentwicklung unterstützen.

Zu (4): Auf der sozialpolitischen Ebene spielt die Interessenvertretung eine zentrale Rolle, da sie „sich gegen die Gepflogenheit von Sozialverwaltungen und Wohlfahrtsverbänden, Konzepte (psycho-)sozialer und rehabilitativer Hilfen weitgehend unter Ausschluss Betroffener zu planen und umzusetzen", richtet (ebd., 77). Die Interessenvertretung braucht Strukturen, die die Selbstorganisation der Betroffenen und ihrer Angehörigen ermöglicht, sich in der Öffentlichkeit positioniert und sich in der Sozial- und Gesundheitspolitik einbringt. Hier sind professionelle Helfer_innen aufgerufen, eine koordinierende und vermittelnde Funktion wahrzunehmen (Stark 1996). In diesem Sinne ist auch die parteilich-advokatorische Arbeit in Selbsthilfeorganisationen zu verstehen.

„In politischer Definition bezeichnet Empowerment so einen konflikthaften Prozeß der Umverteilung von politischer Macht (Herv. im Original), in dessen Verlauf Menschen oder Gruppen von Menschen aus einer Position relativer Machtunterlegenheit austreten und sich ein Mehr an demokratischem Partizipationsvermögen und politischer Entscheidungsmacht aneignen" (Herriger 2010, 14).

Somit ist die Ebene der sozialpolitischen Arbeit zugleich bedeutsam für die persönliche Entwicklung der Akteure. Für Herriger (2010) ist die enge Verbindung zweier Ebenen entscheidend: des psychologischen Empowerments als Entwicklung psychosozialer Schutz- und Kompetenzfaktoren und des politischen Empowerments, das auf die Wahrnehmung von politischen Gestaltungsinteressen in verschiedenen gesellschaftlichen Kontexten abzielt.

Es stellt eine wichtige Frage dar, inwiefern die Inklusionsbewegung stärker als bisher ein politisches Mandat wahrnehmen soll, d. h., sich mehr als eine Bürgerrechtsbewegung versteht und die professionellen Helfer_innen ihre Arbeit als advokatorische Arbeit für die Klient_innen konzipieren (s. auch Kap. 7).

Insbesondere auf der Ebene der Ziele und der Werte ist der Empowerment-Ansatz eine Art „Konzeptvorlage" für die inklusiven Projekte. Dies leitet sich aus seinem auf mehrere Ebenen gerichteten Handlungskonzept ab. Auch ist der auf demokratische Partizipation in Gemeinschaft, auf Eigenverantwortung und Selbstbestimmung in der Lebensführung und auf gerechte Verteilung von Ressourcen in der Gesellschaft abzielende Wertekanon deckungsgleich mit zentralen inklusiven Werten (vgl. Schwalb & Theunissen 2012, 27).

Die Betonung der sozialpolitischen Interessenvertretung und der Selbstorganisations-Ansatz in der Selbsthilfe sind sogar im Sinne von „Merkpunkten" Hinweise, für die Inklusionsdiskussion diesen Teil der eigenen Aufgabe als Inklusionsbeauftragte_r nicht zu „vergessen".

Etwas ausdifferenzierter ist die aktuelle Inklusionsdebatte hinsichtlich der methodischen Ausgestaltung von Veränderungsprozessen und den hierbei zu berücksichtigenden Erschwernissen sowie deren methodische Ausgestaltung, da sie sich auf Erkenntnisse der Interventionsforschung und einzelwissenschaftliche Erfahrungen aus vielfältigen Praxisprojekten stützen kann.

5.1.3 Der Gemeinwesen-Ansatz

Wenn wir Inklusion als einen auf mehreren Ebenen ablaufenden Prozess beschreiben, so lässt sich der Gemeinwesen-Ansatz bei Fragen der Weiterentwicklung des Sozialraumes und für den Zugang zur Netzwerkarbeit beispielsweise im Stadtteil, aber auch zur Weiterentwicklung der Strukturen im Gemeinwesen und zur politischen Partizipation nutzen. Insbesondere in der Bildung eines Gegengewichts zur Einzelfallhilfe ist der Gemeinwesen-Ansatz von großer Bedeutung (s. Stein, Krach & Niediek 2010).

„Gemeinwesenarbeit richtet sich ganzheitlich auf die Lebenszusammenhänge von Menschen. Ziel ist die Verbesserung von materiellen (z. B. Wohnraum, Existenzsicherung), infrastrukturellen (z. B. Verkehrsanbindung, Einkaufsmöglichkeiten, Grünflächen) und immateriellen (z. B. Qualität sozialer Beziehungen, Partizipation, Kultur) Bedingungen unter maßgeblicher Einbeziehung der Betroffenen" (Stövesand & Stoik 2013, 21).

In Abgrenzung zur Einzelfallhilfe und zur Sozialen Gruppenarbeit beschreiten die Vertreter_innen des Gemeinwesen-Ansatzes eigene Wege bei der Erklärung sozialer Missstände und deren Überwindung, bei der Formulierung der Ziele und der Weiterentwicklung von Methoden der Sozialen Arbeit. Der Ansatz richtet sich auf „die Veränderung der Strukturen des sozialen Nahraums, der sozialen Netzwerke, der materiellen und sozialen Infrastruktur und nicht zuletzt die Förderung der Selbstorganisation" (Galuske 2005, 99). Bei einigen Überschneidungen mit dem Empowerment-Ansatz liegt in der Konzentration auf den sozialen Nahraum seine besondere Qualität.

Ein Ausgangspunkt des Gemeinwesen-Ansatzes stellte die Soziale Arbeit in den amerikanischen Armutsquartieren dar. Hier ging es um die soziale Eingliederung von marginalisierten Bevölkerungsgruppen und die Strukturentwicklung in großstädtischen Elendsvierteln. In den 1960er Jahren wurde die Gemeinwesenarbeit in den Kanon der Hilfeansätze innerhalb der Sozialen Arbeit der USA unter den Begriffen „community organization" und „community development" aufgenommen.

In Deutschland fand nach vereinzelten Projekten in den 1920er Jahren erst mit der Studentenbewegung eine breitere Hinwendung zu diesem Ansatz statt. Diese wurde u. a. durch die Kritik an traditionellen Ansätzen der einzelfallbezogenen Hilfestrukturen, sozialpolitischen Forderungen der Selbstorganisation der Betroffenen und der Zielsetzung einer grundlegenden Demokratisierung der Gesellschaft vorangetrieben (Karas & Hinte 1978). Folgende Eckpunkte charakterisieren den Ansatz (Galuske 2005, 102):

- Gemeinwesenarbeit als Alternative und in kritischer Distanz zur Individualisierung sozialer Probleme; die Betonung der gesellschaftlichen Perspektive der Entstehung, Analyse und Lösung sozialer Problemlagen.
- Zentrales Ziel ist die Aktivierung der Bevölkerung und die Einbeziehung der Menschen in Bildungsprozesse, um bei ihnen die Kompetenz zur eigenverantwortlichen Problemlösung zu erhöhen.
- Gemeinwesenarbeit als methodenintegrativer Ansatz, d. h., es werden verschiedene Arbeitszugänge und Unterstützungsangebote (z. B. Selbsthilfegruppen, Einzelberatung) integriert.
- Neben der Verbesserung der Stadtteilstruktur soll es immer auch um die Weiterentwicklung des Gemeinwesens gehen. Dabei bringen sich Sozialarbeiter_innen in verschiedenen Rollen beispielsweise als Unterstützer_innen, Koordinator_innen, Trainer_innen und Berater_innen ein.
- Es wird eine trägerübergreifende und am Bedarf im Stadtteil orientierte Abstimmung der Angebote der verschiedenen Träger der Sozialen Arbeit vorgesehen.
- Gemeinwesenarbeit als Frühwarnsystem bei sozialen Konflikten und Indikatoren für Probleme in sozialen Netzwerken (ausgehend von einem wohlfahrtsstaatlichen Verständnis der Sozialen Arbeit).

Durch diese Aufzählung zentraler Aspekte wird bereits deutlich, dass der Gemeinwesen-Ansatz in sehr unterschiedlichen inhaltlichen Umsetzungsformen und politischen Kontexten gedacht werden kann. So ist er in ein wohlfahrtsstaatliches Verständnis von Sozialer Arbeit integrierbar, das auf eine effektive Ausgestaltung der sozialen Dienstleistungsangebote und eine systematische Abstimmung der Träger abzielt. In diesem Kontext ist lediglich eine Mitbestimmung der Bürger_innen bei der Optimierung der Angebote beispielsweise im Stadtteil vorgesehen, die Entscheidung und Umsetzung bleibt jedoch bei den etablierten Organisationen. Den Sozialarbeiter sieht Galuske (2005, 104) in diesem Verständnis des Ansatzes als „Dienstleistungsmanager".

Dem steht eine systemkritische und „aggressive" Gemeinwesenarbeit (Alinsky 1974) gegenüber, deren Ziel in der Offenlegung und Kritik an aktuellen Machtstrukturen besteht und die eine Organisation der politischen Interessenvertretung benachteiligter Bevölkerungsgruppen anstrebt. Insofern geht es dabei mehr um die Entwicklung einer Gegenmacht gegen gesellschaftliche Organisationen und die Solidarisierung der Betroffenen, um schlussendlich eine Veränderung gesellschaftlicher Machtverhältnisse zu erreichen.

Auf Karas & Hinte (1978) geht der Ansatz der katalytischen und „aktivierenden" Gemeinwesenarbeit zurück. Die Autoren kritisieren am Ansatz der aggressiven Gemeinwesenarbeit, dass dieser die Möglichkeiten zur Aktivierung der marginalisierten Bevölkerungsgruppen überschätzt und sich weniger an den subjektiven Interessen der Betroffenen, sondern eher an den theoretisch abgeleiteten quasi allgemeingültigen objektiven Interessen der Betroffenengruppe bzw. sozialen Schichten bzw. Klassen orientiert. Dem Fernziel einer von Unterdrückung freien Gesellschaft stimmen Karas & Hinte zwar zu, hinsichtlich des Weges setzen sie jedoch stärker auf eine von Selbsthilfegruppen getragene Bewegung, in der die professionelle Soziale Arbeit vielfältige Rollen als Vermittler, Trainer, Kritiker, Provokateur und Beobachter zu übernehmen hat. In diesem Ansatz gilt es, eine Vielzahl von methodischen Vorgehensweisen zu integrieren. Als methodische Aspekte der Gemeinwesenarbeit zeigt Galuske (2005, 108) auf:

- die Kontaktaufnahme und Kontaktpflege z. B. zu Bewohner_innen im Stadtteil, zu Trägervertreter_innen der Sozialen Arbeit, kommunalen Einrichtungen und weiteren Organisationen (Netzwerkarbeit),
- Methoden der Feldforschung und -erkundung, d. h. das Erforschen der Stadtteilstruktur, der sozialen Problemlagen, der vorhandenen und fehlenden sozialen Dienstleistungen u. a.,
- Verfahren der Meinungsbildung und Artikulation der Interessen der Stadtteilbewohner_innen, Gruppenteilnehmer_innen u. a.,
- Verfahren der politischen Einflussnahme, beispielsweise durch Öffentlichkeitsarbeit, Organisation von sozialpolitischen Aktionen, Initiierung und Begleitung kommunalpolitischer Prozesse.

Durch den Gemeinwesen-Ansatz in seinen verschiedenen Ausformungen und Praxiszugängen etablierte sich in der Sozialen Arbeit ein Verständnis, dass soziale Probleme auch im sozialen Raum gelöst werden müssen. Insofern konnten unabhängig von den z. T. sehr unterschiedlichen Einschätzungen zu den Möglichkeiten der sozialpolitischen Einflussnahme und dauerhaften Selbstorganisation der betroffenen Bevölkerungsgruppen ein umfangreiches Methodenwissen über die Ausgestaltung einer stadtteilbezogenen Sozialen Arbeit gesammelt und in den Kanon der Methodik der Sozialen Arbeit aufgenommen werden.

Für Prozesse der Inklusion leisten der kommunale Nahraum und die Reduzierung von Barrieren und sozialen Vorurteilen einen wesentlichen Beitrag.

„Erschwert werden Veränderungsprozesse in Orientierung auf uneingeschränkte Teilhabe am gesellschaftlichen Leben jedoch dadurch, dass die getrennten Lebenswelten zu verfestigten Entfremdungsprozessen geführt haben, die entsprechende fest verankerte gesellschaftliche Strukturen und individuelle Haltungen entstehen ließen, die aufgrund ihrer langen Tradition schwer zu beeinflussen sind." (Stein et al. 2010, 11)

Insofern braucht die Schaffung von förderlichen Rahmenbedingungen für Begegnung und Teilhabe aller Menschen im Stadtteil methodische Basiskompetenzen der Sozialen Arbeit (vgl. www.soziale-stadt.de). Als inklusionsförderliche Ansatzpunkte im Kontext der Gemeinwesenarbeit sind zu nennen (vgl. Beck 2016):

- die Schaffung von Begegnungsräumen der Kulturen und der sozialen Gruppen (z. B. Nachbarschaftsfeste, Karneval der Kulturen),
- die Analyse von Teilhabebarrieren und deren Überwindung im öffentlichen Raum,
- die Unterstützung von sozialen Netzwerken und Vereinen mit inklusiven Zielen,
- die Öffentlichkeitsarbeit über Kulturen (z. B. Kulturaustausch der Religionen),
- die Förderung von freiwilligem Engagement und
- die Förderung der kommunalpolitischen Verankerung von Inklusionsinitiativen (z. B. Wissen um Fördermittel, politische Entscheidungen).

In einem Projekt haben Rohrmann et al. in Zusammenarbeit mit dem Sozialministerium NRW eine Arbeitshilfe zur Planung inklusiver Gemeinwesenarbeit erstellt (s. Rohrmann et al. 2014). Dabei gehen die Autor_innen als Planungsgrundlage von zahlreichen Akteuren mit verschienenen Zielen und von Unsicherheit geprägten kommunalpolitischen Bedingungen aus. Als Dimensionen, die sich in dem Planungsprozess abbilden müssen, nennt Rohrmann (2016, 174ff.):

1. Partizipation und Selbstvertretung,
2. Sensibilisierung und Bewusstseinsbildung,
3. Gestaltung einer barrierefreien Infrastruktur,
4. inklusive Gestaltung von Einrichtungen für die Allgemeinheit und
5. Planung und Entwicklung flexibler und inklusionsorientierter Unterstützungsdienste.

Der Gemeinwesenarbeit kommt als „Verhältnis-Prävention" die Funktion zu, eine multiprofessionelle Vernetzung mit allen Akteuren, die sich für die Weiterentwicklung der kommunalen Rahmenbedingungen einsetzen, zu ermöglichen. Eine Verbindung zum Empowerment-Ansatz liegt darin, dass die Selbsthilfeorganisationen gestärkt werden, diese sich als politische Interessenvertreter im öffentlichen Raum positionieren (z. B. Ausländerbeirat) und die Förderkontexte nutzen, um einen attraktiven sozialen Nahraum zu schaffen. Daraus kann sich dann für die Städteentwicklung in vielfältiger Hinsicht eine Win-Win-Situation entwickeln. Dies betrifft nicht nur die Familienfreundlichkeit und Bildungsoffenheit, sondern auch die Wirtschaftsförderung durch den Zuzug gut qualifizierter Fachkräfte.

5.1.4 Der Systemische Ansatz in der Sozialen Arbeit

Legen wir den Gemeinwesen-Ansatz und seine Erkenntnis zur Bedeutung der sozialen Beziehungen zugrunde, so wird deutlich, dass der Mensch sich nur in seiner Umwelt entwickelt, in seinen Beziehungen zu verstehen ist und die Veränderung seines Lebenskontextes von zentraler Bedeutung für das gelingende Leben ist. In dieser Annahme treffen sich der Gemeinwesen- und der Systemische Ansatz in der Sozialen Arbeit (Ritscher 2014).

In den psychosozialen Berufen begann die systemische Arbeit als Unterstützungsangebot für Familien. Ab Ende der 1940er Jahre wurden insbesondere bei psychiatrischen Klient_innen weitere Familienmitglieder in die Therapie einbezogen, um sie für die Unterstützung der Veränderungsprozesse der Klient_innen zu gewinnen (Kriz 2014). Wichtige Pioniere der systemischen Arbeit mit Familien sind Salvador Minuchin, Virginia Satir und Mara Selvini Palazzoli. In Deutschland lassen sich insbesondere Horst-Eberhard Richter und Helm Stierlin als Wegbereiter der systemischen Therapie und Beratung nennen. Als programmatische Wegbereiter des systemischen Denkens in der Wissenschaft können Gregory Bateson, Paul Watzlawick, Humberto Maturana und Francisco Varela sowie die Konstruktivisten Kenneth Gergen, Heinz von Foerster und Ernst von Glasersfeld hervorgehoben werden. Deren Arbeiten lagen zeitlich zumeist vor den Publikationen von Niklas Luhmann. Von Luhmann in das Praxisfeld Therapie, Beratung, Soziale Arbeit übernommen wurde das Konzept der Autopoiesis, d. h. die Selbstreferenzialität (Selbstbezüglichkeit/Selbststeuerung) von Systemen in ihrer Kommunikation und der Weiterentwicklung (vgl. Kap. 2.1). Das systemische Denken in Therapie und Beratung wandte sich der Analyse der Eigengestaltungskraft von sozialen Strukturen und deren Kontexten (z. B. familiäre Kommunikationsmuster, Rituale, Regeln und Rollen), der gemeinsamen Bedeutungsgebung durch Kommunikation und der eigenverantwortlichen Lebensgestaltung durch die Klient_innen zu.

Zwischenzeitlich hat sich der Systemische Ansatz im psychosozialen Bereich von der Familientherapie unabhängig weiterentwickelt und findet sich in verschiedenen Settings (Einzelklient_innen, Paare, Gruppen und Teams) wieder. Auch strahlt der Ansatz in die verschiedenen Professionen (z. B. Schulpädagogik, Sozialarbeit und Heilpädagogik) aus. Dabei sind die systemischen Grundsätze und Grundhaltungen ein zentraler Orientierungspunkt, Prinzipien der Setting- und Prozessgestaltung sowie die vielfältigen Methoden in Beratung und Therapie prägen die Arbeitsweise.

Ein hilfreicher Grundsatz des systemischen Arbeitens ist der Verweis auf die Eigenständigkeit der Systeme und die realitätsschaffende Wirkung von Sprache in Interaktions- und Austauschprozessen. Insbesondere sind die wissenschaftskritischen Positionen gegenüber einem positivistischen Wahrheitsanspruch, begründet im konstruktivistischen Denken, hilfreich, um ein offenes und partnerschaftliches Verständnis der eigenen Rolle im Hilfeprozess zu entwickeln. Die helfende Person hält sich mit instruktiven Handlungsempfehlungen, mit ihrem Urteil und ihrer Bewertung zurück. Diese „Selbstbescheidenheit" trägt entscheidend dazu bei, dass der/die Berater_in in der Lage ist, den Fokus des/der Klient_in auf dessen/deren Lösungssuche zu unterstützen.

Die Grundhaltung in der systemischen Arbeit ist dadurch geprägt, dass sie Menschen und Systemen Gelegenheit gibt, sich unter verschiedenen Perspektiven wahrzunehmen, Menschen zu ihren Ressourcen führt und eine kooperative und wertschätzende Arbeitsbeziehung herzustellen sucht.

Die Entwicklung systemischer Methoden erfolgte zumeist aus den praktischen Erfordernissen der konkreten Arbeitssituation. So wurden verschiedene darstellende Methoden als Ergebnis der Notwendigkeit, die Komplexität sozialer Beziehungen zu erfassen und besprechbar zu machen, entwickelt (Aufstellung, Skulptur und Familienbrett). Sie unterstützen die Selbstreflexion der Familienbeziehungen, erleichtern es, über eigene Empfindungen und Wünsche zu sprechen und daraus Entwicklungsideen abzuleiten. Auch ergaben sich aus theoretischen und paradigmatischen Diskussionen (z. B. zur Bedeutung von Beobachtungsperspektiven) Anregungen zur (Weiter-)Entwicklung von Fragetechniken (z. B. Entwicklung zirkulärer Fragen). Zur Systematisierung der Methoden im systemischen Ansatz schlagen Schlippe & Schweitzer (2013, 8f.) folgende Untergliederung vor:

1. Contracting (vom Anliegen zum Kontrakt; z. B. Fragen zur Zielpräzisierung)
2. systemische Fragetechniken (zirkuläre Fragen, Fragen nach Ausnahmen u. a.)
3. symbolisch-handlungsorientierte Interventionen (Aufstellungen, Skulpturen u. a.)
4. über Gefühle sprechen (Gefühlsfokussierung, über Bindungen sprechen u. a.)
5. Kommentare im und am Ende des Gesprächs
6. reflektierendes Team und reflektierende Position.

Systemische Arbeit zielt auf ein vertieftes Selbstverstehen im Klient_innensystem, neue erweiterte Perspektiven auf das „Problem" und den/die „Index-Klient_in" (die Person mit symptomatischem Verhalten), ein gestärktes Selbstwertgefühl (Ressourcenorientierung), eine Erweiterung der Handlungsmöglichkeiten und Ermutigung zu neuen Erfahrungen der Klient_innen. Studien zur wissenschaftlichen Wirksamkeit des systemischen Ansatzes für die Psychotherapie belegen sowohl für die Therapie mit Erwachsenen wie auch für Kinder und Jugendliche die Wirksamkeit (v. Sydow, Beher, Retzlaff & Schweitzer 2007).

Für die Inklusionsarbeit sind die systemorientierten Methoden deshalb von großer Bedeutung, weil sie einerseits einen Blick auf das gesamte Sozialsystem (die Familie, die Schule, das Team) legen und andererseits eine beziehungsorientierte gemeinsame Entwicklung (im Sinne einer Ko-Evolution) von Klient_in und relevanten Beziehungspersonen erfolgt. Auch greifen Hinz & Kruschel (2013) für die Ausgestaltung der personenzentrierten Zukunftsplanung auf ressourcenorientierte systemische Methoden zurück.

Insbesondere für die Transformation von Institutionen ist das systemische Verständnis von Veränderungsprozessen eine Basis zur Planung und Umsetzung.

Da für die Inklusionsarbeit der Ressourcenaktivierung ein besonderer Stellenwert zukommt, wird nun näher auf den Ressourcenbegriff, die Ressourcenarbeit und damit thematisch verbunden die Resilienzförderung eingegangen.

5.1.5 Grundlagen der Ressourcenarbeit

Der Ressourcen-Begriff ist bei Sozialarbeiter_innen ein häufig gebrauchtes Wort und spielt auch in der Sozialarbeitswissenschaft eine wichtige Rolle (vgl. u. a. Staub-Bernasconi 2007). Aber was genau sind Ressourcen? Wie verhält sich dieser Begriff zu den in Kapitel 2.3 vorgestellten Kapitalformen nach Bourdieu? Wie lassen sich Ressourcen in der Sozialen Arbeit nutzen und wie wirken sie im persönlichen Entwicklungsprozess?

Ressourcen sind Hilfsmittel bzw. Katalysatoren einer subjektbezogenen Entwicklung.

„Als Ressourcen werden alle Mittel gesehen, durch die Systeme sich lebens- und funktionsfähig erhalten (operating), Probleme bewältigen (coping), ihre Kontexte gestalten (creating) und sich selbst Kontextbezug entwickeln können (developing)" (Petzold 1997, 451 f.).

Der Autor hebt dabei die Funktionalität von Ressourcen für den Fortbestand des Systems (im Sinne einer Ziel-Mittel-Relation) hervor.

Arbeiten zur Bedeutung von Ressourcen finden sich bereits in den 1970er Jahren bei Foa & Foa (1974, 1976). Die Autoren beschreiben die Bedeutung von Ressourcen für die interpersonelle Interaktion und soziale Austauschprozesse. Unter Bezug auf die Austauschtheorie von Homans (1961) stellt eine ausgeglichene Balance zwischen Geben und Nehmen von Ressourcen eine Voraussetzung für subjektives Wohlbefinden und die Zufriedenheit in interpersonellen Beziehungen dar. Foa & Foa (1976) differenzieren sechs Gruppen von Ressourcen: Dienstleistungen, Geld, Güter, Zuneigung/Liebe, Information und Status. Diese lassen sich in Ressourcenklassen auf den Dimensionen Partikularität vs. Universalität und Konkretheit vs. Symbolismus einordnen. Eine universelle Ressource ist Geld, eine partikuläre Zuneigung/Liebe. Eine konkrete Ressource sind Dienstleistungen, eine symbolische Ressource ist der Status. An dieser Stelle wird deutlich, dass der Kapitalbegriff von Bourdieu ganz ähnliche Dimensionen umfasst. Auch er hebt auf die Bedeutung der verschiedenen Kapitalformen ab, durch die dem Einzelnen verschiedene Möglichkeiten zur Teilhabe gegeben sind. Daneben betont Bourdieu jedoch auch die Ungerechtigkeit der Vererbung von Ressourcen und hebt die gesellschaftliche Aufgabe hervor, zu einer gerechteren Verteilung insbesondere von materiellen Ressourcen beizutragen.

Foa & Foa (1976) belegen in experimentellen Studien, dass die Unzufriedenheit mit dem Ressourcentausch steigt, je diskrepanter die getauschten Ressourcen sind. Die Erwartung von Ressourcenverlust wird angstvoll erlebt und der Verlust wertvoller Ressourcen ruft Aggression und Frustration hervor.

Petzold (1997) betont das Erfordernis, seinen Lebenskontext (z. B. Wohn-, Lern- und Arbeitsumfeld) zu gestalten und hinsichtlich zukünftiger Anforderungen weiterzuentwickeln. Er unterscheidet anders als Foa & Foa folgende Kategorien von Ressourcen:

- personale Ressourcen: Gesundheit, Vitalität, Intelligenz, Motivation, Bildung u. a.
- soziale Ressourcen: Familie, Freunde, Beziehungen, Kollegen u. a.
- materielle Ressourcen: Geld, Pkw, Haus- und Grundstücksbesitz u. a.
- professionelle Ressourcen: berufliche Position, Fachwissen, Berufserfahrung u. a.

In seiner Theorie des Ressourcenerhalts betont Hobfoll (1988) den engen Zusammenhang von Ressourcenverlust und der Entstehung von psychischen Belastungen und Stress. Hobfoll geht in seiner Theorie davon aus, dass Menschen darauf zielen, die eigenen Ressourcen – Objekte, Bedingungen, Persönlichkeitseigenschaften und Energien, die geeignet sind, um Überleben zu sichern oder indirekt dazu beitragen – zu schützen, und danach streben, neue Ressourcen aufzubauen. In der Kosten-Nutzen-Abwägung haben Ressourcenverluste damit größere Auswirkungen als Ressourcengewinne, da sie dem fundamentalen Bedürfnis nach Ressourcenmehrung entgegenwirken. Aus einem Ressourcenverlust (z. B. Erwerbslosigkeit) ergeben sich Nachteile und die Gefahr für weitere Ressourcenverluste.

„Es entsteht ein Zyklus, bei dem das System mit jedem Verlust anfälliger und verletzlicher wird und das Individuum im Zuge dieser Verlustspirale daran hindert, anstehende stressreiche Probleme zu bewältigen" (Hobfoll & Buchwald 2004, 15).

Ressourcenverlustspiralen finden sich vermehrt in prekären Lebenslagen. Sie resultieren aus einer allgemeinen Ressourcenknappheit dieser Lebenslagen und einem Effekt wechselseitiger negativer Verstärkung von ökonomischen Faktoren, Bildungsbenachteiligung und gesundheitlichen Risiken, wie dies beispielsweise häufig bei so genannten Vermittlungshemmnissen von Personen auf dem Arbeitsmarkt zu finden ist.

In der Literatur erfolgt häufig eine Gegenüberstellung von Ressourcen- und Defizitorientierung bzw. Lösungs- und Problemorientierung (Schwing & Fryzer 2017, 168). Dabei wird die Ressourcenorientierung als neuer Ansatz (analog dem Salutogenese-Ansatz von Aaron Antonovsky) einer im medizinischen Krankheitsverständnis beheimateten Defizitorientierung gegenübergestellt. Die Ressourcenorientierung geht von einer optimistischen Grundhaltung aus, d. h., sie beschreibt die Klient_innen mit ihren Kompetenzen, Fähigkeiten und der Eigenverantwortung für die eigene Lebensgestaltung. Die Klient_innen verfügen – unabhängig von einem (möglichen) Hilfebedarf – über zahlreiche Ressourcen, die sie für die Problemlösung aktivieren und nutzen können. Durch eine Ressourcenanalyse und -aktivierung wird auch der Optimismus in die grundsätzliche Änderbarkeit der Problemsituation bei den Klient_innen gestärkt, dies ist ein zentraler Erfolgsfaktor, empirisch belegt in der Therapieforschung (s. Grawe 1995; v. Sydow et al. 2007). Auch stärkt die Ressourcenorientierung eine konstruktive Kooperation zwischen Klient_in und Helfer_in und verbessert die Selbstsicht der/des Klient_innen auf sich und die eigenen Handlungsmöglichkeiten (Selbstwirksamkeitserwartung).

Die Defizit- oder Problemorientierung beschäftigt sich stärker mit der möglichst genauen Analyse der Ursachen und Entstehungsbedingungen der Problemsituation (Diagnoseorientierung). Dies erfolgt in der Annahme, dass die Beseitigung dieser Problemlagen zur Symptombehebung führt. Wenn die Klient_innen in dieser Situation keine Bereitschaft zur Mitarbeit bzw. keine Problemeinsicht zeigen, so wird dies als „Widerstand" gegen die Heilungsabsicht identifiziert. Dies trägt dann möglicherweise zu einer konflikthaften Helfer-Klienten-Beziehung bei, im schlimmsten Fall führt dies zum Abbruch der Hilfe durch die Klient_innen. Auch können der Selbstwert der Klient_innen durch ein „Problemeingeständnis" und die Analyse der Fehler und Defizite bei ihm/ihr negativ beeinflusst und die Selbstwirksamkeitserwartung geschwächt werden.

Die hier skizzierte Gegenüberstellung weicht heute allerdings zusehends einer Integration beider Perspektiven, wobei jedoch generell dem „Eigensinn" der Klient_innen und den Bewältigungsmöglichkeiten mehr Aufmerksamkeit im Hilfeprozess zugedacht wird (Balz 2017).

5.1.6 Wege zur Resilienzförderung

Die Praxis der Sozialen Arbeit belegt in zahlreichen Einzelfällen, dass es Klient_innen gelingt, trotz belastender Lebensbedingungen eine positive persönliche Entwicklung zu nehmen. Der Untersuchung der Ursachen dieses Phänomens wendet sich die Resilienzforschung zu. Der Begriff geht auf das englische Wort „resilience" (Strapazierfähigkeit, Elastizität, Spannkraft) zurück und beschreibt „eine psychische Widerstandsfähigkeit von Kindern gegenüber biologischen, psychischen und psychosozialen Entwicklungsrisiken" (Wustmann 2005, 192). Dieses Vermögen ist bei jedem Menschen (aller Altersgruppen) situationsspezifisch und über seine Lebensphasen unterschiedlich ausgeprägt.

Ausgangspunkt der Forschung sind drei Phänomene (vgl. Werner 2016):

1. das Bewältigen von altersspezifischen Entwicklungsaufgaben trotz hohem Risiko-Status (z. B. wirtschaftliche Notlage der Familie, psychischer Erkrankung oder Drogenabhängigkeit der Eltern)
2. das Erhalten der Kompetenz der Kinder und Jugendlichen trotz kritischer Lebensereignisse (z. B. Zerrüttung der Ehe der Eltern, Verlust eines Geschwisters)
3. die schnelle Erholung bzw. Bewältigung von traumatischen Ereignissen (z. B. von Naturkatastrophen, Gewalterfahrungen).

Die Resilienzforschung untersucht die Formen der Bewältigung von bzw. die Art des Schutzes vor belastenden Lebensereignissen deskriptiv. Es wird bei „erfolgreichen Bewältiger_innen" nach spezifischen Persönlichkeitsmerkmalen gesucht. Außerdem geht es darum, wie sich ihre soziale Situation von anderen Menschen ihres Alters, ihrer Sozialschicht, ihrer persönlichen Problemlage unterscheidet. Die Suche gilt Ressourcen in der Person und im sozialen Nahbereich, über die resiliente Menschen im Gegensatz zu anderen verfügen. Auch wird der Frage nachgegangen, wie diese Ressourcen bei der Problembewältigung hilfreich sind (Reich, Zautra & Hall 2010).

Empirische Studien – besonders hervorzuheben sind die Pionierarbeiten von Amy Werner, die den Geburtsjahrgang auf einer Hawaiianischen Insel über eine Zeitspanne von 40 Jahren beobachtete (Werner & Smith 2001) – zeigten spezifische Schutzfaktoren in drei Bereichen:

- Schutzfaktoren des Individuums
  Bereits als Kinder wurden resiliente Personen als aktiv, aufgeschlossen, freundlich und gesellig beschrieben. Im weiteren Leben zeichneten sich diese Kinder durch eine höhere sprachliche, motorische und praktische Problemlösekompetenz aus. Im Jugendalter war ihre Überzeugung von der eige-

nen Wirksamkeit stärker ausgeprägt und die eigenen schulischen und beruflichen Erwartungen realistischer.
- Schutzfaktoren in der Familie
Resiliente Kinder und Jugendliche hatten zu einer emotional stabilen, kompetenten Person in der Familie (z. B. Großeltern, Tante, Onkel) eine enge Bindung aufgebaut.
- Schutzfaktoren im sozialen Umfeld
Häufig wirkten ein/eine Lieblingslehrer_in oder fürsorgliche Nachbarn, Jugendleiter_innen oder Pfarrer_innen als emotionale Unterstützung. Resiliente Jugendliche holten sich aktiver als andere bei Älteren bzw. Gleichaltrigen Rat und Hilfe.

Darüber hinaus gab es auch noch im dritten und vierten Lebensjahrzehnt Chancen zu dauerhaft positiven Veränderungen. Dazu trugen berufliche Qualifizierungsmaßnahmen, die Teilnahme an Bildungsmaßnahmen, der Militärdienst der Männer, stabile Partnerschaften und das Engagement in einer Glaubensgemeinschaft bei (vgl. Werner 2016, 31ff.). Ähnliche Ergebnisse zeigten sich in weiteren angloamerikanischen und europäischen Studien (zusammenfassend hierzu: Wustmann 2005).

Die genannten Risiko- und Schutzfaktoren führen jedoch nicht in jedem Einzelfall zu gleichen Entwicklungsverläufen. So kann beispielsweise ein befriedigendes soziales Netzwerk und die Unterstützung durch Freund_innen bei Jugendlichen (in Studien zumeist als Schutzfaktoren nachgewiesen) auch zu gegenteiligen Effekten führen. So geht von der Gleichaltrigengruppe sozialer Druck aus, sich an gemeinsamen Aktivitäten zu beteiligen. Diese schließen möglicherweise dissoziales Verhalten ein (z. B. Kleinkriminalität, Drogenkonsum). Bender & Lösel (2008) diskutieren dieses Phänomen der Multifinalität (gleiche Bedingungen führen zu unterschiedlichen Entwicklungsergebnissen) auch für das Geschlecht und die bisher noch wenig untersuchten resilienzrelevanten biologischen Faktoren. Darüber hinaus zeigen sie auf, dass unterschiedliche Bedingungen zu gleichen Verhaltensproblemen führen können (Equifinalität).

Der Beitrag der Resilienzforschung zur Inklusionsdebatte besteht darin, dass ihre Ergebnisse belegen, wie wenig sinnvoll eine Konzentration auf Probleme und Defizite ist und wie wichtig die Hinwendung zu Fragen nach der Meisterung von Entwicklungsaufgaben im Lebensverlauf und nach belastenden Lebenslagen ist. Die empirischen Ergebnisse der Resilienzforschung belegen die enge Wechselwirkung zwischen individuellem Verhalten und den unterstützenden und fördernden Lebensbedingungen und Bezugspersonen innerhalb und außerhalb der Familie. Hier warnen Schwab & Fingerle (2013) jedoch davor, die beiden Ebenen zu vermischen. „Es kann also keine Rede davon sein, dass eine Stärkung des Bewältigungskapitals von Menschen mit Behinderung Inklusionsanstrengungen ersetzen oder überflüssig machen kann" (ebd., 104).

Die Erkenntnisse der Resilienzforschung lassen sich im Kontext von Prävention und Inklusion nutzbar machen. Wustmann (2004, 25ff.) stellt Präventionsprogramme für Kinder vor, die auf der individuellen und auf der Elternebene ansetzen. Auf der individuellen Ebene geht es dabei beispielsweise um die Förderung der sozialen und der Problemlösekompetenzen, die Förderung der Selbstwirksamkeitseinschätzung und der körperlichen Gesundheitsressourcen. Auf der Elternebene geht es um die Stärkung der sozialen, kommunikativen und der Erziehungskompetenzen. Beispielsweise wäre dies die Anleitung der Eltern zu einer auf ihr Kind zugeschnittenen einfühlsamen Beziehungsgestaltung. In diesem Sinne ließe sich etwa der methodische Rahmen von Video-Home-Trainings nutzen, um unter dem Blick auf relevante Resilienzfaktoren eine entwicklungsfördernde Eltern-Kind-Beziehung zu entwickeln. Fröhlich-Gildhoff, Dörner & Rönnau (2016) legen ein Programm für Kinder „Prävention und Resilienz in Kindertageseinrichtungen (PRiK)" vor. Dies umfasst ein manualisiertes Programm für Kita-Kinder zu den Themenfeldern: Selbstwahrnehmung, Selbststeuerung, Selbstwirksamkeit, soziale Kompetenz, Umgang mit Stress, Problemlösen. Die Arbeit mit den Kindern gilt es mit der Arbeit auf weiteren Ebenen zu verbinden: der Fortbildung der Mitarbeiter_innen, der Elternarbeit und der Netzwerkarbeit (Hilfenetz von Erziehungsberatung, Jugendamt, Schulen u. a.). Auch kommt es darauf an, die Lernergebnisse des Programms beispielsweise mit dem Kita-Alltag (Morgenkreis und Spielsituationen) zu verknüpfen (s. weiter auch bei EFFEKT – Soziale Kompetenz für Kinder und Familien, Lösel, Jaursch, Beelmann & Wenig 2005; Programm Faustlos, Cierpka 2005; vgl. dazu auch die Monheimer Präventionskette in Kap. 4.1.3.2).

Die Resilienzforschung gibt empirische Argumente für die Ausgestaltung bestehender und neu zu entwickelnder Präventionsprogramme. Zu den Zielgrößen geben die Schutzfaktoren Hinweise, über den Weg – das Wie dorthin – besteht noch vergleichsweise wenig differenzierteres Wissen (Fingerle 2011). Durch die Mikroanalyse resilienzrelevanter Prozesse in empirischen Studien und der Evaluation von Trainingsprogrammen liefern diese einen eigenen Beitrag zur Theoriebildung in der Resilienzforschung (s. auch Fröhlich-Gildhoff & Rönnau-Böse 2014).

Grundsätzlich können Interventionen auf zwei Ebenen angesiedelt werden:

1. Reduzierung der Belastungs- bzw. Risikofaktoren (risiko-zentriert)
2. Stärkung der Resilienzfaktoren im Person-Umwelt-Kontext (ressourcen-zentriert)

Differenziert man dies weiter, so geht es darum:

- die Auftretenswahrscheinlichkeit von Belastungs- und Risikofaktoren zu verringern,
- die Ressourcen im sozialen Umfeld der Kinder und Jugendlichen zu stärken,
- die Möglichkeit für stabile soziale Bindungen zu schaffen bzw. zu fördern,
- die Kompetenzen der Kinder und Jugendlichen zu entwickeln (vgl. Wustmann 2004, 122).

Kindertagesstätten und Schulen bekommen in dieser Perspektive eine besondere Bedeutung als Erfahrungs- und Schutzraum für Kinder in prekären Lebenslagen (vgl. Opp & Fingerle 2008).

5.2 Konzepte, Methoden und Techniken im Kontext der Inklusion

In diesem zweiten Teil des Kapitels 5 sollen nun im Zuge der Inklusionsdebatte entstandene Konzepte, Methoden und Techniken vorgestellt werden. Diese nehmen nicht so sehr Bezug auf die Spezifik eines Arbeitsfeldes (z. B. Gemeinsamer Unterricht in der schulischen Inklusion), sondern suchen bereichsübergreifende Fragen und Arbeitsgrundsätze im Kontext der Inklusion zu behandeln.

5.2.1 Funktionsebenen der Inklusion

In der Literatur besteht Einigkeit darüber, dass Inklusion als ein Prozess auf mehreren Ebenen zu beschreiben ist. Eine Systematik der relevanten Veränderungsprozesse leitet sich aus den in der Inklusion zu berücksichtigenden Teilsystemen ab.

Bei Sulzer (2013, 16) findet sich eine aus vier Prozessebenen bestehende Systematik. Danach braucht Inklusion Entwicklungsprozesse auf:

1. der gesamtgesellschaftlichen Ebene (Veränderung von Stereotypen und tradierten Normvorstellungen in Medien, Politik und Öffentlichkeit),
2. der institutionellen Ebene (d. h. institutionelle Strukturen auf Teilhabebarrieren und diskriminierende Prozesse analysieren, Bewusstsein dafür in der Institution fördern und Veränderungen initiieren),
3. der interaktionellen Ebene (gleichberechtigte Einbeziehung von bisher nicht beteiligten bzw. diskriminierten Gruppenmitgliedern),
4. der subjektiven Ebene (individuelle Auseinandersetzung mit eigenen Vorurteilen, Stereotypen im sozialen Handeln).

Biermann (2015) differenziert unter Bezug auf die Systematik der Systemebenen von Bronfenbrenner (1981) für das Thema berufliche Inklusion folgende Ebenen:

1. die gesellschaftliche Makro-Ebene (z. B. der Rechtsrahmen der Arbeitsgesetzgebung, die staatliche Finanzierung der Arbeitsmarktpolitik),
2. die Meso-Ebene der Institutionen und Betriebe (z. B. wie sich die Arbeitsverwaltung organisiert, wie Verbände sich zu arbeitsmarktlichen Themen positionieren),
3. die Mikro-Ebene des konkreten Handelns (z. B. das Beratungsverhalten der Mitarbeiter_innen im Jobcenter, die Berufsberatung in der Handwerkskammer).

Der Autor sieht die Notwendigkeit im Kontext der Inklusion im Beruf, „diese Differenzierungen in Ebenen zu einem holistischen – im Sinne von Bronfenbrenners ökologischen – System zusammenzuführen" (Biermann 2015, 12).

Um die lebensweltliche Teilhabe von Menschen mit geistiger Behinderung zu ermöglichen, sieht Trescher (2015, 304) drei Diskursebenen und das Überdenken der damit verbundenen Grundsätze, Einstellungen und Arbeitsweisen als erforderlich an:

> *„1. der intrainstitutionelle Selbstbestimmungsdiskurs (Selbstbestimmung bzw. Selbstermächtigung des (geistig) behinderten Subjekts in Auseinandersetzung mit den protektiven Strukturen der jeweiligen Versorgungs- und Betreuungsinstitution);*
> *2. der gesellschaftlich-öffentliche Diskurs (öffentliche Sichtbarkeit durch Diskursteilhabe);*
> *3. der Zuständigkeitsdiskurs (zwischen „Normalgesellschaft" und den Institutionen der „Behindertenhilfe")."*

Die bereits in der Einführung skizzierten Indizes für Inklusion liefern für die innerinstitutionelle Analyse von Teilprozessen der Inklusion eine Systematik auf drei Ebenen. Als Instrument zur Evaluation institutioneller Veränderungsprozesse wurden sie erstmals – ausgehend von schulischen Prozessen – für weitere Praxisbereiche nutzbar gemacht. Aufgrund seiner Bedeutung sollen Systematik und Anwendungsfragen des Index für Inklusion nun in einem Exkurs vertieft werden.

Exkurs: Ziele und Struktur des Index für Inklusion

Mit der Entwicklung des Index für Inklusion und seiner internationalen Verbreitung – der Index ist mittlerweile in über 30 Sprachen übersetzt – sind drei Ziele verbunden:

1. Die Präzisierung dessen, was Inklusion unter konkreten institutionellen Bedingungen (Schule, Kitas, Kommunen u. a.) bedeutet,
2. die Systematisierung und Operationalisierung der Kriterien, d. h. Konkretisierung und Messbarmachung der Aspekte, auf die bei der Umsetzung der Inklusion zu achten ist, und
3. die Beschreibung des Umsetzungsprozesses, d. h. der Teilschritte in der Weiterentwicklung einer Institution hin zu inklusiven Grundsätzen und Praktiken.

15 Jahre nach der erstmaligen Veröffentlichung des Index durch Booth & Ainscow (2000) ziehen Hinz & Boban unter Mitwirkung zahlreicher Autor_innen für die Praxis in Grundschulen und Kitas im deutschsprachigen Raum Bilanz (Hinz & Boban 2015). Die Herausgeber lassen Kita- und Schulvertreter_innen, externe Moderator_innen, Schulentwicklungsberater_innen und Wissenschaftler_innen mit ihren Erfahrungen zu Wort kommen. Bei den Schilderungen der Arbeit mit dem Index wird deutlich, dass er einen Orientierungsrahmen für die je institutionsspezifischen Entwicklungsvorhaben bietet. Diese Vorhaben können sich auf spezifische Schwerpunkte richten (Partizipation, Schaffung einer Willkommenskultur, Sozialraumvernetzung u. a.).

„Die Arbeit mit dem Index für Inklusion bildet eine Möglichkeit der Selbstwahrnehmung und Neubetrachtung der bisher wenig genutzten Res-

sourcen und gleichzeitig auch eine Chance, sie und das bereits Vorhandene bzw. Erreichte zu würdigen und zu feiern." (ebd., 175)

In diesem Sinne kann er als „Kompass" und „Messinstrument" dienen, mit dem eine Institution den eigenen „Kurs bestimmt". Dies ist herausfordernd aufgrund einer Vielzahl zu berücksichtigender und einflussnehmender Faktoren sowie der unterschiedlichen Interessenlagen der Beteiligten (Mitarbeiter_innen, Kinder, Eltern u. a.). Die Systematik des Index gliedert die Veränderungsarbeit in drei Dimensionen:

1. inklusive Kultur (Dimension 1), Bereiche: Gemeinschaft bilden und inklusive Werte verankern
2. inklusive Strukturen (Dimension 2), Bereiche: eine Schule für alle entwickeln und Unterstützung für Vielfalt organisieren
3. inklusive Praktiken (Dimension 3), Bereiche: Lernarrangements organisieren und Ressourcen mobilisieren

Jeder Bereich gliedert sich weiter in Indikatoren (insgesamt 44 Indikatoren), denen entsprechende Zielfragen zugeordnet sind (im Index für Kitas werden bei gleicher Grundstruktur 46 Indikatoren erfasst).

Die Einzelfragen bilden nach Aussagen der Nutzer_innen „das Herz des Index" (ebd., 29). Sie liefern Gesprächsanlässe über eigene Erfahrungen und positive Beispiele, wo dies bereits gelungen ist. Ihre handlungsorientierten Formulierungen geben Hinweise zu Reflexion und Weiterentwicklung schulischer Praxis. Aus dem umfangreichen Fragenkatalog einige Beispiele:

- Fragen zu inklusiven Kulturen und Werten:

„Schätzen die MitarbeiterInnen Eltern als ExpertInnen für ihre Kinder?"
„Wird Vielfalt als reiche Ressource für die Unterstützung des Lernen angesehen – und nicht als Problem?"

- Fragen zu inklusiven Strukturen:

„Hat die Schule ein Einführungsprogramm für SchülerInnen?"
„Schließt die Unterstützung bei Verhaltensschwierigkeiten die Reflexion ein, wie Unterricht und Lernen für alle SchülerInnen verbessert werden können?"

- Einzelfragen zu inklusiven Praktiken:

„Wird allen SchülerInnen die Möglichkeit gegeben, an Aktivitäten außerhalb der Schule teilzunehmen?"
„Werden Unterschiede in den Kulturen und der sozialen Hintergründe der MitarbeiterInnen für die Unterrichtsentwicklung herangezogen?"
Der Fragenkatalog im Index für Schulen umfasst insgesamt 510 Fragen. Dieser ist nicht als unumstößlicher Katalog von Maximalforderungen zu verstehen, sondern will helfen, die Vielzahl der Einzelaspekte zu systematisieren, messbar und besprechbar zu machen und mögliche „blinde Flecke" (z. B. eigene Routinen, die Logik der Leitung) zu analysieren (Boban & Hinz 2003, 17).

Für die Einführung der Inklusion in einer Institution empfiehlt es sich, externe Moderator_innen heranzuziehen, die als geschulte Prozessbegleiter_innen die Weiterentwicklung einer Institution mit ihren Erfahrungen und dem (wohlwollenden) externen Blick unterstützen (s. auch Kap. 5.2.4). Der allgemeinen Struktur von Organisationsentwicklungsmaßnahmen folgend schlägt der Index – prozessual ausgerichtet – folgende Schritte hin zu einer Schule des gemeinsamen Lernens, der Teilhabe und der Vielfalt vor:

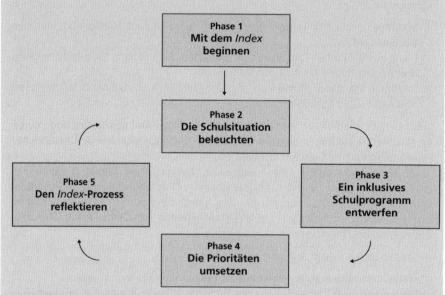

Abb.: Der Index-Prozess als Planungskreislauf einer Schule (aus Boban & Hinz 2003, 19)

- Im ersten Schritt untersucht eine Arbeitsgruppe (Vertreter_innen aus dem Kollegium, den schulischen Gremien, Schülerschaft und Elternschaft) den aktuellen Stand im Bezug auf die Hindernisse für das gemeinsame Lernen in der Schule, um das Bewusstsein für den Index in der Schule zu stärken sowie Ziele für die Entwicklung der Partizipation zu ermitteln.
- Im zweiten Schritt wird die Einschätzung der verschiedenen Gruppen innerhalb der Schule und im Umfeld erkundet und Prioritäten für die weitere Entwicklung festgelegt.
- Im dritten Schritt wird unter Beteiligung aller ein inklusives Schulprogramm entworfen, diskutiert und verabschiedet. Es gilt dabei, die institutionsspezifischen Prioritäten zu formulieren.
- Im vierten Schritt wird das verabschiedete inklusive Schulprogramm im Schulalltag praktisch umgesetzt und die Umsetzungsschritte werden dokumentiert. Dabei spielt die Nachhaltigkeit eine wichtige Rolle.

> - Im fünften Schritt wird der Einsatz des Index reflektiert und evaluiert: Spürbare Fortschritte von inklusiven Kulturen, Strukturen und Praktiken, aber auch die im Umsetzungsprozess sich offenbarenden Probleme werden untersucht und benannt. Beide Aspekte sind nützlich zur Präzisierung und Modifizierung des Schulprogramms für den weiteren Einsatz.
>
> Im Sinne eines Planungszirkels wird der Index als Instrument zur Stabilisierung des Erreichten sowie Förderung von (noch) nicht ausreichend spürbaren Entwicklungen weiter genutzt. Insofern kann sich der Zyklus der Schritte 3–5 auch wiederholen. Insgesamt ziehen Boban & Hinz ein positives Resümee aus den Praxisberichten und heben die Potentiale des Index hervor. Insbesondere stimuliert der Index die Suche nach Ressourcen für Veränderungsprozesse, stärkt die Selbstreflexion, hilft „Möglichkeitsräume" ausfindig zu machen und „stärkt ein alltägliches partnerschaftliches und demokratisches Umgehen miteinander bei allen Beteiligten, indem er zu Dialog und Partizipation einlädt" (Hinz & Boban 2015, S. 176).

Geht man vom Hilfeprozess in der Sozialen Arbeit und dessen Weiterentwicklung im Zuge der Inklusion aus, so gilt es zu unterscheiden:

1. die institutionellen Bedingungen des Hilfeprozesses (Strukturebene),
2. das Menschenbild und das Selbstverständnis der helfenden Person (Professionsebene) und
3. die Gestaltung des Hilfeprozesses (Prozessebene).

Die Unterschiedlichkeit der hier angesprochenen Systematiken leitet sich aus der jeweiligen fachlichen Perspektive (soziologisch, kommunikationswissenschaftlich und sozialarbeiterisch) ab. Übereinstimmend zwischen den Positionen ist, dass inklusive Arbeit auf mehreren Systemebenen anzusetzen hat. In diesem Sinne tritt inklusive Arbeit mit dem Anspruch an, sich als umfassende Vision und gleichzeitig als Beschreibung eines gesellschaftlichen Entwicklungsweges zu positionieren. An diesem programmatischen Anspruch müssen sich inklusive Projektplanungen und die Methodik der inklusiven Arbeit messen lassen.

In den folgenden Ausführungen wird auf die Struktur der helfenden Beziehung und das Selbstverständnis der Helfer_innen eingegangen. Die Ausführungen richten sich zuerst auf Fragen der professionellen Grundhaltung, da diese die Basis für die Ausgestaltung der Unterstützungsbeziehung liefern. Auf inklusive Methoden und Techniken wird im Anschluss daran eingegangen.

5.2.2 Gestaltung der helfenden Beziehung

Traditionelle Formen der Praxis beispielsweise in der stationären Behindertenhilfe trugen die Tendenz der Bevormundung und Verstärkung der Unselbständigkeit in sich (Clausen 2012; Theunissen 2001). So wurden Abhängigkeiten verstärkt und der Fertigkeits- bzw. Kompetenzerwerb eher behindert als gefördert. Im Sinne der Inklusion gilt es, die Funktion und die Formen der helfenden Beziehung neu zu bestimmen. Wie bereits ausgeführt, sind Partizipation und Stärkung der Eigenverantwortung Basisziele der Inklusion (s. auch UN-BRK). Diese Ziele stellen alte Fragen zur Hilfebeziehung in einen neuen Kontext.

Eine traditionelle Unterscheidung in den Rollen von Helfer_in und Hilfeempfänger_in war gekennzeichnet durch die Experten-Laien-Differenz (Schein 2010). Die professionellen Helfer_innen verfügten danach über das Methodenwissen und die Feldkompetenz, um den Hilfeprozess zu organisieren, die Finanzierung sicherzustellen und den Hilfeprozess planvoll durchzuführen. Insbesondere, wenn die Ebene der Fachkompetenz für das Gelingen des Hilfeprozesses von großer Bedeutung ist (z. B. bei Finanzierungs- und Verwaltungsfragen), so wurde argumentiert, dass der Wissensvorsprung eine solche Rollenverteilung erfordert und so die Prozesssteuerung, Zielformulierung und Gestaltung des Settings (Sitzungshäufigkeit, Dauer, Ort u. a.) beim professionellen Helfer bzw. bei der professionellen Helferin liegen muss.

Die Argumente für die Expertenberatung seien hier beispielhaft für das Feld der Berufshilfe dargestellt: In einer Experten-Laien-Beziehung wird von Berufshelfer_innen Wissen über den Arbeitsmarkt, spezifische Ausbildungs- und Weiterbildungswege, Ausbildungsinhalte und Berufsbilder, berufliche Übergangsschritte u. a. vermittelt und Empfehlungen für die anstehenden Entscheidungen bzw. die weitergehenden Ziele gegeben. Die implizite Grundannahme dabei ist: Berufliche Entscheidungsfragen lassen sich auf Grundlage einer rationalen Problemanalyse beantworten, es gibt einen für alle Menschen richtigen Weg. Diese Problemlösung ist objektiv und weitestgehend situations- und personenunabhängig gültig und wirksam.

Die Problemlösung hat in diesem Verständnis den Vorrang vor der Beziehungsgestaltung und Rationalität steht vor der Emotionalität in der Hilfebeziehung. Mögliche Vorteile für die Klient_innen können liegen in:

- Schaffung von Sicherheit über Ursachen;
- die Lösungswege und Ziele werden vorgegeben;
- durch das Liefern von Informationen wird eine mögliche Konsumentenerwartung befriedigt;
- es gibt eine Klarheit/Einfachheit der Rolle (z. B. edukativer Dialog) und
- die Expertenperson kann an ein mögliches „Vaterrollen-Muster" anschließen, dem man sich leichter anvertrauen kann.

Entscheidende Nachteile liegen in der Einschränkung der Autonomie und Entscheidungsfreiheit der Klient_innen, der Verstärkung von Reaktanz, wenn der Klient skeptisch ist bzw. Misstrauen gegenüber dem/der Berater_in bzw. der beratenden Institution mitbringt oder, bei starkem kulturellen Unterschied, zwischen Expert_innen- und Klient_innensystem.

In seiner Analyse der helfenden Beziehung stellt Schein (2010) der Expertendie Prozessberatung gegenüber.

„Prozessberatung ist der Aufbau einer Beziehung mit dem Klienten, die es diesem erlaubt, die in seinem internen und externen Umfeld auftretenden Pro-

zessereignisse wahrzunehmen, zu verstehen und darauf zu reagieren, um die Situation, so wie er sie definiert, zu verbessern." (Schein 2010, 39)

Die Prozessberatung will das Experten-Laien-Verhältnis zu Gunsten einer partnerschaftlichen Beziehung überwinden und die Selbstexploration der Klient_innen stärken. Sie sieht den/die Klient_in als eigenverantwortlich, kompetent für seine/ihre Lebensgestaltung und -entscheidungen, betont die Prozesssteuerung in enger Abstimmung mit den Klient_innen und sieht Menschen mit ihren persönlichen Problemen, Zweifeln und Fragen auf der individuellen Sinn- und Wertsuche.

Die impliziten Grundannahmen der Prozessberatung sind: Es gibt nicht die richtige Lösung, sondern die jeweils individuelle Suche eines Weges. Menschen wollen als Personen angenommen werden, wodurch sich ihre Änderungsbereitschaft verbessert. Auch sind Emotionen wichtiger als Rationalität.

Zentrale Vorteile dieses Grundverständnisses sind:
- Stärkung der Verantwortung und Anregung zur Mitarbeit;
- mit dem, was Menschen für sich selbst erdacht oder entdeckt haben, gehen sie eine engere Beziehung ein;
- die Sicherung der Anschlussfähigkeiten am Lebenskontext der Klient_innen (Transferfragen).

Diese Arbeitsweise empfiehlt sich insbesondere:
- bei Klient_innen, die stark auf die eigene Autonomie orientiert sind,
- in Lebenslagen, in denen der Kompetenzerwerb und die Identitätssuche durch Erprobung erfolgen muss (z. B. Experimentieren/ Selbstexplorieren im Jugendalter, und
- wenn die Klient_innen umfangreiche Eigenerfahrungen im Hilfekontext besitzen.

Eine zentrale Kontroverse zwischen Experten- und Prozessberatung richtet sich auf die Bedeutung der emotionalen Ebene in der helfenden Beziehung, auf die Einflussmöglichkeiten der Klient_innen (auf Ziele, das Setting und die Unterstützungsform) und auf die Prozesssteuerung bei der Unterstützung durch professionelle Helfer_innen. Für die soziale Inklusion sind die hier beschriebenen Argumente für die Prozessberatung von großer Bedeutung, da sie mit einer auf Eigenverantwortung und kompetenter Teilnahme an sozialer Gemeinschaft nicht nur nach dem Hilfeprozess, sondern bereits während der Kooperation von Helfer_in und Hilfeempfänger_in sehr gut anschlussfähig sind. In diesem Sinne spricht beispielsweise der Behindertenbericht (2009, 7) von einem Paradigmenwechsel von der Fürsorge hin zur selbstbestimmten Teilhabe für Menschen mit Behinderung (vgl. auch Clausen 2012).

Helferkonferenzen und Hilfeplangespräche sind aktuell die Basis für die Entscheidung über den Veränderungsbedarf und die dafür gewährten Unterstützungsleistungen im psychosozialen Bereich. Mit dem Konzept der personenzentrierten Zukunftsplanung ist ein Alternativansatz zur tradierten Praxis entstanden, der im Kontext der Inklusion diskutiert wird. Darum soll es im folgenden Kapitel gehen.

5.2.3 Personenzentrierung und Zukunftsplanung

Inklusives Denken zielt auf ein neues Verständnis der Hilfeplanung und des Unterstützungsprozesses. Es setzt an einer Neubestimmung der Beziehungen und der Rolle der Hauptperson im Hilfekontext und in seinem alltäglichen sozialen Umfeld an (O'Brien & Lovett 2015). Der Ansatz der Personenzentrierung ist entstanden in der Behindertenhilfe, fand zusehends auch Anwendung in der Kinder- und Jugendhilfe sowie in der Altenhilfe. Mit dem Begriff „Hauptperson" bezeichnen Hinz & Kruschel (2015) die im Mittelpunkt des Veränderungsprozesses stehende Person. Aufgrund des universellen Anspruchs kann es sich dabei grundsätzlich um jede Person handeln, die für sich ein Entwicklungsthema bearbeiten möchte. Die durch einen professionellen Helfer bestätigte Hilfebedürftigkeit ist hierfür keine Voraussetzung.

Seine Ursprünge und seine konzeptionelle Weiterentwicklung leiten Hinz & Kruschel (2015) aus Projekten in den USA, Großbritannien und zunehmend auch in Europa ab. Das Ziel der Pioniere dieses Ansatzes war die Umgestaltung der institutionellen Unterstützungsangebote in Richtung auf mehr Partizipation, eine Ebnung der Wege aus den institutionellen Kontexten (z. B. stationären Wohngruppen) heraus und eine Mobilisierung der sozialen Ressourcen (z. B. in der Familie, im Freundeskreis) in der Gestaltung von Zukunftsentwürfen und bei der Begleitung des biographischen Entwicklungsweges der Hauptpersonen.

Ziele und Arbeitsgrundsätze personenzentrierter Planung

Hinz & Kruschel (2015, 21f.) sprechen als Generalisierung des Konzepts der „Persönlichen Zukunftsplanung" von einem „Personenzentrierten Denken und Planen", das in dem europäischen Projekt „New Paths to Inclusion" (Lunt & Hinz 2011) entwickelt wurde:

„Personenzentriertes Denken bezieht sich auf den Gebrauch von personenzentrierten Methoden und Werkzeugen im Kontext von Reflexionsprozessen in Institutionen, die auf eine Verbesserung der Lebensqualität von Menschen mit Beeinträchtigungen zielen" (Hinz & Kruschel 2013, 22).

Abzugrenzen ist der Ansatz von tradierten Formen der individuellen Hilfeplanung. Bei der individuellen Hilfeplanung stehen die institutionelle Logik der Hilfsangebote auf der Basis der (institutionellen) Möglichkeiten und Vorgaben zum Beheben, zum Ausgleich oder zur Abmilderung eines diagnostizierten Defizits bei der Person im Vordergrund (O'Brien & Lovett 2015). Aus der Perspektive der Fachkräfte wird eine Expertenempfehlung zu einem Klienten bzw. einer Klientin abgegeben.

„Bei personenzentrierten Planungsprozessen geht es im Kontrast dazu darum, möglichst viele unterschiedliche Perspektiven aus dem professionellen und vor allem aus dem privaten Umfeld der Person einzubeziehen, Visionen und konkrete Utopien zu entwickeln und dann daraus eine neue Planungsperspektive abzuleiten (...)" (Hinz & Kruschel 2013, 22).

Professionelle Fachkräfte haben in diesem Ansatz eher die Rolle von Prozessbegleiter_innen und Moderator_innen. Die Autoren benutzen den Begriff der „Hauptperson". Dies soll hervorheben, dass diese Person mit ihrer Hauptrolle entscheidenden Einfluss auf die Zielformulierung, Prozessplanung und weitergehende Vereinbarungen hat. Das Anliegen der Hauptperson bildet den Ausgangspunkt des Unterstützungsprozesses, mit dem Begriff der Hauptperson wird eine Merkmalszuschreibung (z. B. der behinderte Mensch; der verhaltensauffällige Jugendliche, der Erwerbslose) vermieden.

Grundsätze der personenzentrierten Zukunftsplanung bilden:

1. die kreative Suche nach Entwicklungsperspektiven durch die Hauptperson,
2. die Einbeziehung des sozialen Umfeldes in diesen Prozess im Sinne von Unterstützer_innen,
3. die Offenheit gegenüber einer die institutionellen Begrenzungen überwindenden Denkweise,
4. das Verständnis der Weiterentwicklung als gemeinsamer Lernprozess von Hauptperson und sozialem Umfeld,
5. die Überwindung von Stereotypien, unangemessen niedrigen Erwartungen an die Hauptperson und separierenden und kontrollierenden Beziehungen im Unterstützungsprozess.

Für die Zukunftsplanung empfehlen sich Moderator_innen, die die Treffen und das methodische Vorgehen im Kontext der Zukunftsplanung begleiten.

Für das personenzentrierte Denken und seine Arbeitsgrundsätze leiten Hinz & Kruschel (ebd., 17) Begründungszusammenhänge aus der Feldtheorie Lewins, aus der Kapitaltheorie von Bourdieu, aus der Theorie U des Organisationsentwicklers Scharmer (2009) und aus der Anerkennungstheorie von Honneth (2003) ab. Insbesondere geht es um die Bedeutung des sozialen Umfeldes, seiner Ressourcen, aber auch der Regeln und Austauschformen im sozialen Umfeld für die biographische Entwicklung einer Hauptperson.

„Allen theoretischen Zugängen ist gemeinsam, dass sie das wertschätzende Umfeld herausstellen und dabei die Bedeutung der Heterogenität des Kreises betonen, der seine unterschiedlichen Hintergründe und Kontexte einbringt" (Hinz & Kruschel 2013, 21).

Um die Weiterentwicklung der Lebensperspektiven der Hauptperson nachhaltig zu gestalten, braucht es die Einbeziehung verschiedener Ebenen. Nur als ein gemeinsamer Lern- und Entwicklungsprozess – Helm Stierlin nennt dies Co-Individuation beispielsweise von Familie und Jugendlichen im Ablösungsprozess – ist eine nachhaltige Veränderung der Beziehungen und wechselseitigen Sichtweisen erreichbar. Dabei geht es um:

- die institutionelle Ebene mit Fragen beispielsweise zum gewünschten Lebensort, der Art und dem Umfang der Unterstützung sowie deren Finanzierung,
- die Fragen der sozialen Gemeinschaft beispielsweise der Beziehungen, der Kommunikation, der Art der Teilhabe und

- die sich der Hauptperson stellenden Lebensfragen beispielsweise zu ihren Zielen, Visionen, Autonomiebedürfnissen und Unterstützungswünschen in den Reflexionsprozess bei der Zukunftsplanung.

Im Kontext der personenzentrierten Planung entwickelte sich das Konzept der Zukunftsfeste, die Methode der MAPs („Making Action Plans"; das wertschätzende Erkunden einer Person und ihres Umfeldes; „Schatzkarte"; Hinz & Kruschel 2013, 32), die Methode der PATHs („Planning Alternative Tomorrows with Hope", alternative Zukunftsplanung; s. O'Brien, Pearpoint & Kahn 2010) und weitere Kreativmethoden. Auch spielt das Methodenwissen der Moderator_innen eine wichtige Rolle in der Ausgestaltung der personenzentrierten Zukunftsplanung. Diese sollen im Folgenden vorgestellt werden.

5.2.4 Zukunftsfeste als Element der personenzentrierten Planung

Bei großen (Lebens-)Fragen einer Hauptperson ist ein Zukunftsfest eine Art Initialzündung oder Startschuss für einen Planungsprozess. Der Begriff – darauf verweisen Hinz & Kruschel (2013, 14) – stammt von einem Südtiroler Jugendlichen, der das Wort Zukunftsplanung als zu „amtlich und arbeitsbezogen" ansah. Im Mittelpunkt eines Zukunftsfestes können Fragen zu neuen biographischen Lebensabschnitten, zu Übergängen zwischen Lebensphasen und einschneidenden „persönlichen" Erfahrungen und biographischen Ereignissen stehen:

> *„Bei diesem (und ggf. weiteren) Treffen geht es darum, gemeinsam zu überlegen und zu planen, wie die ‚schönste aller Zukünfte' aussehen kann. Dafür ist es wichtig, dass die Hauptperson in ihrer Rolle als ‚BürgerIn' gesehen wird – und nicht etwa als ‚Behinderte(r)', als ‚BewohnerIn', als ‚KlientIn' oder womöglich als ‚PatientIn' (…)" (ebd., 15).*

Mit dem Begriff Zukunftsfest ist ein ausdrucksstarkes Wort für ein Treffen der Hauptperson mit ihrem Unterstützerkreis gefunden. Es soll den positiven und alle Beteiligten wertschätzenden Gesamtrahmen unterstreichen. Das zweite Zentralelement neben der unterstützenden Gemeinschaft ist die Kreativität und Überwindung der konventionellen Begrenzungen in der Sicht auf andere Menschen und den vorgegebenen Lebensformen und Lebenswegen in professionellen Settings. Eine große Bedeutung kommt dabei dem Sozialraum der Nachbarschaft zu, der in das Zukunftsfest einbezogen werden soll (z. B. Jugendzentren, Kirchentreffs und Stadtteilzentren).

Zur methodischen Gestaltung

Zukunftsfeste basieren auf der Vorbereitung durch einen oder eine Moderator_in bzw. einen Moderator_innen-Tandem. In dieser Vorbereitung gilt es, in enger Absprache mit der Hauptperson einen Unterstützerkreis zusammenzustellen und einzuladen, bestehend aus dem Kreis der Vertrauten (die für die Hauptperson vertrautesten Personen), der Freund_innen, der Bekannten und der Professionellen.

Die wichtigste Rolle ist die der Hauptperson. Für die Person (oder eine Familie, ein Team oder eine Gruppe) muss es einen Bedarf an noch ungeklärten Fragen zur persönlichen Entwicklung oder einem Wandel im privaten oder beruflichen Umfeld geben. „Die Hauptperson ist die Person, für die alle Anwesenden gekommen sind und mit ihrem Erscheinen bereits ihre Bereitschaft erklärt haben, zum Wohl dieses Menschen zu denken und zu planen" (Hinz & Kruschel 2013, 37). Es ist wichtig, unabhängig von den kommunikativen Möglichkeiten der Hauptperson stets Präsenz in der Gruppe und entscheidenden Einfluss auf den Prozess zu geben. Dies gilt es auch von den Moderator_innen aus im Blick zu haben und zu sichern. Insofern ist in der Vorbereitung auch die Frage zu klären, ob ein_e Kommunikationsassistent_in für das Zukunftsfest hinzugezogen wird. Auch ist die Form der Vorstellung der Hauptperson zu Beginn des Zukunftsfestes und über das Treffen hinweg gemeinsam mit der Hauptperson im Voraus zu überlegen.

Für ein Zukunftsfest sehen Hinz & Kruschel (ebd., 40) ein Moderator_innentandem als notwendig an. Die Teamarbeit richtet sich auf Vorbereitung, Durchführung und Nachbereitung. Den Autoren ist dabei wichtig, dass in dieser Teamarbeit eine gute Rollenabsprache, ein wertschätzendes Klima, eine offene und auch konstruktiv-kritische Umgangsweise miteinander gepflegt wird und die Methoden für die Gestaltung des Zukunftsfestes von dieser sicher beherrscht werden (weiter zur Qualifizierung der Moderator_innen s. Kap. 5.2.4).

Die Personen im Unterstützer_innenkreis sollen einem möglichst vielfältigen Personenkreis im Hinblick auf Geschlecht, Herkunft, Alter, sozialen Kontext und Profession entstammen. Durch die Vielfalt lassen sich verschiedenartige Perspektiven, persönliche Horizonte und Stärken in die Planungsprozesse einbeziehen. Wichtig ist in dieser Gruppe die „Expertise des Nichtwissens" (ebd., 51), die neben der Insider-Perspektive ein neues, bisher noch nicht da gewesenes, kreatives Denken ermöglicht, das so neben den konventionellen Überlegungen einbezogen werden kann. Aufgaben des Unterstützer_innenkreises sind das gemeinsame Reflektieren der Situation zusammen mit der Hauptperson, das Erweitern des Blicks für die Möglichkeiten und die Stärken der Hauptperson und das gemeinsame Denken und Planen.

„Die Basis der gemeinsamen Arbeit in einem Unterstützerkreis ist der gegenseitige Respekt, die Freiwilligkeit, das Engagement und das persönliche Interesse für die Hauptperson, aber auch für die anderen TeilnehmerInnen" (ebd., 51f.).

Für einzelne Teilnehmer_innen endet die Zusammenarbeit mit dem Ende des Zukunftsfestes, andere bleiben der Hauptperson erhalten und unterstützen die Veränderungsprozesse. Dafür treffen sie sich in regelmäßigen Abständen nach Bedarf und nach dem Wunsch der Hauptperson. So bleibt auch die soziale Teilhabe und Partizipation erhalten.

Es gilt, gegen Ende des Zukunftsfestes die Aufgabe eines/einer Agent_in oder Zukunftsassistent_in (u. U. in Personalunion Moderator_in und Agent_in) zu vergeben. Dieser Person kommt die Aufgabe zu, die Nachhaltigkeit der Veränderungsideen zu fördern und die getroffenen Vereinbarungen in ihrer Umsetzung zu begleiten. Dazu meldet sich der/die Agent_in in regelmäßigen Abständen bei der Hauptperson, um mit ihr abzusprechen, wie die nächsten Schritte der Umsetzung gelingen können.

> *„[Sie] ist die Brücke zwischen Unterstützerkreis und der Hauptperson. Sie stellt sicher, dass das unsichtbare Netz, das in einem Zukunftsfest gesponnen wird, auch nach der Planung bestehen bleibt und Früchte trägt"* (ebd., 55).

Die Methode der MAPs als wertschätzende Erkundung

Im Zentrum des Zukunftsfestes steht die Erarbeitung neuer Perspektiven für die Hauptperson. Dabei nimmt das MAP („Making Action Plans") eine zentrale Funktion ein – Kruschel & Hinz (2015, 37) bezeichnen dies als Schatzkarte einer Person. Anschaulich beschreiben die Autoren diese Methode am Beispiel einer Kooperation von Hochschulkolleg_innen und einzelnen Betroffenen in Kanada. Das Map besteht aus 6 Schritten. Um beim Zukunftsfest die Vorgehensweise allen Beteiligten zu vermitteln und die Ergebnisse zu sichern, werden diese auf einem Poster visualisiert:

> *„1. Wichtiges aus der Geschichte hören*
> *2. Den Traum wertschätzen*
> *3. Den Albtraum erkennen*
> *4. Vorlieben, Stärken und Talente benennen*
> *5. Bedarfe, um die Talente zu entfalten*
> *6. Aktionen verabreden"*
> *(Hinz & Kruschel 2013, 32)*

Zu 1): Hier werden alle Anwesenden über die Vorgeschichte und die Beweggründe für die Einladung zum Zukunftsfest informiert. Neben dem vielleicht offensichtlichen Veränderungsbedarf geht es darum, die persönliche Seite des Erlebens, der aktuellen Lebenssituation und der sich stellenden Entwicklungsfragen zu vermitteln. Dies kann auch durch visuelle Mittel (z. B. Fotos, Zeichnungen, Collagen) unterstützt werden. Wichtig ist es, alle Anwesenden auf einen gemeinsamen Informationsstand zu bringen. Es geht aber auch darum, der Hauptperson hinreichend Raum für die Darstellung ihres Anliegens zu geben.

Zu 2): Hier geht es um die Träume und Wünsche der Hauptperson. Diese haben grundsätzlich keine Beschränkungen. Ausgehend von den Beiträgen der Hauptperson sollten Nachfragen erfolgen, um die mit den Träumen verbundenen Bedürfnisse kennenzulernen. Diese Nachfragen dienen daneben zur Konkretisierung der Ideen, sind hier aber noch nicht mit Umsetzungsschritten unmittelbar verbunden. Danach sind die Anwesenden gefordert, ihre Träume und Wünsche für die Hauptperson zu formulieren.

Zu 3): Das Eingehen auf Albträume zur Entwicklung der Hauptperson (Frage: Was könnte schlimmstenfalls passieren?) erscheint im ersten Eindruck als defizitorientiert, eine Vorgehensweise, die der tradierten individuellen Hilfeplanung zugeschrieben wird. Die Befürchtungen zu benennen – im Sinne einer Orientierung „weg von" – kommt jedoch eine wichtige motivationale Funktion zu. Manchmal ist es auch einfacher, sich darauf zu verständigen, was auf keinen

Fall geschehen soll. Hinz & Kruschel (ebd., 105) verweisen darauf, dass dieser Phase der Formulierung von Ängsten und Befürchtungen jedoch nicht zu viel Zeit zu geben ist, um die grundsätzlich hoffnungsvolle und wertschätzende Atmosphäre nicht zu stark zu belasten.

Zu 4): Der Schritt richtet sich auf die Vertiefung des Beziehungsnetzes des Unterstützer_innenkreises mit der Hauptperson. Es ist eine emotional berührende Phase der Arbeit. Die Anwesenden werden gebeten, über folgende Fragen zu ihrer Beziehung zur Hauptperson nachzudenken und sich dazu zu äußern:

"Was würde mir in meinem Leben fehlen, wenn es sie nicht gäbe? (...) Was hat sie mich gelehrt? Wozu regt sie mich an? Was ist es, was ich an ihr liebe? Was ist das Geschenk, das dieser Mensch in die Welt bringt?" (ebd., 109)

Zu 5): Dieser Abschnitt gilt den Potentialen der Hauptperson. Dazu gehören motivationale Aspekte (Vorlieben, Wünsche, Bedürfnisse), Kompetenzen und Fertigkeiten. Talente und Stärken gilt es sehr genau zu beschreiben, sodass hier ein intensives Nachdenken bei den Anwesenden wichtig ist. Dies kann eine Art „Ressourcendusche" sein, wenn zahlreiche und differenzierte gemeinsame Beschreibungen erfolgen.

Zu 6): In der das MAP abschließenden Phase geht es um die Wünsche und Unterstützungsbedarfe der Hauptperson. Hier bildet den ersten Schritt die Befragung der Unterstützer_innen hinsichtlich ihrer Ideen für die Zukunft und danach bringt die Hauptperson sich hinsichtlich ihrer Wünsche und Bedarfe ein. Damit rücken letztlich auch schon die Umsetzungsfragen in das Blickfeld.

Als Ausklang geben Hinz & Kruschel (ebd., 115) die gemeinsame Suche nach einem Motto oder Oberbegriff des Prozesses und der Ergebnisse dieses MAP. Mit einem derartigen sprachlichen Symbol soll der Gruppenkonsens gefördert werden. Die Moderator_innen haben die Aufgabe, die eingehenden Vorschläge aufzunehmen und die Suche nach der Gruppenmeinung für das Symbol mit dem breitesten Konsens anzuregen. Für zeitlich begrenzte Zukunftsfeste könnte jetzt (nach einer längeren Essenspause mit ansprechender Gestaltung mit Musik und Entspannung) die Erstellung eines Aktionsplanes folgen. Dies leitet zur nächsten Phase in einem Zukunftsfest über.

Die Methode der PATHs als Instrument zur alternativen Zukunftsplanung

Das PATH („Planning Alternative Tomorrows with Hope") als alternative Zukunftsplanung wendet sich nun den Realisierungsfragen zu. Es folgt wie das MAP einem Phasenverlauf. Hinz & Kruschel (ebd., 120ff.) benennen acht Teilschritte in dieser Methode, wobei der erste Schritt („Nordstern – Was braucht die Hauptperson, um jeden Tag glücklich leben zu können?") an die Arbeit im MAP anschließt. Nochmals werden die zentralen Wünsche zur Lebensverbesserung durch die Hauptperson und anschließend die Ideen der Anwesenden durch die Moderator_innen erfragt. Für den zweiten Schritt – das Zielbild – unternimmt die Gruppe eine gedankliche Zukunftsreise und malt sich das Ziel möglichst realistisch aus. Der dritte Schritt führt zurück zur Gegenwart und geht der Frage nach, wie es der Hauptperson gehen würde, wenn nichts passieren würde.

Diese Bewusstheit für die gegenwärtige Situation ist notwendig, um durch die Betrachtung des Kontrastes zwischen Ziel- und Ist-Situation Energie und Kraft für die Veränderungsarbeit zu gewinnen. Der vierte Schritt richtet sich auf die Bündnispartner für die Veränderung. Die Gruppe hält Ausschau, wer für die Hauptperson zur Verfügung steht und welche Partner zur Begleitung sinnvoll bzw. notwendig sind. Im fünften Schritt geht es um die Frage danach, wie sich die Hauptperson und die Personen des Unterstützer_innenkreises stärken können. Häufig wird vor lauter Sorgen und Nöte darauf verzichtet, sich selbst „etwas Gutes" zu tun. Dies können sehr unterschiedliche Dinge sein: für den Körper (z. B. Gymnastik, Yoga), für die Sinne (z. B. Essen, Spaziergänge in der Natur) und für den Geist (z. B. Bücher, Medien). Mit dem sechsten und siebten Schritt geht es in die Feinplanung. Es soll sich vorgestellt werden, was in der Halbzeit bzw. nach dem ersten Viertel des Entwicklungsprozesses erreicht wurde. Abschließend ist nun der achte Schritt auf die Frage nach den ersten Schritten auf diesem Weg gerichtet. Sehr konkret wird nach den Handlungen in den nächsten Tagen gefragt, um den positiven Schwung aus dem Zukunftsfest zu nutzen und die Verbindlichkeit für die Hauptperson und die Unterstützer_innen zu erhöhen. Auch hier wird zum Abschluss der Arbeit die Suche nach einem Motto für den gemeinsamen Prozess vorgeschlagen, d. h., es sollte ein ermutigender Oberbegriff oder ein Zitat als Überschrift für den Entwicklungsprozess gefunden werden.

Den Abschluss des Zukunftsfestes bildet eine Geste des Dankes der Hauptperson an ihren Unterstützer_innenkreis. Als ein mögliches symbolisches Event beschreiben Hinz & Kruschel (ebd., 139) das Aufsteigenlassen von Luftballons, an denen die zuvor vorgelesenen Wünsche befestigt sind und die in den Himmel aufsteigen gelassen werden.

Perspektiven zur Weiterentwicklung der personenzentrierten Zukunftsplanung

Einer Grundfrage des Unterstützungsprozesses ist in den bisherigen Ausführungen noch wenig Aufmerksamkeit geschenkt worden: Wie wird das Ergebnis eines Zukunftsfestes mit den institutionellen Förderstrukturen in Beziehung gebracht? Sicher ist die klare Zielperspektive und die Aktivierung eines Unterstützer_innenkreises ein wichtiger Schritt, um außerhalb der Institutionen liegende Entwicklungsspielräume auszuloten. In der Langfristperspektive muss zumeist auf eine durch institutionelle Kontexte gewährleistete Finanzierung (z. B. eines Schulbesuchs, einer Wohnungsfinanzierung) Bezug genommen werden. Hier gilt es dann wieder, die Auseinandersetzung mit den Begrenzungen, Restriktionen und den Standardangeboten zu führen. Dafür ist die Hauptperson dann, möglicherweise durch ihren Unterstützer_innenkreis gestärkt, besser vorbereitet und kann sich dafür der Assistenz der Agent_in oder anderer Personen aus dem Unterstützer_innenkreis sicher sein.

Kruschel & Hinz (2015, 318f.) heben für eine Sicherung der Qualität der Zukunftsplanung hervor:

- Die Balance zwischen der Betonung der individuellen Perspektive der Hauptperson und der sozialen Einbindung der Zielsuche als gemeinsamer Unterstüt-

zungsprozess im sozialen Umfeld. Die Überbetonung der individuellen Perspektive könnte eine „selbstbestimmte Vereinsamung" zur Folge haben und das soziale Kapital einer Hauptperson ungenutzt lassen.
- Eine offene Zukunftsplanung ohne Verengung auf die in den Peer-Gruppen (z. B. von Menschen mit Beeinträchtigungen) gedachten Unterstützungsformen. Hier sehen die Autoren die Gefahr einer Nischenlösung fernab von gesellschaftlichen Orten und Lösungsansätzen.
- Beibehaltung der Flexibilität im Gebrauch und in der Weiterentwicklung der Methoden bei gleichzeitiger Beibehaltung der zentralen Grundprinzipien. Hier könnte ein Abweichen von den Grundsätzen das Konzept in Richtung der tradierten Hilfeplanung tendieren lassen. Andererseits gilt es, Kontakt zu den Institutionen zu halten, um die Zukunftsplanung nicht in einer Subkultur zu belassen bzw. dorthin abzudrängen.
- Eine Balance zwischen dem Feiern der Zukunftsfeste und der damit verbundenen Leichtigkeit und dem positiven Gemeinschaftsereignis und der Langfristigkeit der Veränderungsarbeit. Ohne die positiven Gemeinschaftserlebnisse würde die inspirierende Kraft der Gemeinschaft geringer, die Energie des gemeinsamen Visionierens und der Zukunftsreise würde dem nüchternen alltäglichen Suchen nach Verbesserungen und kleinen Erleichterungen weichen.

Die Evaluation des „New Path to InclUsion"-Network-Projekts durch Niediek, Lindmeyer & Meyer (2015) zeigte darüber hinaus, dass bei den befragten Teilnehmer_innen von Weiterbildungskursen zur Zukunftsplanung die systematische Vorbereitung durch Weiterbildungen für zukünftige Prozessbegleiter_innen und deren enger Austausch von großer Bedeutung sind. Sehr wichtig sind dabei die eigenen praktischen Erfahrungen in der Begleitung einzelner Personen oder Gruppen. Offen blieben in der noch laufenden Längsschnittbefragung, wie die Weiterbildungskurse auch helfen, organisationale und sozialräumliche Entwicklungsprozesse zu initiieren.

Insofern ist die Methode der Zukunftsfeste auch in der Gefahr, zu stark auf individuelle Bedarfe zu fokussieren und den Gesamtzusammenhang der institutionellen Einbindung in Regeln und Abläufe außer Acht zu lassen. Um die institutionellen Prozesse zu begleiten, werden Weiterbildungskurse für Inklusionsbegleiter_innen entwickelt. Auf deren Ausgestaltung im Kontext der Inklusion wird das folgende Kapitel eingehen.

5.2.5 Qualifizierung von Prozessbegleiter_innen

Die Transformation einer Institution im Zuge der Inklusion hat auf vielfältige Interessengruppen, institutionelle Strukturen, Abläufe und das konkrete Handeln der Mitarbeiter_innen zu schauen. Aufgrund der Neuartigkeit der Anforderungen und der Vielschichtigkeit des Tuns haben viele Träger und Institutionen Fort- und Weiterbildungsangebote entwickelt. Von der Montag Stiftung in Kooperation mit dem Deutschen Verein für öffentliche und private Fürsorge e. V. liegt ein umfangreiches Trainingshandbuch für Prozessbegleiter_innen vor.

"Qualifizierte Prozessbegleiterinnen und -begleiter sind in der Lage, die Anliegen, Ressourcen und Widerstände der Organisation und der in ihr beteiligten Personen wahrzunehmen und zu kommunizieren, gemeinsam mit den Beteiligten erreichbare Ziele im inklusiven Veränderungsprozess zu erarbeiten und ein entsprechendes Entwicklungsdesign zu entwerfen" (Montag Stiftung Jugend und Gesellschaft 2015, 60).

Prozessbegleiter_innen sind Personen, die als externe Berater_innen Institutionen und ihre Mitglieder auf dem Weg der Inklusion begleiten. Das von erfahrenen Prozessbegleiter_innen geschriebene Buch will Eckpunkte für ein Fortbildungskonzept auf der Grundlage der Praxiserfahrungen der Autor_innen und deren Umsetzung vermitteln. Am Anfang stehen Ausführungen zum Leitbild und zu den Gelingensfaktoren der Weiterbildungsarbeit. Es wird darin betont, dass Inklusion vor allem eine Haltung und ein Lernverständnis darstellt, die von inklusiven Werten geprägt sind. Insofern gilt es nicht nur Wissensinhalte und Techniken zu vermitteln, sondern durch das eigene Auftreten und Rollenklarheit zu überzeugen. Das Grundverständnis von Inklusion orientiert sich am Index für Inklusion, wie er für verschiedene institutionelle Kontexte erarbeitet wurde (s. Einführung).

Die insgesamt neun Weiterbildungsmodule sollen jeweils im Tandem durchgeführt werden, um für die verschiedenen Anforderungen des Entwicklungsprozesses (Gruppenübungen, Dialoge, Feedback u. a.) sich wechselseitig zu unterstützen und so auch Teamarbeit vorzuleben. Die neun Module sind (s. Montag Stiftung Jugend und Gesellschaft 2015, 28):

1. Einführung und Grundlagen
2. Die Rolle als Prozessbegleiterin/-begleiter klären und stärken
3. Die Prozessbegleitung anlegen und beginnen
4. Haltung, Standpunkt, Zielorientierung
5. Mit Vielfalt und Widerständen umgehen
6. Selbstreflexion und Methodenrepertoire
7. Systemische Beratung inklusiv gestalten
8. Die Rolle und Funktion von Steuerungsstrukturen
9. Abschluss und Ausblick: Eine Prozessbegleitung beenden.

Die Arbeit in der Weiterbildung beinhaltet neben Wissens-Inputs praktische Übungen und Simulationen einzelner Beratungssequenzen. Jedes Modul ist mit seiner Zielsetzung, seinem Nutzen, seiner inhaltlichen Vermittlung und methodischen Umsetzung (inkl. Arbeitsmaterialien) beschrieben. Wichtig ist jeweils die Verbindung der Lerninhalte mit den eigenen Erfahrungen, Einstellungen und Erwartungen der zukünftigen Prozessbegleiter_innen. Nur so kann neben dem Wissenserwerb der von den Autor_innen betonte Entwicklungsprozess hin zu einer inneren Haltung und Rollenklarheit als Prozessbegleiter_in gelingen.

Neben den Grundlagentexten zur Inklusion werden insbesondere kommunikations- und organisationswissenschaftliche Inhalte vermittelt. Dabei spielt der systemische Ansatz eine herausragende Rolle. Insbesondere gilt es, durch die Reflexion der Merkmale von Organisationen das Bewusstsein für die Voraussetzungen von Veränderung zu schärfen und in die Methodik der Analyse und Veränderung von Organisationen einzuführen. Hierfür werden systemische Methoden der Organisationsaufstellung und Verfahren der Organisationsentwicklung vorgestellt.

Das Weiterbildungskonzept stellt ein offenes Angebot dar und ist nicht wie ein fertiges und festes Fortbildungskonzept zu verstehen, sondern es hat sich durch die Praxis weiterzuentwickeln und muss sich in der praktischen Arbeit bewähren (ebd., 17). Insbesondere gilt es, die Schwerpunkte des Konzepts auf die Vorerfahrungen der Teilnehmer_innen abzustimmen. So verfügen Beratungsfachkräfte, Coaches und Weiterbildner_innen, die in organisationalen Kontexten tätig sind, bereits über einige der genannten Inhalte. Nichtsdestotrotz erscheinen Personen mit diesem beruflichen Hintergrund besonders gut geeignet, um die Aufgabe einer Prozessbegleitung auszufüllen.

5.2.6 Entwicklung Universeller Designs

In der UN-BRK wurde die Entwicklung von inklusiven Technologien, Instrumenten und Dienstleistungen eingefordert, um einen Zugang zu ermöglichen und Hürden zur gesellschaftlichen Teilhabe abzubauen (Konzept des „Universellen Designs"; Artikel 2 UN-BRK). Es geht um die Erforschung und Entwicklung von „Dienstleistungen, Geräte und Einrichtungen (...), die den besonderen Bedürfnissen von Menschen mit Behinderungen mit möglichst geringem Anpassungs- und Kostenaufwand gerecht werden, zu betreiben oder zu fördern" (Artikel 4 UN-BRK). Dabei handelt es sich um alltagspraktische Gegenstände (z. B. technische Gebrauchsgegenstände, Bedienelemente, Verkehrsmittel), Instrumente und Methoden, die die Selbständigkeit fördern, bei Kooperation mit Unterstützer_innen den Hilfeprozess vereinfachen (z. B. einfache Sprache, elektronische Kommunikationsmedien, Mittel zur akustischen und visuellen Informationsaufnahme) und bei der Ausübung einer beruflichen Tätigkeit unterstützen.

Das Forschungsinstitut für Technologie und Behinderung veröffentlichte 2004 Kriterien für Instrumente des Universellen Designs. Diese richten sich auf die breite Nutzbarkeit, d. h., die Instrumente sind für Menschen mit sehr unterschiedlichen Fähigkeiten und Fertigkeiten nutzbar. Die Instrumente sollen in ihrer Nutzung flexibel, leicht verständlich und unabhängig von der Modalität der Information (bildlich, taktil, verbal) bedienbar sein. Sie sollten sich durch Fehlertoleranz und geringe Risiken in ihrer Handhabung auszeichnen. Darüber hinaus stellen sie geringe Anforderungen an die Bedienkraft und -haltung sowie die Erreichbarkeit der Teile der Instrumente. Hier ergibt sich für die Marktfähigkeit sicher die Notwendigkeit, nach Kompromissen Ausschau zu halten, um Kunden den Zugang und die Finanzierung der Hilfsmittel zu erleichtern (zu weiteren Kriterien s. Bühler 2015).

Das technisch-operative Potential für Instrumente der Assistenz erscheint insbesondere auf dem Hintergrund einer zunehmenden Computerisierung unserer Gesellschaft noch keinesfalls ausgeschöpft. In diesem Zusammenhang erscheint ein innovatives Wohnprojekt beispielhaft.

Exkurs zu Good Practice: Entwicklung eines innovativen Wohnprojekts – das Apartementhaus Bochum-Weitmar

Das innovative Wohnkonzept wurde in der Zusammenarbeit zwischen der Diakonie Ruhr und dem Landschaftsverband Westfalen-Lippe (LWL) entwickelt. Es entspricht den Kriterien an ein inklusives Leben auch für Menschen mit sehr schweren und mehrfachen Beeinträchtigungen (vgl. Artikel 19 UN-BRK). Das in Bochum-Weitmar liegende Appartementhaus verfügt über 16 barrierearme Wohnungen. Das Wohnprojekt verfolgt das Ziel, Menschen mit sehr hohem Unterstützungsbedarf ein möglichst selbständiges und selbstbestimmtes Leben zu ermöglichen. Modernste Technik (z. B. individuell angepasste Bedienelemente zum selbständigen Verlassen und Betreten des Hauses und der eigenen Wohnung) gewährleisten die individuelle Handhabung. Auch andere Dinge des alltäglichen Lebens, wie Lichtquellen, Rollos, Rundfunk- und Fernsehgeräte, werden elektronisch ferngesteuert.

Die dort lebenden Menschen bewohnen jeweils allein eine Wohnung und sind Mieter des Wohnprojekts. Die Betreuung gewährleistet die Diakonie Ruhr. Dabei können die Mieter selbständig die Art und den Umfang von ambulanten Pflegediensten bestimmen. Dies ermöglicht das eigenständige Wohnen, wo sonst zumeist eine Betreuung in klassischen stationären Wohnformen erfolgen würde.
(http://www.lwl.org/LWL/Soziales/Richtung-Inklusion/wohnen/beispiel-appartementhaus-weitmar)

In der Analyse von Teilhabebarrieren lassen sich verschiedene Praxisfelder der Sozialen Arbeit kritisch daraufhin untersuchen, ob sie die Teilhabe erschweren, um daraus abgeleitet Konzepte und Projekte für die Entwicklung von Universellen Designs zu entwerfen. Die Entwicklung der Technologien sollte auch auf die Erleichterung beim Lernen und Kompetenzerwerb zur Teilhabe abzielen (Universelles Design des Lernens, s. www.udlcenter.org). Hier spielen moderne Informationssysteme eine besondere Rolle, dazu zwei Beispiele.

Exkurse zu Good Practice: Entwicklung neuer Technologien und Medienkompetenz

Medienkompetenz – das Projekt „Personenzentrierte Interaktion und Kommunikation für mehr Selbstbestimmung im Leben" (PIKSL)

Für Menschen mit geistiger Behinderung gab es bisher kaum einen Zugang zu elektronischen Medien und das Internet. Dieses Thema hat die In der Gemeinde leben gGmbH (IGL) 2010 mit ihrem Projekt PIKSL aufgegriffen. Ziel ist es dabei, „moderne Informations- und Kommunikationstechnologie für Menschen mit und ohne Behinderung zugänglich zu machen und weiter zu entwickeln" (Freese & Mayerle 2015, 382). Darüber hinaus zielt das Projekt entsprechend der UN-BRK auf die Reduzierung der Abhängigkeit von professioneller Unterstützung und die Förderung eines selbstbestimmten Lebens ab (Artikel 9, 19, 21, 27 UN-BRK).

In den PIKSL-Laboren in Düsseldorf-Flingern und in Bielefeld-Bethel arbeiten Menschen mit und ohne Behinderung gemeinsam mit EDV-Fachkräften und Angehörigen von Hochschulen (z. B. Dozent_innen und Studierende der Universität Duisburg-Essen, der Hochschule Rhein-Waal und der Folkwang-Universität der Künste) an der Reduzierung digitaler Barrieren und entwickeln hierfür innovative Lösungen. Damit verbunden ist der Aufbau von Medienkompetenzen durch Schulungen für verschiedene Adressatengruppen (z. B. Senior_innen, Menschen mit geistiger Behinderung). Auch geht es um die interdisziplinäre Forschungs- und Entwicklungsarbeit zum Abbau von Barrieren. „Der Kommunikationsort PIKSL-Labor schafft die Schnittstelle zwischen Besuchern und Kooperationspartnern, um stigmatisierungsarme Lösungen nach den Kriterien eines ‚universellen Designs' zu erarbeiten" (Freese 2013, 51).

Menschen mit Behinderungen sind hier die Expert_innen, indem sie über Erfahrungswissen im Umgang mit Barrieren bei elektronischen Medien verfügen und in der gemeinsamen Arbeit mit Fachleuten ihre Wünsche und Ideen einbringen, um Innovationen zu entwickeln. Die Ergebnisse aus dem Projekt sollen langfristig dazu beitragen, Produkte zu entwickeln (z. B. Schulungskonzepte, Soft- und Hardware), die ein Geschäftsbereich für die Behindertenhilfe werden können. Das Projekt wurde u. a. als „Ort des Fortschritts" vom Wissenschaftsministerium NRW ausgezeichnet.

Nähere Informationen unter: http://www.piksl.net/

Universelles Design – Lebenslanges Lernen für Menschen mit Mehrfachbehinderung

Auch in der Begleitforschung von Sonnenberg & Arlabosse geht es um Fragen der Gestaltung neuer Lernarrangements. Ziel der Kursangebote (im Bereich Alphabetisierung, Computer- und Internetnutzung sowie Reha-Sport) war es, eine Methodik zu entwickeln, um die bisher bestehenden Barrieren für lebenslanges Lernen von Menschen mit Behinderung zu reduzieren bzw. zu beseitigen (Sonnenberg 2017). Von 2012 bis 2015 wurden Kurse an der Evangelischen Stiftung Volmarstein vom Blauen Kreuz Diakonieverein e. V. in Kooperation mit der Evangelischen Fachhochschule Bochum angeboten und wissenschaftlich evaluiert. „Es soll analysiert werden, welche Faktoren sich förderlich bzw. hinderlich auf inklusives Lernen auswirken, um entsprechende Anforderungen an Kurskonzepte, Orte, Fortbildner(innen) und Teilnehmer(innen) zu formulieren" (Sonnenberg & Arlabosse 2014, 65). Die Kursangebote richteten sich an Mitarbeiter_innen der Werkstatt für Menschen mit Behinderung der Stiftung Volmarstein.

In leitfadengestützten Interviews wurden die Teilnehmenden nach ihrer Bewertung des Kursangebots, den Teilhabemöglichkeiten und den Lernbedingungen in ihren Kursen gefragt. Hinsichtlich der Computer- und Internetkompetenz ließen sich deutliche Kompetenzsteigerungen nachweisen. Dazu trug das niederschwellige Angebot für die Beschäftigten der Werkstätten für behinderte Menschen bei. Die Gruppenkurse wurden hier zwar exklusiv für Beschäftigte der Werkstätten angeboten, zukünftig wären diese an einem dritten Ort außerhalb des Wohn- bzw. Arbeitsortes, beispielsweise in einer Freizeit- und Begegnungstätte, anzubieten. Bei der methodisch didaktischen Gestaltung geht es um „eine am Lernstand der Einzelnen orientierte zieldifferente Inhaltsvermittlung" (Sonnenberg 2017, 154 – Nähere Informationen s. Sonnenberg 2017). Themen im Kontext des universellen Designs sind neben der Neuentwicklung von Hilfsmittel und Technologien die Weiterentwicklung bestehender Instrumente und Anpassung an die aktuellen Bedarfe (z. B. technische Hilfsmittel für die Orientierung von Menschen mit Behinderung im Straßenverkehr). Für die Soziale Arbeit ergibt sich hieraus die Erfordernis und die Chance einer engeren Kooperation mit rehabilitationswissenschaftlichen und technischen Fakultäten auf der Seite der Professionellen, mindestens genauso wichtig wäre jedoch die Kooperation mit den Selbsthilfeorganisationen, die über ein umfangreiches Wissen um die Teilhabebarrieren verfügen. Sie können aufgrund der Alltagsnähe ihres beruflichen Handelns wichtige Impulsgeber_innen für Innovationen bei universellen Designs sein und Innovationen fördern, indem sie in Kooperation mit den Adressat_innen deren Entwicklung, Erprobung und Implementierung begleiten.

5.2.7 Herausforderungen für die Gestaltung von institutionellen Unterstützungsprozessen

Eine inklusive Arbeit kann nur gelingen, wenn sie die Ebenen Institution, Gruppe und Individuum umschließt und günstige Rahmenbedingungen für eine Teilhabe aller Personen im sozialen Nahraum gewährleistet. Insofern gilt es, einen erweiterten systemischen Blick auf die Person, ihre persönlichen und sozialen Ressourcen sowie die institutionellen Zusammenhänge der Unterstützung und Perspektiven einer stadtteilorientierten Arbeit einzubeziehen (Beck 2016; s. Kap. 5.1.3).

In der personenzentrierten Arbeit kommt darüber hinaus dem Einzelkontakt in Beratung und Betreuung ein besonderer Stellenwert zu. Insofern sollen hier einige Grundsätze der inklusiven Arbeit dargestellt werden, die Einzelfallarbeit und Blick auf den sozialen Kontext verbinden. Von großer Bedeutung für ein inklusives Verständnis ist dabei, die „Person im Kontext" als grundlegende Einheit der Unterstützung zu sehen. Dies erweist sich als hilfreich, um Fragen der Teilhabe und Partizipation im sozialen Kontext zu betrachten.

Bei der Gestaltung des Hilfesettings gilt es, die Anfangs- oder Einstiegsphase, die Arbeitsphase und die Abschlussphase zu unterscheiden:

Die Anfangs- oder Einstiegsphase zielt auf die Inhalts- und Beziehungsgrundlagen ab. Im Zentrum stehen die Klärung der Klient_innenziele und des Arbeitskontextes im neu entstandenen Helfer-Klienten-System. Der/die Berater_in strebt eine positive Arbeitsbeziehung an und betont die Eigenständigkeit und -verantwortlichkeit der Klient_innen. In der Eröffnungssequenz geht es des Weiteren um Rollenfindung, Erwartungsklärung, Vertrauensbildung und die kommunikative Abstimmung von Berater_in und Klient_in.

Wichtig ist hier die im Index für Inklusion als „Willkommenskultur" bezeichnete Grundhaltung den Personen gegenüber. Bei mehreren Personen gilt es auch, das Prinzip der Allparteilichkeit zu verfolgen, d. h., sich den verschiedenen Personen, Problembeschreibungen und Lösungsideen gegenüber neutral zu positionieren. Der/die Berater_in kann für das System (z. B. einer Familie) nur nachhaltig hilfreich sein, wenn sich von ihm alle Systemangehörigen angenommen und in der Beratung hinreichend berücksichtigt fühlen. Weder mit einer Person noch einer spezifischen Sichtweise auf das Problem noch mit einer spezifischen Problemlösung darf eine enge Verbundenheit bzw. Koalition bestehen (Neutralitätsregel). Andere Personen im System würden sich ansonsten vom/von der Berater_in nicht angenommen fühlen und ggf. ihre Kooperationsbereitschaft reduzieren.

Wichtig ist bei der Auftragsklärung auch der Kontext, in dem der Unterstützungsprozess stattfindet und welche Konsequenzen die Zielerreichung einer Person für das Gesamtsystem hat. „Wir müssen bei unseren Interventionen immer mit bedenken, welche Folgen sie für den Kontext von Klienten und damit rekursiv für unsere Klienten selbst haben" (Schwing & Fryszer 2017, 325 f.). Denn ein Beratungsprozess wirkt nie nur auf den einzelnen Klienten, sondern auch auf die Systeme, die ihn und Beratungsprozess umgeben. Kooperation kann insofern nur dauerhaft geschaffen werden, wenn die Nützlichkeit einer Entwicklung/Veränderung jeweils spezifisch abgewogen wird.

Die Arbeitsphase hat diagnostische, zielexplorierende und veränderungsorientierte Funktionen. In ihrer Ausgestaltung ist sie vielfältig und weist vergleichsweise wenige universelle Merkmale auf. Je nach Anliegen und Arbeitskontext umfasst sie nur eine Sitzung, ist aber auch als längerfristiger Begleitungsprozess beispielsweise einer Führungskraft in der Weiterentwicklung ihres Führungsstils gestaltbar. Als Analyseschritte für das Berater_innenhandeln empfehlen Schwing & Fryzer: Sehen, Ordnen, Entscheiden und Handeln. Der idealtypische Ablauf von Sehen (wahrnehmen, explorieren und Informationen sammeln), Ordnen (Informationen auswerten und strukturieren), Entscheiden (Ziele setzen, Methoden wählen und Maßnahmen planen) und Handeln (intervenieren und Methoden anwenden) stellt sich bei der Themenbearbeitung als wiederkehrender kreisförmiger Prozess dar. Beispielsweise entstehen im Handeln neue Informationen und Wahrnehmungen über das Klientensystem, was dann zu neuen Hypothesen und anderen Entscheidungen über den weiteren Verlauf des Unterstützungsprozesses beitragen kann (vgl. Schwing & Fryszer 2017, 16f.). Zum inklusiven Verständnis von Diagnostik folgt im nächsten Kapitel der Gastbeitrag von Christina Reichenbach.

In der Arbeitsphase kommt der Prozesssteuerung ein besonderer Stellenwert zu. Dies betrifft insbesondere Rückmeldungen durch den/die Klient_in über den Stand in der Anliegenbearbeitung, die Zufriedenheit des/der Klient_in mit der Beratungsbeziehung und die Übereinkunft hinsichtlich der weiteren gemeinsamen Arbeit. In dieser Phase gilt es, die psychoemotional stabilisierenden Elemente der Beratung (z. B. Wertschätzung, Ressourcenarbeit) mit den neuen Anregungen und verstörenden Interventionen (z. B. Konfrontation mit Anforderungen,

Konflikte) in einem Gleichgewicht zu halten, damit die Bereitschaft zur Veränderungsarbeit beim/bei der Klient_in erhalten bleibt.

Die Abschlussphase richtet sich auf die Auswertung des Prozesses und die Ergebnissicherung. Hier gilt es, die Zielerreichung zu resümieren, die Fortschritte wahrzunehmen und zu würdigen sowie den Prozess in seinem Gesamtverlauf und seinem Ausblick zu betrachten. Im Sinne der Rückfallvorbeugung ist mit dem/der Klient_in auch über das Verhalten bei Rückfällen und Stolpersteinen (z. B. erneute Konflikte in der neuen Arbeitsstelle, Kompetenzdefizite in der Einarbeitung) zu sprechen. Hier gilt es, mit ihm/ihr den Umgang mit derartigen Situationen zu erörtern und Bewältigungsstrategien zu erarbeiten. Abschlussinterventionen beinhalten eine wertschätzende Rückmeldung durch den/die Berater_in und Ideen zu einer „Hausaufgabe" bis zur nächsten Sitzung. Das können Beobachtungs-, Reflexionsaufgaben und Handlungsideen sein.

Inwiefern wirken die hier angesprochenen Beratungsgrundsätze im Sinne eines inklusiven Handelns? Sehr wichtig hierfür ist die konstruktive Beziehungsgestaltung mit einer geteilten Verantwortung nach der Maxime: „Die Klient_innen sind Expert_innen ihrer Lebenssituation – die Berater_innen bringen ihre Methodenkompetenz ein." Ein wichtiger Zwischenschritt im Unterstützungsprozess ist die Situationsanalyse, in vielen Kontexten auch die Diagnostik personaler und sozialer Faktoren. Darauf geht nun der Gastbeitrag von Christina Reichenbach ein.

5.2.8 Diagnostisches Handeln im Rahmen von Inklusionsprozessen (Christina Reichenbach)

Der Begriff Diagnostik (griech.: diá gnósis – „durch und durch/hindurch" sowie „erkennen/Erkenntnis") beschreibt vom Wortursprung ein „durch und durch Erkennen". Es handelt sich somit zunächst um einen neutralen Begriff, der einen Erkenntnisprozess meint (vgl. Reichenbach & Lücking 2007). Im Lauf der Jahrhunderte wurden zahlreiche Definitionen des Begriffs Diagnostik formuliert, welche zunehmend spezifischere Ziele als ein „Erkennen" umfassen. Es ging und geht häufig darum, Unterscheidungen oder Vergleiche zu treffen.

Seit den 1970er Jahren entstehen rege Diskussionen darüber, welche Diagnostik gut oder weniger gut ist und welche Methoden eingesetzt werden sollten (vgl. Pawlik 1976; Reichenbach & Thiemann 2013). Diese Diskussionen sind besonders im Hinblick auf das Thema Inklusion wieder hervorgetreten. Hier reichen die Aussagen von einem völligen Verzicht auf Diagnostik, da diese per se exklusiv sei, über das Verneinen der Frage nach der Notwendigkeit von inklusionsspezifischer Diagnostik (vgl. Schlee 2012) bis hin zu einer Herausstellung der Notwendigkeit von Diagnostik, da diese erkenntnisleitend und grundlegend für eine zielgerichtete Arbeit sei (Breitenbach 2015). Die Frage, ob ein Widerspruch zwischen Inklusion und Diagnostik besteht, lässt sich nicht pauschal beantworten. Zur Beantwortung dieser Frage müsste zunächst individuell geklärt werden, was jeweils unter den Begriffen Inklusion und Diagnostik verstanden wird (vgl. Hartke 2012).

Einhergehend mit der Wandlung und der Vielfalt der Vorstellungen, wie Diagnostik verstanden wird, stechen insbesondere drei Begrifflichkeiten hervor, die jeweils Richtungen von Diagnostik beschreiben, auch wenn sie im Detail sehr verschiedenen spezifischen Konzepten zugeordnet werden können: Feststellungsdiagnostik, Förderdiagnostik und Inklusive Diagnostik. Ebenso zahlreich wie die hier jeweils zugehörigen vorliegenden Konzepte bzw. Vorgehensweisen sind die Vertreter verschiedener Fachgebiete (z. B. aus Psychologie, Sonderpädagogik, (Heil-)Pädagogik, Lehramt, Integrationspädagogik, Sozialer Arbeit), die sich mit der Thematik über die Jahrzehnte befassen. Zu nennen sind beispielhaft: Pawlik (1976), Bundschuh (1980), Kornmann, Meister & Schlee (1983), Suhrweier & Hetzner (1993), Eggert (1997), Boban & Hinz (1996, 1998), Lotz (2001), Ledl (2004), Schuck (2008), Simon & Simon (2013), Heimlich, Lutz & Wilfert de Icaza (2014), Schäfer & Rittmeyer (2015), Amrhein (2016).

Da es im Rahmen des vorliegenden Beitrags nicht möglich sein wird, die kompletten Entwicklungen, Vielfalt und Differenziertheit der Vorstellungen zu einer „inklusiven Diagnostik" bzw. inklusionskompatiblen Diagnostik aufzuzeigen, wird lediglich ein Einblick hinsichtlich vorhandener Diskussionen um Diagnostik sowie diagnostischer Überlegungen im Rahmen von Inklusionsprozessen gegeben. Dazu werden bisherige Überlegungen aufgezeigt sowie Kriterien für eine inklusive Diagnostik zusammengetragen. Da Diagnostik in verschiedenen inklusionsorientierten Handlungsfeldern von Bedeutung ist, werden hier grundlegende Haltungen und Perspektiven zur Diagnostik herausgestellt, die im Sinne von Inklusion bedeutsam sind, um den Lesern, gleich welcher Profession, eine Idee für ihre inklusionsorientierte diagnostische Tätigkeit zu geben.

Ideen zu einer inklusionsorientierten Diagnostik

Recherchen zeigen, dass sich der Schwerpunkt der Auseinandersetzung bezüglich einer inklusiven Diagnostik auf den schulischen Rahmen bezieht. Dies bedeutet schlussfolgernd, dass in weiten Teilen nicht fachlich übergreifend, sondern vielmehr kontextbezogen gedacht wird und dementsprechende Konzepte bzw. Ideen hinsichtlich einer möglichen inklusiven Diagnostik überlegt werden.

In den Beiträgen werden verschiedene, stets wiederkehrende Fragen aufgeworfen, die als Argumente für oder gegen eine veränderte und somit inklusionsorientierte Diagnostik sprechen.

So zeigt sich, dass man sich in den Institutionen der Praxis (Schule, Frühförderung u. a.) mit neuen Vorstellungen zur Diagnostik oftmals schwer tut. Statt neue Ideen zu entwickeln oder aufzugreifen, werden Argumente eingebracht, welche die bisherige Arbeit legitimieren sollen:

- Anwendung quantitativer Verfahren: Im schulischen Kontext werden oftmals und primär Testverfahren eingesetzt mit der Begründung, dass diese als Standard gelten. Diese quantitativen Verfahren wären ökonomisch anwendbar und gäben juristische Sicherheit. Damit verbunden ist sicher auch der Glaube an eine „Objektivität". Der vermeintliche Standard steht jedoch beispielsweise in NRW an keiner Stelle festgeschrieben, sondern wird maximal zur Auswahl gestellt (vgl. MSWF 2002).

- Macht der Gewohnheit: Aufgrund mangelnder Zeitbudgets scheint es oftmals nicht machbar, dass man sich neuere Verfahren und Vorgehensweisen zur Diagnostik anschaut oder aneignet. Stattdessen werden in Institutionen oftmals Testverfahren, deren Normierung bereits seit Jahren überholt ist, angewandt. Zudem erscheinen Verfahren oftmals als „liebgewonnen" und „vertraut" – Gewohnheit gegen Neues einzutauschen, erscheint paradox.
- Prognosen: Es besteht der Glaube, dass mittels der genutzten Verfahren Prognosen zu spezifischen Leistungs- und Fähigkeitsbereichen erstellt werden können. Jedoch sind die vorliegenden genutzten und grundsätzlich alle verwendeten diagnostischen Verfahren allein ungeeignet, differenzierte Prognosen abzugeben oder aber förderrelevante Erkenntnisse zu erzielen (vgl. Hartke 2012).

Diese kurzen „Argumente" für bekannte und vertraute Wege machen Denken in Klassifikationen sichtbar. Bemängelt wird vor allem das nach wie vor gerade im schulischen Kontext vorherrschende „dichotome" Denken, d.h. eine damit verbundene Klassifikation in „auffällig"/„förderbedürftig" oder nicht. Aufgrund der Tatsache, dass ein sog. sonderpädagogischer Förderbedarf ermittelt werden soll, gelingt es nicht, ein Kategorisieren zu vermeiden. Unablässig besteht die Hauptaufgabe von sog. Überprüfungsverfahren darin, einen Ist-Stand festzustellen, damit pädagogische und auch administrative Entscheidungen getroffen werden können. Wenn die Aufgabe von Diagnostik eine Klassifikation darstellt und damit zur Stigmatisierung beiträgt, steht sie im Widerspruch zu inklusionsorientierter Pädagogik.

Die angeführten Kritikpunkte müssen zu veränderten Fragen und zu einer Suche nach neuen Antworten führen. Die Frage, welche Art von Diagnostik inklusiv wäre oder wie eine inklusive Diagnostik aussehen kann, ist eine Frage, der folgend nachgegangen wird. Fest steht, dass eine sog. Feststellungsdiagnostik kategoriales Denken unterstützt und nicht hilfreich im Rahmen von Inklusion erscheint.

Altersnormorientierte Tests können keine Auskunft über Art und Inhalt einer Förderung geben. Tests sind nicht in der Lage, die individuelle Lebenswirklichkeit eines Menschen abzubilden und geben keine Information zu Förder- und Unterstützungsmöglichkeiten. Ebenso hat die Unterteilung bzw. Zuordnung von Beobachtungen zu einzelnen Entwicklungsbereichen lediglich einen Modellcharakter und ist einer Hypothesenbildung, jedoch nicht einer eindeutig abgrenzbaren Kategorisierung im Hinblick auf Entwicklungsstände dienlich. Dies obliegt der Interpretation und Einschätzung des Anwenders, verbunden mit seinem theoretischen Hintergrund.

Allgemeine kontextunabhängige Überlegungen zu einer inklusionsorientierten Diagnostik

Im Zentrum von Inklusionsüberlegungen stehen die Ermöglichung und Anerkennung des individuell selbstbestimmten Lebens sowie die gesellschaftliche Verantwortung gegenüber allen Menschen gleichermaßen. Dies betrifft auch die Überlegungen zur Diagnostik, in ihrer Durchführung und ihren Konsequenzen. Wesentlich für die konzeptionelle Ausrichtung eines diagnostischen Vorgehens sind die Ziele. Sind diese feststellungsorientiert, so werden es auch die Methoden sein. Sind die Ziele dahingehend ausgerichtet, zu erkennen, über welche Entwicklungskompetenzen und -möglichkeiten ein Mensch verfügt, werden die genutzten Verfahren und Vorgehensweisen eher individualisiert und qualitativ beschreibend sein. Bereits vor knapp 20 Jahren machte Schuck deutlich, dass es in einer pädagogischen Diagnostik auch darum geht,

> *„die entwickelten und gebräuchlichen Konzepte der Diagnostik hinsichtlich ihrer Menschenbilder, ihrer wissenschaftstheoretischen Annahmen, ihrer ethischen Implikationen und ihrer klassischen Verwertungszusammenhänge wahrzunehmen und im Hinblick auf ihre Brauchbarkeit und Veränderungsnotwendigkeit auf dem Hintergrund der aktuellen gesellschaftlichen Entwicklungen zu prüfen"* (Schuck 2000, 246f.).

Bis heute ist dies nicht konsequent geschehen. Für eine inklusionsorientierte Diagnostik muss nicht alles neu erfunden, jedoch inhaltlich hinsichtlich der Brauchbarkeit geprüft werden. Da es seit Jahrzehnten Überlegungen gibt, Diagnostik individuumsorientiert zu gestalten, finden sich in der hier vorliegenden Zusammenstellung auch zahlreiche Gedanken, die bereits weit vor einer spezifischen „Inklusions-Perspektive" eingebracht wurden.

Ein wesentliches Merkmal von Überlegungen zu einer inklusiven Diagnostik ist, dass sie nicht für einen spezifischen Anlass und mit einem allgemein gültigen wiederkehrenden Auftrag versehen ist. Dementsprechend sollte sie auch für Menschen mit heterogenen Lernausgangslagen gedacht werden (vgl. Prengel 2014a). Es sind Prinzipien, welche sich an einem Verständnis von Inklusion orientieren und versuchen, hier Diagnostik einzubeziehen. Es sei jedoch auch an dieser Stelle, wie bereits in der Einführung geschehen, nochmals darauf hingewiesen, dass es kein allgemein gültiges Verständnis von Inklusion gibt (vgl. Hinz 2013) und es aufgrund dessen auch kein allgemein gültiges Verständnis von „inklusiver Diagnostik" geben kann.

Innerhalb von Inklusionsprozessen stehen Interaktionen, Netzwerkarbeit, Unterstützung der selbstbestimmten Teilhabe (vgl. Heimlich 2003), Akzeptanz von Unterschiedlichkeit von Menschen bzw. Heterogenität als Normalfall (vgl. Ziemen 2003), Beseitigung von bildungspolitischen und institutionellen Be-Hinderungen (vgl. Stein & Lanwer 2006) im Fokus, welche auch im Rahmen von inklusionsorientierten diagnostischen Prozessen entscheidend sind.

Anstelle einer ausschließlich quantifizierenden Diagnostik sollte der Fokus auf einer beschreibenden Diagnostik liegen (z. B. Ledl 2004; Eggert, Reichenbach & Lücking 2007), in der der Mensch direkt in den diagnostischen Prozess einbezogen wird. Statt *auf* ihn zu schauen und/oder *über* ihn zu sprechen, wird *mit* ihm interagiert und seine persönlichen Bedarfe werden erschlossen.

Die Fragen und damit verbunden die Antworten, die den Menschen individuell betreffen, sind maßgebend für seinen weiteren Entwicklungsweg und müssen im Einzelfall betrachtet und dementsprechend einbezogen werden. An dieser Stelle könnte auch eine Diskussion hinsichtlich ethischer Fragen in der Diagnostik eingebracht werden, was jedoch an dieser Stelle zu weit gehen würde (vgl. Reichenbach 2010).

Orientierung an Normen – die Bedeutung von Bezugssystemen

Wenn es um Diagnostik geht, wird oftmals zwischen normierten und standardisierten sowie kriteriumsorientierten und nicht-standardisierten Verfahren unterschieden, ohne eine spezifische Methode darzulegen. Als „Argument" für Kostenübernahmen wird immer wieder eingebracht, dass ein „Test" angewendet werden müsse, der normiert ist. Dies ist wiederum ein Glaube, welcher an keinem Ort gesetzlich verankert ist.

Die Sichtweise, dass jegliche Normierung einer Inklusion widerspricht, dürfte dahingehend überholt sein, dass inzwischen deutlich ist: Wenn ein Entwicklungsstand oder fortführend ein Entwicklungsverlauf beschrieben werden soll, bedarf es „Normen" bzw. Vergleiche. Ergebnisse (z. B. in Form von Ist-Werten oder auch Beschreibungen) erlangen erst eine Aussagekraft und Bedeutung, wenn sie mit ausgewählten Größen in Beziehung gesetzt werden (vgl. Schlee 2012). Diese „Normen" bzw. „Bezugssysteme" müssen jedoch nicht altersorientiert sein und der Gaußschen Normalverteilung entsprechen. Bereits Ende der 1980er Jahre wies Schuck darauf hin, dass es

> *„[...] um die Entwicklung anderer Bezugssysteme für die Beurteilung individueller Leistungen [geht]. Nicht mehr die Bewertung einer sehr globalen und zusammengesetzten Leistung oder eines Entwicklungsstandes im Hinblick auf den Leistungs- und Entwicklungsstand anderer, wie es in der ‚normorientierten' Diagnostik geschieht, steht zur Diskussion, sondern die Entwicklung von diagnostischen Verfahren, die sehr genau die Strukturen eines Lerngegenstandes, einer kognitiven, kommunikativen oder sozialen Leistung abbilden"* (Schuck 1988, 30).

Es gibt weitaus mehr sog. Bezugssysteme, mit denen das Verhalten eines Menschen verglichen werden kann und die einen Vergleich bzw. eine Orientierung für die Einschätzung von Entwicklung ermöglichen. Zentrale Frage der Bezugssysteme ist: Mit was oder wem wird ein Mensch verglichen? Was sind die angelegten „Maßstäbe"? So kann sich ein Diagnostiker an der so genannten Altersnorm, an der individuellen Norm, an der Gruppennorm, an Büchern, an Erfahrungswerten, an körperlichen Normen oder an gesellschaftlichen Normen orientieren (vgl. Reichenbach & Thiemann 2013). Bei jeder Vergleichsmöglichkeit muss sich der Diagnostiker fragen, ob ein Vergleich mit diesem Bezugssystem im individuellen Einzelfall und für das Ziel bzw. Anliegen sinnvoll ist.

Jedes Bezugssystem bringt sicherlich Vor- und Nachteile mit sich. An dieser Stelle kann nur darauf hingewiesen werden, dass es für jeden diagnostischen Prozess bedeutend ist, sich über vorgegebene und eigene implizite oder explizite Bezugssysteme klar zu werden. Unter Umständen kann es sein, dass ein Mensch bezüglich seines Unterstützungsbedarfes, in Abhängigkeit vom genutzten Bezugssystem, sehr different eingeschätzt wird. Im Rahmen einer inklusiven Diagnostik erscheint vor allem das individuelle Bezugssystem sehr wertvoll, um zu erkennen, wie sich ein Mensch individuell über einen Zeitraum hinweg entwickelt hat, und auch um zu erfassen, welche Entwicklungsziele individuell vorliegen.

Ziele einer inklusionsorientierten Diagnostik

Werden aktuelle Veröffentlichungen betrachtet, so handelt es sich oftmals um eine Diagnostik für bestimmte Fähigkeitsbereiche (z. B. Mathematik, Sachunterricht) oder aber um eine Einschätzung ausgewählter Entwicklungsbereiche (z. B. Motorik, sozial-emotionales Verhalten, Sprache, Kognition). Das erscheint prinzipiell als in Ordnung, solange der Bedarf der eigentlichen Überprüfung im Sinne des Menschen ist, der überprüft wird. In der Praxis, vor allem im Bereich Schule, steht, wie bereits erwähnt, oftmals eine Feststellung des so genannten sonderpädagogischen Förderbedarfs im Raum, um weiterführend finanzielle Mittel für das Personal auszuschöpfen.

Die Ziele einer Diagnostik werden je nach Autor oder konzeptioneller Ausrichtung und dem damit verbundenen individuellen Inklusionsverständnis sehr unterschiedlich betrachtet. Oftmals gleichen die Ziele von Diagnostik primär denen des Bildungsplans und den Vorstellungen von Förderschullehrern. So beschreibt Hartke (2012) als mögliche (abstrakte) Aufgaben von Diagnostik u. a. die Beschreibung einer problematischen Erziehungssituation, die Erklärung von Problemen, ein Prognostizieren des Verlaufs und eine Evaluation. Alles sollte mit standardisierten Verfahren, die einem hohen Standard der Güte entsprechen, ermöglicht werden. Für andere wäre dies bereits durch die Fokussierung auf Probleme, aber auch in Bezug auf die einseitige Wahl diagnostischer Methoden im Widerspruch mit Inklusion.

Schlee (2012) formuliert, dass Diagnostik, egal ob inklusiv oder nicht, immer den Auftrag der „Feststellung" hat. In seinem Verständnis entspricht ein „Feststellen" einer Beschreibung und weiterführend einem „Erkennen".

Eine andere Zielsetzung von Diagnostik im Rahmen inklusiver Pädagogik „ist die Unterstützung der Lebens- und Lernsituation von Menschen über (selbst-)reflexive Prozesse der Beteiligten" (Boban & Hinz 1998, 152). Wichtig erscheint es hier zu erkennen, welche Kompetenzen ein Mensch hat und welche weiterführenden Lern- und Entwicklungsgelegenheiten er braucht (vgl. Prengel 2014a). Wird theoriebasiert geschaut, kann es ein Ziel sein, zu erkennen, was die Zone der nächsten Entwicklung ist und wie ein Mensch zur Erreichung der nächsten Zone unterstützt und begleitet werden kann (vgl. Simon & Simon 2013). Dieses Ziel, welches Wygotskij erstmals 1935 formulierte, findet sich in einigen diagnostischen Methoden konkret wieder (z. B. im SKI von Eggert, Reichenbach & Bode 2003) oder wird als Orientierung zur Bestimmung der Lernausgangslage genutzt (vgl. Prengel & Horn 2013; Ziemen 2016).

Eine inklusive Diagnostik sollte Fachkräfte näher an die Menschen mit ihren speziellen Bedingungen, ihrem Wissen und Können heranführen, Gültigkeit für alle Menschen gleichermaßen haben und als Grundlage für individualisiertes Lernen gesehen und nicht als Spezialdiagnostik für Menschen mit Förderbedarf missbraucht werden (vgl. Boban & Hinz 1998).

Ein Ziel von Diagnostik sollte darin bestehen, Menschen so wahrzunehmen, dass sie besser verstanden werden können. Um einen Menschen hinsichtlich Teilhabe und Zugehörigkeitsgefühl zu stärken,

„[...] kommt Diagnostik eine zentrale Rolle zu. Wenn die Idee, die nun verwirklicht werden will (vgl. Scharmer 2009), ist, Möglichkeitsräume zu schaffen, in denen sich jedes Individuum zur richtigen Zeit am richtigen Ort – als Ganzes einfach ‚richtig', also willkommen – fühlt, setzt dies bereits für Fragen diagnostischer Prozesse Maßstäbe" (Boban & Kruschel 2012, 3).

Aktuell gibt es nach wie vor verschiedene Vorstellungen bzw. Modelle, die einer inklusionsorientierten Diagnostik entsprechen bzw. nahekommen. Dazu gehört z. B. das „Mosaikmodell – Diagnostisches Mosaik" von Boban & Hinz (1996). Ein weiteres, oftmals im Rahmen von inklusiver Diagnostik angepriesenes Modell ist „Response to Intervention" (RTI), welches jedoch genauso oft aufgrund dichotomen Denkens kritisiert wird (vgl. Schumann 2014; Ziemen 2016).

Merkmale für eine inklusive Diagnostik

An dieser Stelle wäre es sicherlich aufschlussreich, anhand ausgewählter Kriterien einen Vergleich von „traditioneller" Diagnostik, Prozessdiagnostik, Förderdiagnostik und inklusionsorientierter Diagnostik vorzunehmen. Für interessierte Leser sei hier auf Simon & Simon (2013) hingewiesen.

Handlungsorientierte Überlegungen zu einer inklusiven Diagnostik

In einer inklusionsorientierten Diagnostik geht es um das Erhalten von Erkenntnissen, die weiterführend für den Menschen selbst gewinnbringend sind, eine Teilhabe ermöglichen und das Zugehörigkeitsgefühl stärken (Boban & Kruschel 2012). Im Sinne von Inklusion sollte es nicht um einmalige oder wiederholte „Feststellungen" gehen, sondern um einen fortlaufenden Prozess der Erkenntnisgewinnung. Zur Erkenntnisgewinnung gibt es nicht EIN Verfahren oder ein „Programm" bzw. Konzept, welches die Entwicklung überprüft. Vielmehr dient erst die Nutzung zahlreicher Methoden (z. B. Beobachtung, Befragung, Screening, Inventar) und damit verbunden eine individuelle Auswahl diagnostischer Verfahren, Instrumente und Wege dem jeweiligen Erkenntnisgewinn (vgl. Suhrweier & Hetzner 1993; Eggert et al. 2007; Reichenbach & Thiemann 2013). Neben spezifischen diagnostischen Methoden können auch Portfolio, Bilder, Fallbesprechungen und viele weitere Materialien dazu dienen, eine Entwicklungsbegleitung zu unterstützen (vgl. Prengel 2014a). Es ist immer empfehlenswert, die Vielfalt der Methoden oder zumindest einen Teil des Methoden-Repertoires für diagnostische Prozesse zu nutzen. Letztlich sollte eine Zusammenstellung von Verfahren oder Instrumenten erfolgen, die mit dem zugrundeliegenden Verständnis von Inklusion übereinstimmt (vgl. Boban & Hinz 1998).

Weiterhin besteht die Notwendigkeit, mehrere Personen dialogisch und ko-konstruktiv in den diagnostischen Prozess einzubeziehen, um verschiedene Perspektiven wahrzunehmen. Dies kann ebenfalls zum Erkenntnisgewinn beitragen und die Lernprozesse unterstützen (vgl. Eggert et al. 2007; Simon & Simon 2013).

Statt im weiteren Verlauf spezifische Vorgehensweisen darzulegen, werden folgende Kriterien herausgestellt, die es im Sinne einer inklusionsorientierten Diagnostik zu berücksichtigen gilt:

- Die *Ziele* einer Diagnostik sollten mit dem Verständnis und Anliegen von Inklusion übereinstimmen. Da es bis heute kein einheitliches Verständnis von Inklusion gibt, ergeben sich hier bereits Unterschiede im Hinblick auf eine „inklusive Diagnostik".
- Der *Sinn und Zweck* von inklusionsorientierter Diagnostik sollte die Frage nach Bedürfnissen, Rahmenbedingungen und Förderempfehlungen sein, anstelle von Kategorisierungs- oder Etikettierungsprozessen und damit verbunden Segregations- oder Ressourcenentscheidungen (vgl. Simon & Simon 2013).
- Inklusive prozessorientierte Diagnostik soll *frei von administrativen Aufnahmeverfahren* sein, die neben einer Stigmatisierung und Segregation auch einer Ressourcenbeschaffung dienen (vgl. Boban & Hinz 1998).
- Zur *Zielgruppe* gibt es unterschiedliche Positionen. Einerseits sind Überlegungen zu einer inklusiven Diagnostik für eine spezifische Klientel an Schulen zu finden; andererseits wird für eine „Support- und Serviceleistung" für alle Kinder argumentiert (vgl. Wocken 2013), womit dann auch die Zwei-Gruppen-Theorie überwunden werden könnte. Die Folge wäre ein Anspruch auf Unterstützung und Entwicklungsbegleitung aller Menschen, unabhängig von vorliegenden „Problemen".
- Der direkte *Einbezug des Menschen* ist grundlegend. Statt *auf* ihn zu schauen und/oder *über* ihn zu sprechen, wird *mit* ihm interagiert, reflektiert und seine persönlichen Bedarfe erschlossen (vgl. Eggert et al. 2007). Einen direkten Einbezug des Menschen innerhalb der Diagnostik beschreibt Schlee (2003) als „Diagnostik der Innensicht", um die subjektiven Sinn- und Wirklichkeitskonstruktionen zu rekonstruieren. „Kinder und Jugendliche sind dann nicht allein durch dritte Personen zu beurteilen, sondern es wird gefragt, wie sie selbst als denkende und handelnde Subjekte Tatbestände und Zusammenhänge sehen" (Schlee 2003, 189; vgl. Jantzen & Lanwer-Koppelin 1996).
- Das Verhalten bzw. die Verhaltenssituationen sollten stets aus *unterschiedlichen Perspektiven* betrachtet werden, um eine Annäherung an die Lebens- und Lernsituation eines Menschen zu ermöglichen (vgl. Boban & Hinz 1998). Das Zusammentragen verschiedener Vorwissen, Erfahrungen, Sichtweisen, Einschätzungen, Beobachtungen bezüglich des Menschen kann zu neuen Erkenntnissen führen (vgl. ebd.). Die Verschiedenheit der individuellen/individuell anderen Wahrnehmungen im professionellen Kreis sollte respektiert und genutzt werden.
- Eine biographische Analyse oder auch *Mensch-Umfeld-Analyse* soll die Vergangenheit, den bisherigen Lebensweg und damit verbunden den Entwicklungsprozess des Menschen bis zum gegenwärtigen Zeitpunkt zeigen und reflektieren. Besonders interessant ist, mit welchem „Gepäck" eine Person auf ihrem Lebensweg unterwegs ist. Dabei geht es darum, spezielle Ereignisse, Etappen, gegebenenfalls Brüche aufzuzeigen und ihnen subjektive Bedeutung beizumessen, damit dem Menschen ein besseres Verständnis entgegengebracht werden kann (vgl. Hildeschmidt & Sander 1988; Boban & Hinz 1998; Eggert et al. 2007; Mutzeck 2003).
- Eine *Kontextanalyse* meint die Betrachtung des sozialen Umfelds des Menschen, darunter die Familie, die Pädagogen, Freunde, Nachbarn, Haustiere,

Mitschüler, Lehrpersonen, Therapeuten, Vereine, Freizeitgruppen usw. Sie nimmt die derzeitige soziale Situation in den Blick und versucht, das Netz der Beziehungen und deren Qualitäten, aber auch Quantitäten aufzugreifen. Die Berücksichtigung und der Einbezug der verschiedenen Kontexte lassen Perspektiven erkennen und wirken somit einer einseitigen Betrachtung entgegen (vgl. Boban & Hinz 1998; Eggert et al. 2007; Mutzeck 2003).
- Durch einen *positiven Beziehungsaufbau* kann ein gemeinsames Handeln angebahnt werden (vgl. Boban & Hinz 1998; Eggert et al. 2007).
- Diagnostik im Rahmen von Inklusion stellt einen *kontinuierlich fortlaufenden Prozess* des individuellen Erkenntnisgewinns dar.
- Es wird Abstand genommen von dem Wunsch nach Objektivität. Jedes Handeln, jede Wahrnehmung, jede Einschätzung von Menschen ist subjektiv. Umso wichtiger ist es, die *Subjektivität* eines jeden Menschen zu ergründen und transparent zu machen (vgl. Eggert 1997). Der Mensch sollte „in seinem Umfeld mit seiner Selbst- und Weltsicht, seinen subjektiven Sinnstrukturen, seinen Kompetenzen und Ressourcen" gesehen werden (Mutzeck 2002, 7). Dies lässt erkennen, dass eine individuelle Selbsteinschätzung sehr sinnvoll ist (vgl. Ziemen 2016).
- Auch eine inklusionsorientierte Diagnostik setzt ein explizites fundiertes pädagogisches und psychologisches *Handlungs- und Erklärungswissen* voraus, um erhaltene „Ergebnisse" und überlegte Angebote theoretisch sorgfältig begründen und planen zu können. Für ein inklusionsorientiertes diagnostisches Vorgehen ist es unabkömmlich, dass der Pädagoge über differenziertes methodisches und fachliches Wissen (z. B. Menschenbilder, Entwicklungstheorien) und ein umfangreiches methodisches Handlungsrepertoire verfügt (vgl. Schlee 2012).
- Unterschiedliche *Methoden* sind bedeutend, um individuelle Kompetenzen zu erkennen (vgl. Eggert et al. 2007). Die Auswahl der Methoden und spezifischen Verfahren sollte im Hinblick auf deren Eignung für eine Förderrelevanz ausgewählt werden (vgl. Hartke 2012).
- Spezifische diagnostische Verfahren sollten *zielorientiert* eingesetzt werden, statt ein allgemeines Setting abzuspulen.
- Diagnostische Situationen sollten mit Einverständnis der Menschen selbst stattfinden. Sie können dahingehend unterschiedlich, individuell differenziert und flexibel gestaltet sein, dass Situationen mittels vorliegender *Interessen* oder auch frei gewählter Themen entwickelt werden (vgl. Eggert et al. 2007; Prengel 2014a; Simon & Simon 2013).
- Inklusionsorientierte Diagnostik „besitzt *Praxisrelevanz* für pädagogisches Handeln und ist mit didaktischem Handeln unmittelbar verbunden" (Simon & Simon 2013, 7 – Herv. d. Verf.).
- Gerade aufgrund unterschiedlicher Ideen von Inklusion ist eine Darlegung und Bezugnahme genutzter *Theorien* wichtig. Nur so kann nachvollzogen werden, wie gezeigtes Verhalten erklärt wird und warum welche Methoden gemeinsam ausgewählt wurden (vgl. Ziemen 2016).
- Eine *Schulung* diagnostischer Kompetenzen besteht als Grundlage für die Gestaltung inklusionsorientierter diagnostischer Situationen. In der Tat scheint

es in der Praxis oftmals an einem differenzierten und reflektierten Umgang mit diagnostischen Verfahren und Vorgehen zu mangeln. Nicht allein der Einsatz veralteter Verfahren, sondern auch die Entscheidung für oder gegen spezifische Verfahren aufgrund von Ökonomie oder Sachkenntnis sollte reflektiert werden (vgl. Hartke 2012).

- Zur Einschätzung von Entwicklung findet ein *Vergleich* anhand spezifischer Entwicklungstheorien und im Verlauf mit sich selbst als Bezugssystem statt. Sinn und Zweck eines Vergleichs ist die Einschätzung und Beschreibung der aktuellen Entwicklung und damit verbunden das Erkennen der Zone der nächsten Entwicklung (vgl. Ziemen 2016).
- Eine inklusionsorientierte Diagnostik stellt stets eine Momentaufnahme dar und bedarf einer *umfänglichen und wiederholten Hypothesenbildung*, um einer Festlegung von „Urteilen" entgegenzusteuern (vgl. Eggert et al. 2007) und um pädagogisches Handeln in einer förderlichen Lernumgebung zu ermöglichen und individuelle Lernwege zu unterstützen. Das gesamte Handeln basiert auf vorläufigen Annahmen und bedarf vielmehr einer kontinuierlichen Prüfung statt konkreter Festlegungen (vgl. Ziemen 2016).
- Im Rahmen inklusionsorientierter Diagnostik werden *Entwicklungsverläufe* beschrieben und dokumentiert (vgl. Eggert et al. 2007).
- Inklusionsorientierte Diagnostik sollte kein Spezialgebiet von Sonder- oder Heilpädagog_innen sein, sondern eine *Kompetenz*, die für verschiedene Berufsgruppen in der Arbeit mit Menschen über die gesamte Lebensspanne notwendig ist (vgl. Simon & Simon 2013).

Anhand der aufgezeigten Kriterien wird deutlich, dass es kein allgemeingültiges Konzept zu einer inklusionsorientierten Diagnostik gibt. Die aufgeführten Unterschiede, v. a. bezüglich Verfahrensauswahl und Vorgehen, sind immens groß und werden vermutlich noch Jahrzehnte bestehen.

Mögliche Zukunftsfragen

Abschließend wird nun in Kürze überlegt, die hier aufgeführten zusammengefassten Überlegungen unter der Perspektive zu betrachten, welche Fragen zentral sind und in welchen Bereichen es einer Entwicklung und weiterführender Forschung bedarf.

Ein erstes Ziel wäre es, dass Fachkräfte, die mit diagnostischen Aufgaben betraut sind, ihr Handeln durchgängig reflektieren und sich ihr Verständnis von Inklusion und Diagnostik jeweils verdeutlichen, wonach sie dementsprechend auch diagnostisch handeln. Dazu gehört sicherlich auch ein differenziertes Studium gesetzlicher Grundlagen, um zu sehen, was möglich ist, statt Behauptungen zu glauben, die jeder gesetzlichen Grundlage entbehren. Stehen bildungspolitische und/oder institutionelle Rahmenbedingungen dem Anliegen einer inklusionsorientierten Arbeit und Diagnostik tatsächlich entgegen, sollte versucht werden, diese in Bezugnahme auf die UN-BRK zu beseitigen.

Eine interessante Idee wäre es sicherlich, kontextbezogen, d. h. in spezifischen Handlungsfeldern, zu überlegen, welche Kriterien eine inklusionsorientierte Diagnostik erfüllen sollte, um sowohl den Bedarfen der Menschen, um die es geht, als auch möglichen institutionellen und gesellschaftlichen Anforderungen gerecht zu werden. Vor dem Hintergrund eines offengelegten Inklusionsverständnisses sollte eine Auswahl von Methoden und spezifischen Verfahren sowie ein individuumsorientiertes Vorgehen geplant und transparent gemacht werden.

Eine inklusionsorientierte Diagnostik *mit* den Menschen kann dazu beitragen, Menschen besser wahrzunehmen und zu verstehen und somit weiterführend eine Anerkennung und Berücksichtigung von individuellen Bedarfen ermöglichen.

6 PARADOXIEN DER INKLUSION UND WIDERSTÄNDE GEGEN DIE INKLUSION

Was Sie in diesem Kapitel lernen können:

In diesem Kapitel können Sie lernen, welche Paradoxien mit der Umsetzung von Inklusion verbunden sind – vor allem in der Schule, aber auch in anderen Praxisfeldern – und wie sie zu erklären sind. Auch werden kritische Einwände und Widerstände dargestellt. Diese beziehen sich am häufigsten auf bildungspolitische Kontroversen, aber auch auf die Frage nach der Notwendigkeit von gesellschaftlichen „Schonräumen" für Menschen in verschiedenen Problemlagen. Schließlich wird die Problematik der „inkludierenden Exklusion" und der „exkludierenden Inklusion" erläutert und auf den oft vernachlässigten Aspekt der selbst gewählten Exklusion aufmerksam gemacht. Darüber hinaus werden die kritischen Positionen ausgeführt, die die Möglichkeit einer inklusiven Gesellschaft im Rahmen einer kapitalistischen Gesellschaft bezweifeln.

6.1 Stagnierende Zahl von Kindern auf Förderschulen trotz höherer Inklusionsquote

In den Veröffentlichungen zum Thema Inklusion von Seiten der Schulpolitik in Bund und Ländern wird damit geworben, dass immer mehr Schulen „inklusiv" werden, womit zunächst nur gemeint ist, dass sie auch „behinderte" Kinder ihres jeweiligen Einzugsgebietes aufnehmen. Irritierend ist aber die statistische Entwicklung, wonach trotzdem die Quote der Förderschüler_innen seit 2000 nicht abgenommen hat. In einer Studie der Bertelsmann-Stiftung hat Klaus Klemm 2015 nachgerechnet, dass der Inklusionsanteil bundesweit zwar seit 2009 von 18,4 auf 31,4 % gestiegen ist. Gleichzeitig sank der Anteil der Schülerinnen und Schüler in Förderschulen (nach Klemm die „Exklusionsquote") aber nur von 4,9 auf 4,7%. Vor Inkrafttreten der UN-BRK im Jahr 2008 war die Exklusionsquote mit 4,6% sogar niedriger als heute. Klemm erklärt dies dadurch, dass bundesweit bei immer mehr Kindern ein sonderpädagogischer Förderbedarf festgestellt wird. Zwischen 2009 und 2014 stieg die Quote von 6,0 auf 6,8% (Klemm 2015, 6).

Eine mögliche Ursache für die nicht sinkende Zahl der Förderschüler_innen liegt in den mangelnden personellen Ressourcen in den allgemeinbildenden Schulen. Viele Lehrkräfte vermitteln aus einer Überforderungssituation heraus verstärkt Kinder in Diagnoseeinrichtungen. Eine weitere mögliche Ursache ist, dass „inklusive" Schulen gar keine anderen, sondern die gleichen Kinder und Jugendlichen aufnehmen wie früher, und dass sich nur das Ausmaß des attestierten Förderbedarfs geändert hat. Für diese These spricht, dass zwei Drittel der Förderschüler_innen dem Förderschwerpunkt Lernen, Sprache und emotionale-soziale Entwicklung zugeordnet sind, also nicht im klassischen Sinne als „behindert" gelten (Becker 2015, 137). Dann hätte entgegen der öffentlichen Wahrnehmung eine wirkliche Veränderung der Schullandschaft nicht stattgefunden, und das in Kapitel 4.3.4 erläuterte „Ressourcen-Etikettierungs-Dilemma" würde offenbar auch in einer inklusiven Schullandschaft wirken.

6.2 Widerstände bei Lehrkräften wegen Personalmangels und didaktischer Bedenken

Anders gelagert sind öffentliche Kontroversen, bei denen es insbesondere um die personellen Kosten und um die damit verbundenen didaktischen Konzepte der Inklusion geht. Das Forschungsinstitut für Bildungs- und Sozialökonomie hat eine Studie vorgelegt, der zufolge eine sachgerechte Umsetzung von Inklusion trotz des zu erwartenden Geburtenrückgangs bundesweit etwa 49 Milliarden Euro kosten würde. Zieht man hiervon die Einsparungen durch die Schließung von Förderschulen in Höhe von etwa 15 Milliarden Euro ab, wären für ein inklusives Schulsystem noch zusätzliche 34 Milliarden erforderlich, d. h., ein inklusives Schulsystem würde mehr als doppelt so viel kosten wie das bisherige System (Speck 2015). Eine breite gesellschaftliche und politische Diskussion zur Finanzierung eines inklusiven Schulsystems steht noch aus.

Weitere Widerstände gegen die Inklusion kommen von Seiten zahlreicher Lehrkräfte und Elternvereinigungen. Nach einer repräsentativen Studie des Forsa-Institutes von 2015 halten 41% der Lehrkräfte es für sinnvoll, behinderte Kinder in speziellen Förderschulen zu unterrichten – selbst wenn die finanzellen und personellen Ressourcen ausreichend wären (Forsa-Institut 2017, 3). Im Hintergrund stehen hier Bedenken, dass bei einem gemeinsamen Unterricht von Schüler_innen mit unterschiedlichen Leistungsmöglichkeiten, alle Beteiligten Nachteile haben, weil die einen zu wenig Förderung bekommen und von den anderen zu wenig gefordert werden kann. Auch spreche das leistungsorientierte, dreigliedrige Schulsystem dagegen (ebd., 6). Dass diese Bedenken nicht unberechtigt sind, darauf verweisen Erfahrungen mit dem Versuch inklusiven Unterrichts an Gymnasien.

6.3 Differenzierung von Lerngruppen: Lernbehinderte Kinder am Gymnasium

Einige Gymnasien in Nordrhein-Westfahlen haben auf die Forderungen der Schulpolitik, dass auch sie sich an der Inklusion beteiligen sollen, mit der Aufnahme von lernbehinderten Schüler_innen reagiert (Kukasch 2015). Die Ergebnisse dieser Versuche sind ein Beispiel dafür, dass „Inklusion" mitunter zwar gut gemeint ist, aber manchmal nur formal umgesetzt wird. Anders als das Konzept einer inklusiven Schule, wie wir sie als Good-Practice-Beispiel in Berg Fidel vorgestellt haben, hat das Gymnasium als Schulform eine selektive Zugangsberechtigung, die explizit an Leistungsmessungen orientiert ist. Daher müssen Gymnasien – zumindest wenn sie Schüler_innen mit geringerer kognitiver Leistungsfähigkeit

Differenzierung von Lerngruppen: Lernbehinderte Kinder am Gymnasium

aufnehmen – einen ständigen Spagat vollziehen. Denn sie müssen einerseits zieldifferent unterrichten und andererseits zumindest teilweise einen gemeinsamen Unterricht gestalten. Erklärungsbedürftig bleibt, warum die beteiligten Gymnasien sich dafür entschieden haben, unter dem Etikett „Inklusion" zwar Schüler_innen mit dem diagnostizierten Förderbedarf „Lernen" aufzunehmen, gleichzeitig aber Kinder mit Hauptschulempfehlungen abzuweisen, die sie vermutlich mit größerem Erfolg ebenfalls zieldifferent beschulen könnten. Mit den Erfahrungen, die Lehrer_innen und Eltern mit diesem Versuch einer (nur formal-)inklusiven Praxis gemacht haben, befasste sich ein Lehr-Forschungs-Projekt an der Evangelischen Hochschule in Bochum, von dem nun kurz berichtet werden soll.

- Im Rahmen des Projektes wurden pädagogische Fachkräfte eines der betroffenen Gymnasien zu den Erfahrungen mit Inklusion von lernbehinderten Schüler_innen befragt. Dabei zeigte sich, dass vom Lehrplan und von der Elternschaft her die Leistung und die Auslese weiter im Vordergrund standen. Es wurde täglich neu entschieden, welche Unterrichtsinhalte gemeinsam und welche in Teilgruppen (behindert/nicht-behindert) innerhalb von „Differenzierungsräumen" vermittelt werden sollten. Dieses Vorgehen führte schließlich zu Beschwerden von den Eltern beider Gruppen: Die Eltern der nicht-behinderten Kinder beklagten sich darüber, dass ihre Kinder im Vergleich mit den Parallelklassen mit dem Lehrstoff zurückblieben; die Eltern der anderen Kinder wie auch die Förderschullehrerin bemängelten dagegen eine reduzierte Zeit für die spezielle Förderung der lernbehinderten Kinder. Auch kam es für die lernbehinderten Schüler_innen zu wiederholten, beschämenden Konfrontationen mit der Tatsache, dass sie sehr vieles im Unterricht nicht verstanden.

Zu ähnlichen Ergebnissen kam Katharina Kukasch in ihrer Dissertation über „Inklusion an Gymnasien in NRW", auch wenn sie ihre Befunde über zwei Gymnasien in Gelsenkirchen vorsichtiger deutete. Auch in Gelsenkirchen waren die Lehrkräfte vor die Herausforderung gestellt, „den Spagat zwischen den allgemeinen Lehrplanforderungen einerseits und der Inkludierung aller SuS (Schülerinnen und Schüler – d. Verf.)" zu bewältigen. Es fehlten – wie überall – die notwendigen personellen Voraussetzungen (Kukasch 2014, 58). Trotz der Bemühungen um innere Differenzierung durch unterschiedliche Materialien sei es in der Folge immer häufiger zur äußeren Differenzierung, d.h. Kleingruppen-Förderung, an anderen Orten gekommen (ebd.). Nach Bericht der Lehrkräfte führte zudem die Besonderheit, dass die Inklusionsschüler_innen keine Noten bekamen, immer wieder zu Schwierigkeiten. Denn eigentlich wünschten sie sich auch Ziffernnoten, denn ohne sie wurde ihnen ihre Besonderheit ständig bewusst (Kukasch 2015, 62).

Diese Praxisberichte machen deutlich, dass unter dem Begriff der Inklusion in den Gymnasien eher eine verschärfte Variante der „Zwei-Gruppen-Theorie" (vgl. Kap. 4.3.3) praktiziert wurde, also eine ständige Trennung in behinderte und nicht-behinderte Schüler_innen. Die Idee einer „inklusiven Schulkultur" verkehrte sich dabei in ihr Gegenteil – nicht weil die Beteiligten das Thema Inklusion nicht verstanden hätten, sondern weil Inklusion u.E. nur in einer Schule für alle, d. h. in einer Gesamtschule mit Erfahrungen im differenzierten Lernen, die nicht nur in die Gruppen der behinderten und nicht-behinderten Schüler_innen trennen muss, gelingen kann. Müsste also zunächst die Gesamtschule flächendeckend umgesetzt werden, damit Inklusion funktionieren kann? Gegen diesen Gedanken formiert sich nicht zuletzt aufseiten vieler Eltern immer wieder erheblicher Widerstand, da ihnen das Gymnasium als Garant für die zukünftige Berufskarriere ihrer Kinder erscheint, auch wenn die PISA-Ergebnisse dies nicht belegen konnten (Kuhlmann 2012, 301ff.).

Auch wenn die beiden bisher erläuterten Paradoxien möglicherweise durch eine verbesserte Schul- und Inklusionspolitik überwunden werden könnten, bleibt die Frage, ob es wirklich sinnvoll und möglich ist, die Trennung von Schüler_innen in Leistungsgruppen in weiterführenden Schulen zu vermeiden. Wocken vertritt hierzu die Position, dass sowohl ziel- als auch weg-differenziert unterrichtet werden müsse, um die Förderung der behinderten Schüler_innen nicht zu gefährden. Ähnlich argumentiert der Rehabilitationswissenschaftler Bernd Ahrbeck und kritisiert das in seinen Augen übertriebene Inklusionsverständnis vieler Kolleg_innen. Ahrbeck argumentiert damit, dass die gemeinsame Beschulung noch lange nicht bedeute, dass die Kinder sozial in die Klasse eingebunden sind und ihre schulische Leistungsentwicklung angemessen gefördert wird (Ahrbeck 2015, 16). Er weist darauf hin, dass weder die UN-BRK noch die Empfehlungen des Europarats die Abschaffung von Sonderschulen verlangt hätten. Mit Bezug auf Luhmann argumentiert Ahrbeck, dass Exklusion weder ein soziales noch ein moralisches Problem darstelle, „da niemand in alle Teilsysteme gleichzeitig inkludiert sein und daher im Umkehrschluss auch keinen Schaden nehmen kann" (ebd., 26f.). Ahrbeck vertritt die Auffassung, dass es durchaus eine „inkludierende Exklusion" in Sonderschulen und eine „exkludierende Inklusion" in allgemeinen Schulen gebe, weil Kinder im einen Fall sozial inkludiert seien, im anderen Fall nur formal dazugehören, aber nicht in die Gruppe aufgenommen werden.

Weitere kritische Einwände gegen ein inklusives Schulsystem beziehen sich auf die Frage, welche Konsequenzen es möglicherweise für die Vorbereitung auf anspruchsvolle Berufstätigkeiten mit sich bringen könne. So erforderten viele Berufsausbildungen und Studiengänge ein hohes Maß an Wissen und Kompetenzen, die durch die weiterführenden Schulen vermittelt werden müssen – seien es sprachliche, naturwissenschaftliche oder andere Kenntnisse. Nicht alle Unterrichtsgegenstände lassen sich (so wie im oben erwähnten Beispiel Feusers mit der Gemüsesuppe) didaktisch entwicklungslogisch für alle Kinder und Jugendlichen verständlich aufbereiten. In dieser Sicht auf das Schulsystem stellt sich also u.E. nicht die Frage, ob, sondern ab welchem Alter sich die Wege der verschiedenen Lernniveaus trennen, und wie durchlässig das System dennoch bleibt für Kinder, die sich langsamer oder später entwickeln.

6.4 Utopie oder Illusion – Kritik der „Inklusionsbewegung" in der erziehungswissenschaftlichen Diskussion

Tony Booth, einer der Väter des ersten Index für Inklusion, wunderte sich 2008 rückblickend über die international breite Rezeption und praktische Verbreitung des englischen Index. Die Popularität der Inklusionsideen erschien ihm

„umso bedeutender – und überraschend –, als sie mächtigen Interessen zuwiderlaufen, die Bildungssysteme so zu gestalten, dass sie eher den Interessen der Wirtschaft als denen von Menschen dienen und sie demnach mehr nach ihrer Effektivität zu beurteilen als danach, inwiefern sie Freude am Lernen, Beziehungen und Menschlichkeit fördern" (Booth 2008, 53).

Booth benennt hier einen Widerspruch, an dem sich viele Debatten entzündet haben. Denn die Frage, ob eine umfassende (schulische) Inklusion tatsächlich realisierbar oder eher eine utopische Forderung sei, wird nicht nur in Deutschland, sondern international kontrovers diskutiert. Beispielhaft seien hier die deutsche und die amerikanische Debatte in ihren Argumenten erwähnt.

So wird in der deutschen Debatte inzwischen davor gewarnt, den Inklusions-Begriff als zunehmend inhaltsleere Chiffre zu verwenden. Manche sprechen sogar schon von der „Verwahrlosung des Begriffs Inklusion" (Katzenbach 2011, 19). Einige sehen vor allem in der missbräuchlichen Nutzung des Inklusionsbegriffes durch die Politik und Verwaltung das Problem, weil diese zwar wie nie zuvor von Selbstbestimmung, Teilhabe oder Inklusion sprächen, gleichzeitig aber die Standards und die Ressourcen in der Behindertenhilfe drastisch begrenzten (Frühauf in Hinz et al. 2008, 13; vgl. auch Becker 2015). Auch innerhalb der Sonder-/Integrationspädagogik wurden kritische Stimmen lauter, wie die von Helmut Reiser, der von der Gefahr der Illusion spricht: „Durch Leugnung von Grenzen wird die Vision der Inklusion illusionär und sie wird ebenso verschlissen werden, wie die Vision der Integration verschlissen worden ist" (Reiser 2007, 104; ähnliche Kritik auch von Haeberlin 2008).

Andreas Hinz hat den Vorwurf zurückgewiesen, dass seine Idee der Inklusion eine Illusion sei. Zwar sieht auch er, dass der Begriff der Inklusion einen Weg von der kompletten „Unkenntnis zur Unkenntlichkeit" genommen habe und zum Modebegriff mutiert sei (Hinz 2013). Ähnlich sieht es die Deutsche Gesellschaft für Erziehungswissenschaft (DGfE), die in ihrer Stellungnahme vom 16. Juli 2015 davor warnte, dass Inklusion zur „Legitimation von Ausschließung" werde und damit das „Gegenteil von dem erreicht, was sie programmatisch will –, weil offiziell von Inklusion die Rede ist, aber tatsächlich von inklusiven Strukturen überhaupt nicht die Rede sein kann" (Deutsche Gesellschaft für Erziehungswissenschaft 2015, 3). Um dies zu verhindern, müssten die Bedingungen der möglichen Umsetzung von Inklusion analysiert werden. Festzuhalten bleibe, dass zur gleichen Zeit, in der Inklusion auf die Agenda gesetzt wurde, „die sozialen Spaltungsprozesse in unserer Gesellschaft (…) rasant zugenommen haben" (ebd., 2). Angesicht der „budgetpolitischen Finanzierungsvorbehalte" sei zu bezweifeln, dass es den politisch Verantwortlichen mit einer inklusiven Gesellschaft wirklich ernst sei (ebd.).

Andere formulieren diese Kritik noch deutlicher in Bezug auf die kapitalistischen Strukturen der Gesellschaft. Im Jahrbuch für Pädagogik 2015 hieß es schon im Klappentext, die Inklusionspädagogik wende sich zwar in

„idealistisch-appellativer Weise gegen exkludierende Praktiken einer vom Nutzenkalkül dominierten Gesellschaft, arbeitete dieser aber insofern zu, als

sie die Möglichkeit einer Problemlösung im Rahmen der gegebenen Verhältnisse suggerieren" (Kluge et al. 2015, Klappentext).

Die Inklusionsdebatte – so der Tenor der in diesem Buch versammelten Beiträge – sei gefährlich, da die „wohlmeinenden Appelle" in den Dienst „der Stabilisierung der gegebenen Verhältnisse" gestellt würden. Inklusion eigne sich hervorragend als „neoliberales Sparmodell" (ebd., 11f.; vgl. dazu auch die ähnliche Kritik von Niehoff 2008, 121) und sei „systemkonform". Das Risiko bestehe, dass Inklusion zum „moralischen Feigenblatt für eine gesellschaftliche Entwicklung hin zu Exklusion ‚verkommt'" (Dammer 2015, 36). Man wolle die pädagogischen Bemühungen nicht diskreditieren, aber sie zeichneten sich durch gesellschaftstheoretische Naivität aus. Denn die Umwandlung von Humanressourcen in Humankapital funktioniere nach dem Gesetz der Selektion und erzeuge daher Rivalität und nicht Solidarität. Da die Inklusionsdebatte dies nicht berücksichtige, bleibe sie appellativ und affirmativ (Bernhard 2015, 115).

Für diese skeptische Einschätzung der Inklusionspolitik sprechen empirische Daten, die den oben in Bezug auf die erste Paradoxie (steigende Inklusionsraten, aber gleich bleibender Förderbedarf im Schulsystem) ähneln, sich aber auf die Erwerbsarbeit von Menschen mit Behinderungen beziehen. Obwohl die Rate der Integration/Inklusion auf dem ersten Arbeitsmarkt steigt, obwohl es viele „Integrationsbetriebe" gibt, geht die Zahl der in den Werkstätten Beschäftigten nicht zurück. Becker (2015, 53) deutet dies als einen Indikator dafür, dass die Leistungsanforderungen des ersten Arbeitsmarktes für die Mehrheit der behinderten Menschen einfach zu hoch seien.

An dieser Stelle sei noch einmal an Martin Kronauer erinnert, der darauf hingewiesen hatte, dass Inklusion nur in Verbindung mit der Forderung nach einer Überwindung von exkludierenden gesellschaftlichen Verhältnissen sinnvoll angestrebt werden kann (Kronauer 2010b, 56).

Auch in den USA kam es zur Bildung von zwei „Lagern". Deren Auseinandersetzungen drehen sich darum,

„ob sonderpädagogische Förderung in ausgegliederten Räumen ganz abgeschafft werden kann oder aber erhalten werden muss vor dem Hintergrund, dass Inklusion nur eine von mehreren Möglichkeiten der Beschulung darstellt" (Johnson 2013, 67).

Die so genannten „traditionalists" stehen dafür, die Sonderschulen (und spezifische Förderräume außerhalb der Regelklassen) beizubehalten, während die „inclusionists" die Nachteile betonen, die in einer schulischen Doppelstruktur mit Sondereinrichtungen für behinderte Kinder und Jugendlichen bestehen. Es wird hervorgehoben, dass in den Sonderschulen besonders farbige Schüler_innen unterer Sozialschichten und Schüler_innen mit schweren und Mehrfachbehinderungen stark vertreten sind und dies bei Fortbestehen der Sonderschulen wohl auch so bleiben wird. Die traditionalists werfen den inclusionists Romantizismus vor und sehen das amerikanische Regelschulsystem nicht in der Lage, der Vielfalt der Schüler_innen und den spezifischen Erfordernissen behinderter Schüler_innen gerecht zu werden. Sie argumentieren, dass die Schulgesetzgebung zur Inklusion lediglich die Forderung nach der am wenigsten einschränkenden schulischen Umgebung (least restrictive environment, vgl. Johnson 2013) stellt, dies jedoch von den Schulbezirken jeweils konkret auszugestalten ist. So stellen sich die Fragen der Realisierbarkeit, nach den fachlichen Ressourcen der Lehrkräfte, der Qualität der Beschulung in Regel- und Sondereinrichtungen und der sozialen Akzeptanz von (ehemaligen) Schüler_innen aus Sondereinrichtungen (wenn sie in die Regelschule kommen) jeweils regional spezifisch und überlagern oft die Fragen nach den ursprünglichen Zielen der Inklusion.

6.5 Selbstbestimmte Exklusion und Exklusion als Schonraum als Varianten der exkludierenden Inklusion und der inkludierenden Exklusion

Rudolf Stichweh zeigt in seinem Aufsatz „Leitgesichtspunkte einer Soziologie der Inklusion und Exklusion" auf, dass so verschiedenartige Denker wie Michel Foucault und Niklas Luhmann sich darin einig waren, dass in modernen Gesellschaften für jede neu erfundene und neu entstandene Form der Exklusion eine Institution der Inklusion erfunden und eingerichtet wurde (Stichweh 2009, 37). Daher kann es die zu vermeidende Exklusion genauso wenig geben wie die zu erreichende Inklusion. Vielmehr hätten sich zwei Formen der Exklusion herausgebildet: die „inkludierende Exklusion" in besonderen Einrichtungen wie Gefängnissen oder Psychiatrien. Als Gegenbewegung seien die „exkludierenden Inklusionen" entstanden, d.h., potentiell in Institutionen einzuschließende Menschen finden sich selbstbestimmt in Gruppen zusammen, die sich von der „normalen" Gesellschaft abgrenzen, wie beispielsweise Subkulturen. Als Beispiele nennt Stichweh hier kriminelle Jugendbanden, die sich der „inkludierenden Exklusion" einer Erziehungsanstalt entziehen. Nach Stichweh produzieren die Institutionen der inkludierenden Exklusion trotz ihrer guten Absichten „unübersteigbare Schwellen zwischen Inklusions- und Exklusionsbereich", weil sie in ihren Institutionen die dort untergebrachten Menschen mit einem Stigma markieren, beispielsweise als „Heimkind" oder „Straffälliger".

Ebenso lassen sich die unterschiedlichsten „Aussteiger-Szenen" so deuten, dass die ihnen zugehörigen Menschen ihren „Ausschluss" positiv sehen und selber herbeiführen, weil sie sich ihrer Gruppe zugehöriger fühlen als der sie umgebenden Gesellschaft. Sie sind in die Gruppe „inkludiert" und bevorzugen diese Art der Zugehörigkeit, da sie in der „inkludierenden Exklusion" zwar die Normen der Gesellschaft vermittelt bekommen, dies aber um den Preis eines Gefühls der Nicht-Zugehörigkeit. Trotzdem kann die Inklusion in einer „Randgruppe" in Blick auf die Gesamtgesellschaft als Exklusion betrachtet werden, weil der Gruppenzusammenhang langfristig in eine oppositionelle oder zumindest deviante Position führen kann (Stichweh 2009, 39). Entscheidend für die Bewertung solcher Abweichungen als Exklusion ist, ob sie bewusst und gewollt herbeigeführt wurden – etwa im Sinne einer gesellschaftskritischen Subkultur – oder nicht.

Udo Sierck vertritt die Position, dass eine Nicht-Teilhabe ein Ausdruck von Selbstbestimmung sein kann. Er war Mitbegründer der so genannten „Krüppelbewegung" in den 1970er Jahren und schreibt in seinem Buch „Budenzauber Inklusion", der Inklusionsgedanke müsse akzeptieren, „dass Menschen das Gegenteil dieser Idee anstreben: die Freiheit zum selbst gewählten Ausschluss, zur Exklusion" (Sierck 2013, 10). Sierck macht die Zumutungen, die „der unreflektierte Integrationswillen" mit dem Anpassungsdruck auf die Werte und Normen der Leistung, des Verhaltens oder des Aussehens bedeuten können, am Beispiel der Paralympics deutlich:

> *„Die Paralympics haben Erfolg, weil sie sich an den herrschenden Kriterien für Erfolg orientieren und dafür den Körper bis an die Grenze des Machbaren drangsalieren. Wenn diese Zurichtung Zusammengehörigkeit signalisieren soll, ist die Idee der Inklusion eine bedrohliche Variante der Vereinnahmung, jedoch keine der Emanzipation" (ebd., 80).*

Menschen, die „anders" sind – so Sierck – machen Ausgrenzungserfahrungen, die dazu führen, dass sie sich Menschen mit ähnlichen Erfahrungen suchen und sich dann als Gruppe von der Gesellschaft abgrenzen, sich also freiwillig von der Mehrheitsgesellschaft exkludieren.

Auch Uwe Becker, lange Jahre im Vorstand der Diakonie Rheinland-Westfalen-Lippe tätig, bezweifelt, dass das, was die Politik unter Inklusion verstehe, tatsächlich den subjektiven Interessen von behinderten Menschen entspreche. Menschen mit Behinderungen werde teilweise in den Mund gelegt, dass sie „draußen" seien (Becker 2015, 121). Die Politik nutze mit ihren Appellen zur Inklusion die Möglichkeit, „utopische Aufgeschlossenheit zu signalisieren bei ansonsten ordnungspolitischer Verhaltensstarre" in Bezug auf die Finanz-, Wirtschafts- und Einsparungspolitik (ebd., 15). Gegen die Meinung, alle besonderen Räume seien per se schon schlecht, postuliert Becker, dass diese auch im besonderen Maße selbst bestimmt sein könnten:

> *„Räume, die sich als nischenhafte Exklusionssphären jenseits der breiten Korridore der Inklusionspaläste platzieren, könnte man auch als innergesellschaftliche ‚Schonräume' verstehen, die sich der zentralen Logik einer auf Leistung und Konkurrenz gegründeten Gesellschaft entziehen." (ebd., 13f.)*

Dagegen sei die Gesellschaft, zu der zum Mitmachen eingeladen werde, von Dynamiken geprägt, die auch nicht-behinderte Menschen von Bildung und vom Arbeitsmarkt ausgrenzt und daher Menschen ihrer bisherigen abgetrennten Räume beraubt, die sie möglicherweise als „Schonräume" erlebt haben. Wenn behinderte Menschen Werkstätten und Heime verlassen sollen, da sie dort „exkludiert" sind, dann bleibt die Frage, ob allein die Tatsache, dass sie in einem „normalen" Sozialraum leben oder einer „normalen" Arbeit nachgehen, bedeutet, dass sie dort keine Ausgrenzungserfahrungen machen oder ob sich diese Erfahrungen nicht sogar verstärken.

Eine ähnliche Gefahr sieht Suitbert Cechura, der befürchtet, dass Menschen mit Behinderung in einer eigenen Wohnung vereinsamen könnten. Auch mit der selbständigen Verwaltung des „persönlichen Budgets" könnte eine Überforderung verbunden sein (Cechura 2016, 7). Der Mensch mit Behinderung sehe sich zwar umringt von Betreuer_innen und Assistent_innen, die sich gegenseitig kontrollieren. Er dürfe auch entscheiden, wen er beauftragt oder wem er was anvertraut. Aber das Versprechen von mehr Teilhabe sei damit nicht eingelöst, denn es blende aus, „wie sich das Leben in der Gesellschaft gestaltet und was es heißt, ein selbst bestimmtes Leben in ihr zu führen und führen zu müssen" (ebd., 56 f.).

Auch Anne Waldschmidt sieht im Bereich der Behindertenhilfe, dass zwar die Trennlinien zwischen dem Normalen und dem Behindertsein nicht nur in den Medien (Werbung, Fernsehen) immer durchlässiger werden (Waldschmidt 2007, 130), dass aber im Bildungssystem wie auf dem Arbeitsmarkt eine „inkludierende Exklusion" ebenso wie „exkludierende Inklusion" praktiziert werde (ebd., 130). Demnach gibt es weder eine einfache Inklusion noch eine absolute Exklusion, sondern nur die Wahl zwischen zwei Formen der In- bzw. Exklusion, wobei die Gefahr der Vereinzelung, die Feuser nannte (s. Kap. 4.3.4), bei Ablehnung aller Besonderheiten – also auch besonderer Orte – nicht geleugnet werden darf.

Vor diesem Hintergrund kann der als „Exklusion" verurteilte Ort also nicht nur ein selbstbestimmter Raum sein, sondern auch ein solidarischer und sozialer. Er kann daneben auch ein geschützter Ort sein, in dem die Härte der kapitalistischen Leistungsgesellschaft und die Vereinzelung im Sozialraum aufgehoben werden. Die „Exklusionsorte" wie Förderschulen oder Behindertenwerkstätten erscheinen dann als „sozialpädagogisch" gestaltete Räume – wie sie Michael Winkler 1988 in seiner „Theorie der Sozialpädagogik" beschrieben hat. In diesen Räumen wird denjenigen Klient_innen die Möglichkeit eines autonomen Lebens gegeben, die dies in der sie sonst im Alltag umgebenden Lebenswelt nicht realisieren könnten. Winkler nannte diese Klient_innen Menschen, die im „Modus der Differenz" eines Subjektes leben, der dadurch bestimmt ist, dass ein Mensch „beharrlich" in seiner Aneignungstätigkeit eingeschränkt ist und damit die Kontrolle über seine Lebensbedingungen verliert (Winkler 1988, 152). Für diese Menschen müssen daher spezifische, „geschützte" Orte geschaffen werden, in denen die im sonstigen ökonomischen und gesellschaftlichen Leben üblichen Regeln außer Kraft gesetzt sind. Sozialpädagogische Orte sind also dadurch gekennzeichnet, dass Hilfsbedürftige dort ihre eigene Bildung produzieren können. Bildung wird bei Winkler dabei im weiteren Sinn verstanden als Erwerb von Fähigkeiten der Lebensbewältigung (Körperhygiene, Nahrungsaufnahme, „Leben lernen"). Aufgabe der Sozialpädagog_innen ist die Vermittlung dieser Fähigkeiten – auch wenn es oft leichter ist, diese selbst auszuführen. Um einen Ort fachlich zu gestalten, muss stets die Frage nach den Angeboten des Ortes und den Fähigkeiten der Subjekte gestellt werden. Dabei sollen auch die noch „uneingelösten Möglichkeiten des Subjektes" erkannt werden. Diese sozialpädagogischen Orte der „inkludierenden Exklusion" (die Winkler noch nicht so nannte) bieten die Chance, an Orten der Exklusion auf Inklusion hinzuarbeiten, eben um diese langfristig zu verhindern. In diesem Sinne können auch Förderschulen arbeiten. Hierzu zwei abschließende Beispiele aus den Bochumer Lehr-Forschungs-Projekten im Master-Studiengang Soziale Inklusion:

- Die drohende Schließung einer Bochumer Förderschule für emotionale-soziale Entwicklung im Grundschulbereich führte zu Protesten der Eltern und Lehrkräfte. Empirisch nachweisbar hatte diese Schule es geschafft, für den Großteil der Schüler_innen nach der intensiven Förderung und durch familiäre Hilfen einen Übergang in eine normale Schulform zu erreichen. Nun wurde befürchtet, dass sie diese besonderen Hilfen nicht mehr bekommen würden und deshalb später vielleicht gar keinen Schulabschluss erreichen würden. Wenn dies zutrifft, dann hätte die bisherige zeitweilige Exklusion aus der Regelschule mehr Chancen für die spätere Inklusion auf dem Arbeitsmarkt eröffnet. Das würde heißen, dass eine frühe zeitweilige Exklusion eine spätere erfolgreichere Inklusion bewirken kann und umgekehrt eine frühe Inklusion spätere Exklusion bewirkt.
- In Gelsenkirchen stellte eine Pfarrerin des Kirchenkreises fest, dass die Zahl von Verstorbenen stieg, die lange Zeit in ihrer Wohnung unentdeckt gelegen hatten, bevor man sie fand. Ausgehend von der Überlegung, dass diese Menschen bereits vor ihrem Tod sozialen Ausgrenzungsprozessen unterworfen waren, wurde anhand von quantitativen Merkmalen ein Profil dieser Gruppe erstellt sowie anhand von qualitativen Fallstudien nachvollziehbar gemacht, wie die Prozesse der Vereinsamung verursacht waren und wie sie sich vollzogen hatten. In einigen Fallstudien wurde deutlich, dass eine Entlassung aus einer stationären Wohnungslosenhilfe bzw. einer Psychiatrie in eine eigene Wohnung im Hintergrund stand. Mit dem Umzug hatten die Betroffenen zwar möglicherweise mehr Autonomie gewonnen, nicht aber soziale Kontakte. Vor diesem Hintergrund ist es falsch, die Einrichtungen, aus denen die Menschen entlassen wurden als Exklusionsräume zu bezeichnen und den Umzug in eine eigene Wohnung als Inklusion, weil dies von der Tatsache ablenkt, dass eine soziale Inklusion bei bestimmten Klient_innengruppen eher in besonderen Einrichtungen gelingt.

6.6 Gleichbehandlung Ungleicher als Ungerechtigkeit. Zur Unmöglichkeit der Auflösung aller Kategorien im praktischen Handeln

Eine weitere Problematik bei der Umsetzung der Inklusion bezieht sich auf den Anspruch der „Indizes für Inklusion", alle Dimensionen von Diversität zu berücksichtigen. Dem Schweizer Heilpädagogen Emil Kobi zufolge geht der „Inklusionismus" dabei von der trivialen Feststellung aus, „dass Menschen – und so auch Kinder in ihrer Rolle als Schüler – verschieden sind" (Kobi 2006, 37). Dabei würden die verschiedenen Qualitäten der Verschiedenheiten allerdings übersehen. Ob es aber um geringfügige Unterschiede gehe oder darum, entweder „existenzbedrängend arm" oder „luxuriert reich", entweder „beschränkend behindert" oder „beschwerdefrei nichtbehindert" zu sein, dürfe nicht naiv überspielt werden (ebd., 7). Damit stellt sich die Frage, inwieweit dann die Überforderung durch den Anspruch der Berücksichtigung aller möglichen Unterschiede in der Praxis doch wieder zu einer Vernachlässigung relevanter Dimensionen von Benachteiligung führen kann. So wird vielleicht überlegt, wie ein körperbehindertes Kind auf eine Jugendfreizeit mitkommen kann, und dabei übersehen, dass andere aus Armutsgründen ausgeschlossen bleiben oder auch, weil die Eltern Mädchen nicht erlauben, außerhalb des Hauses zu übernachten. Daher sollte genau überlegt werden, in welchem Kontext welche mögliche Benachteiligung relevant sein könnte.

Für die unterschiedlichen Ausgangspunkte der sozialen Bewegungen, die für die gleichwertige Anerkennung und Teilhabe von Mädchen und Frauen, armen, behinderten oder aufgrund der Hautfarbe diskriminierten Menschen kämpfen, stellt die Anforderung, jeweils auch andere Diskriminierungsformen gleichsam mitzubekämpfen, eine hohe Anforderung. Denn die Gefahr besteht darin, dass es dabei immer wieder zur Vernachlässigung relevanter Kategorien kommen kann. Dies wurde beispielsweise deutlich im Kapitel 4.3, als es um die Planung von Unterricht ging, oder im Methodenkapitel, wenn es bei der inklusiven Gestaltung eines Sozialraumes dann wieder vorrangig um Barrierefreiheit und weniger um angstfreie Räume für Frauen ging.

Die Debatte um die Intersektionalitätsforschung zeigte ebenfalls, dass eine Balance zwischen diesen Kategorien schwer ist, denn die Forscher_innen, die zu Anti-Rassismus arbeiten, werfen diesem Ansatz vor, er nivelliere oder missachte die Bedeutung der Kategorie „Rasse" (Hess, Langreiter & Timm 2011). So erzeugt die theoretisch richtige Erkenntnis der Komplexität von sozialer Benachteiligung in der konkreten Umsetzung in der Forschung und in der Praxis immer wieder Einseitigkeiten.

Der Anspruch, Stigmatisierungen zu vermeiden, indem auf die Klassifizierung von Unterschieden verzichtet wird, gerät häufig in Widerspruch zu der Notwendigkeit, Hilfe- oder Unterstützungsbedarfe zu identifizieren. Am Beispiel der in vielen Städten von den „Tafeln" bzw. „Kinder-Tafeln" angebotenen kostenlosen Pausenbrote für (Grund-)Schulkinder, die in sozio-ökonomisch benachteiligten Familien leben und häufig ohne Frühstück und ohne Pausenbrot in die Schule kommen, lässt sich dieses Dilemma verdeutlichen. Wer entscheidet, welche Kinder in den Genuss der Frühstückspakete kommen – diejenigen, deren Eltern sich als „bedürftig" zu erkennen geben? Oder die Lehrerinnen und Lehrer, die den Tafel-Mitarbeiter_innen mitteilen, für wie viele und welche Kinder sie Pausenbrote benötigen? Und verteilen dann die Lehrer_innen die Frühstückspakete, melden sich die Kinder selber, werden die Päckchen gebracht und die Verteilung den Kindern selber überlassen?

- Ein Lehr-Forschungs-Projekt im Bochumer Master-Studiengang Soziale Inklusion: Bildung und Gesundheit hat mithilfe qualitativer Forschungsmethoden die Erfahrungen der Gelsenkirchener Kinder-Tafel mit der Verteilung von Pausenbroten an einer Grund- und einer Förderschule untersucht. Um Stigmatisierungen zu vermeiden, werden die Frühstückspäckchen bei den Hausmeistern abgegeben und von den Kindern in die Klassenräume gebracht, wo sich jedes Kind frei entscheiden kann, ob es das Angebot in Anspruch nimmt – unabhängig davon, ob es zuhause gefrühstückt hat, ein Pausenbrot dabei hat oder nicht. Offen bleibt bei dieser Praxis, ob die „bedürftigen" Kinder so tatsächlich in den regelmäßigen Genuss eines gesunden Frühstücks kommen oder nicht (vgl. Bota et al. 2012).

In einem Pressebericht über die Arbeit von Kindertafeln heißt es zur gleichen Frage:

„Im Gegensatz zu anderen Tafeln in Deutschland kaufen die Kindertafeln in Schweinfurt und Würzburg frisch ein und haben keinen direkten Kontakt zu den bedürftigen Schülern. ‚Alles bleibt anonym. So wird niemand stigmatisiert', sagt Labus (ein im Bericht erwähnter freiwilliger Helfer – d. Verf.) (...) Das sei auch eine der Herausforderungen in den Klassenzimmern, sagt Schulleiter Stephan Becker. ‚Es besteht natürlich die Gefahr, dass eine Zwei-Klassen-Klasse entsteht. Aber die Lehrer hier gehen ganz natürlich damit um'" (Gläser 2013).

Im gleichen Bericht wird auch auf einen weiteren Aspekt verwiesen, der das Hilfehandeln durchaus problematisch erscheinen lässt: den tendenziellen Ersatz der politischen Bekämpfung sozialer Probleme – hier der Ursachen von Kinderarmut – durch eine zivilgesellschaftliche Abmilderung ihrer Folgen. So heißt es:

„Das bayerische Kultusministerium begrüßt Projekte, die Kindern ein frisches Pausenbrot ermöglichen. Diese bürgerschaftlichen Initiativen helfen, einen Mangel in einem sozialen Bereich zu bekämpfen. Da kann man sehr dankbar sein', sagt Wolfgang Ellegast, der im Ministerium für Gesundheitsförderung an der Schule zuständig ist" (ebd.).

Ein weiterer Aspekt der Gleichbehandlung von Verschiedenheiten liegt in der Tatsache begründet, dass nachvollziehbare Gruppennormen in heterogenen Gruppen häufig schwieriger zu etablieren sind als in homogenen Gruppen. Hierzu noch ein Beispiel aus der Praxis:
- Eine Studierendengruppe (aus dem Master-Studiengang Soziale Inklusion an der Ev. Hochschule Bochum) machte Beobachtungen auf dem Schulhof einer inklusiven Ganztagsschule zu folgender Fragestellung: Wie gehen die sozialpädagogischen Betreuer_innen und die Mitschüler_innen im Freizeitbereich mit den behinderten Mitschüler_innen um? Und weiter: Wie bewerten wir das Verhalten? Ist es Zeichen einer inklusiven Haltung, wenn übergriffiges Verhalten von behinderten Schüler_innen genauso bestraft wird wie das von nichtbehinderten? Oder ist es gerade inklusiv, aufgrund der Verschiedenheit je anders zu reagieren? Und was unterscheidet dieses Handeln dann von anderem pädagogischen Handeln, das die Individualität berücksichtigt? Welche Zugeständnisse an die Gruppe sind notwendig, welche psychologischen Prozesse werden in Kindern ausgelöst, deren Verhalten unterschiedlich bewertet wird?

Nach Hinz sollen die Kategorien, mit denen ein besonderer Hilfebedarf bzw. „Planungsbedarf" begründet wird, im pädagogischen Handeln keine Rolle mehr spielen dürfen, um Stigmatisierungsprozesse zu vermeiden. In seinem Bemühen, eine diskriminierungsfreie Sprache zu wählen, geht es bei ihm auch nicht mehr um Hilfeplanung, sondern um „Zukunftsplanung". Ähnliche Bemühungen gibt es im Bereich der Asylsuchenden und der Wohnungslosen. Diese Bemühungen sind richtig, sind doch mit bestimmten Begriffen negative Assoziationen verbunden. Sie führen aber nicht weit, wenn einerseits nichts mehr beschrieben werden kann, andererseits die negativen Assoziationen auf die neuen Begriffe übertragen werden. Und es besteht die Gefahr, dass neue Begriffe einen nach wie vor diskriminierenden Umgang mit den „Inklusionskindern" nur verdecken.

Neben den bewertenden Bedeutungsanteilen von Begriffen ist auch das Denken in Kategorien nicht einfach zu vermeiden. Denn wie kann die Antwort auf die Frage ausfallen, ob eine Behinderung oder ein Migrationshintergrund ein Grund für eine Nicht-Berücksichtigung von Gruppennormen sein kann? Werden nicht gerade in Gruppen, d. h. im pädagogischen wie im politischen Handeln, Kategorien gebraucht, um Regeln, aber auch Ausnahmen von der Regel zu begründen? Es erscheint erfolgversprechender, den Absolutheitsanspruch in Bezug auf die Vermeidung von Kategorien aufzugeben und stattdessen einen angemessenen Umgang mit Kategorien und Differenzen zu fordern. Ähnlich haben das feministische Wissenschaftlerinnen bereits in den 1990er Jahren in Bezug auf die Kategorie „Frau" diskutiert. Obwohl sie davon überzeugt waren, dass die Kategorie „Frau" gesellschaftlich konstruiert ist, beriefen sich viele Frauen in ihrem feministischen Handeln auf gemeinsame Erfahrungen der Diskriminierung als Frau und wandten sich dagegen, nicht mehr mit dieser Kategorie zu argumentieren (Benhabib gegen Butler in Benhabib, Butler, Cornell & Fraser 1993). Daher kann die Kategorie nicht aufgelöst werden, sondern es muss – wie auch Prengel forderte (vgl. Kap. 4.3.1) – eine Gleichzeitigkeit von Differenz-, Gleichheits- und Dekonstruktionspolitik erfolgen. Diese Dialektik der vorläufigen und offenen Kategorien, die Handlungssicherheit und -möglichkeit geben, ohne sie auch für die Zukunft fortzuschreiben, anerkennt zudem, dass Menschen – wie in Kapitel 4.2 ausgeführt – Unterschiede ständig wahrnehmen. Dies zu leugnen, hat möglicherweise schwerer wiegende Folgen für einen sozialen Ausschluss, als sie anzuerkennen. Im Hintergrund kann dann auch eine Verleugnung des Leidens stehen, das mit Armut, Diskriminierung und Behinderung verbunden ist.

Der Psychologe und Gruppenanalytiker Rolf Haubl verweist in diesem Zusammenhang auf Studien, die die Existenz von feindlichen Einstellungen gegen Behinderte nach wie vor bestätigen. Er erklärt dies dadurch, dass behinderte Menschen andere Personen mit der eigenen Verletzlichkeit, der Unvorhersehbarkeit und Unkontrollierbarkeit der Welt konfrontieren. Daher bedürfe es einer großen Anstrengung, bei der auch mit Rückschlägen zu rechnen ist:

„Denn Diskurs und Praxis kommen selten im gleichen Schritt voran. In der Regel hinkt die Praxis dem Diskurs hinterher. Die Psyche ist antiquierter als es die Empörung gegenüber Missachtung und Diskriminierung erlauben möchte" (Haubl 2011, 112).

Eine nur äußerliche Umbenennung von Problemen oder Problemgruppen richtet gegen diese psychischen Widerstände – wenn sie nicht erkannt, benannt, verstanden und bewältigt werden – dann vermutlich wenig aus.

6.7 Kontroversen um die Kriterien der Inklusion

In der bisherigen Debatte um „inklusive Exklusion" und „exklusive Inklusion" begegnen sich konträre Positionen nicht nur bei der Frage nach der Umsetzbarkeit der Inklusion in einer von Leistungsdenken geprägten Gesellschaft. Auch über die Frage nach den Zielkriterien einer gelungenen Inklusion gehen die Ansichten weit auseinander. Insofern lohnt es sich, die Messgrößen hierfür näher zu betrachten.

Als Erstes stellt sich die Frage, aus welcher Perspektive die Entwicklung der sozialen Inklusion in einer Gesellschaft beschrieben wird. Sind dies strukturelle gesamtgesellschaftliche Kriterien, wie beispielsweise der Lern-, Wohn- und Arbeitsort, die als Beleg für die Teilhabechancen gewertet werden? So bilden in der Debatte um die schulische Inklusion die Inklusionsquote von Schüler_innen mit sonderpädagogischem Förderbedarf an allgemeinen Schulen und die Zahl der Schüler_innen an Förderschulen zentrale Indikatoren für den Fortschritt der schulischen Inklusion (vgl. Ministerium für Schule und Weiterbildung des Landes NRW 2015). Neben dem Teilhabeort gilt es, als weitere Kriterien die Qualität der Teilhabe und der Förderung im Lernprozess heranzuziehen. Diese Kriterien sind eng mit dem subjektiven Erleben der Beteiligten verbunden und von ihren jeweiligen persönlichen Zielen abhängig (Lernzuwachs, Beziehungsqualität zu Mitschüler_innen, sozialer Status u. a.).

Sich vorrangig auf sozialstrukturelle Kriterien zu beziehen, trägt die Gefahr in sich, dass bei der Auflösung von Großeinrichtungen beispielsweise von Wohnheimen das Wohnen in einer eigenen Wohnung bereits als Erfolg der Inklusion beschrieben wird. In der sozialen Realität der Bewohner kann dies jedoch als eine Verschlechterung der Lebensqualität (z. B. subjektiv erlebte soziale Isolation, Reduktion der Assistenzleistungen) empfunden werden. Insbesondere das Kriterium des selbstbestimmten Lebens findet dabei zu wenig Berücksichtigung. Nur durch die Integration von quantitativen und qualitativen Messgrößen wäre eine ganzheitliche Beurteilung des Inklusionserfolges letztlich möglich (vgl. Felder & Schneiders 2016).

Als Zweites geht es um die Frage nach der zeitlichen Perspektive der Bewertung von Inklusionsprozessen (kurz-, mittel- und langfristig). Wird der Inklusionserfolg kurzfristig an den bereits genannten schulischen Inklusionsquoten gemessen oder gilt es, für ein gelingendes Leben eher die erreichten Schulabschlüsse als Erfolgskriterium heranzuziehen? Mit letzteren wären dann auch die Teilhabechancen auf dem Arbeitsmarkt verbunden.

Auf dem Prüfstand sind die traditionellen Einrichtungen der Behindertenhilfe, so auch die Werkstätten für behinderte Menschen. Wie lässt sich diese Exklusion in einer Sondereinrichtung bewerten? Wie wären in diesem Zusammenhang die gestiegenen Mitarbeiterzahlen in den Werkstätten für Menschen mit Behinderung zu interpretieren? Sind die bei einem Fehlen von Arbeitsmöglichkeiten auf dem ersten Arbeitsmarkt in den Werkstätten gebotenen tagesstrukturierenden Tätigkeiten, die Möglichkeiten sozialer Teilhabe und die soziale Absicherung ausreichend, um sich für den Fortbestand der Werkstätten auszusprechen? Die Vertreter_innen der Werkstätten sehen das Problem nicht in den Werkstätten, sondern in einem wenig aufnahmefähigen Arbeitsmarkt, der Leistungsanforderungen stellt, die zahlreiche Menschen mit Behinderung nicht dauerhaft erfüllen können (vgl. Becker 2015, 53f.).

Als Drittes ist nach den Prozessmerkmalen zu fragen, durch die für die Klient_innen ein Leben mit mehr sozialer Teilhabe erreicht werden kann. Dies berührt die Frage, ob ein auf Inklusion abzielender Weg grundsätzlich auch eine Phase der Exklusion beispielsweise in einer besonderen Maßnahme bzw. Sondereinrichtung zum Kompetenzerwerb zulässt. Die Beantwortung dieser Frage hängt wesentlich vom Inklusionsverständnis ab. So unterscheiden Felder & Schneiders (2016, 20ff.) in der Debatte zwischen moderaten und radikalen Inklusionist_innen und verweisen darauf, dass von moderaten Vertreter_innen der Inklusion auch Sondereinrichtungen als Bestandteil eines inklusiven Schulsystems akzeptiert werden. Demgegenüber

„lässt sich sagen, dass radikale Inklusion tiefgreifende Systemveränderungen anstrebt, wobei Leistungsstandards abgelehnt werden und das Kind der Maßstab seiner Entwicklung ist (….), wobei die inklusive Schule sozusagen den Grundbaustein für diese Gesellschaft legen soll" (ebd., 22).

Das zentrale Kriterium für Inklusion (im Unterschied zur Integration) bildet der gemeinsame Entwicklungs- und Veränderungsprozess von Gemeinschaften und Personen im Zuge der Inklusion. Es geht in der Grundannahme darum, dass die inkludierende Gesellschaft, Organisation oder Gruppe sich immer in einer Ko-Evolution weiterentwickelt und eigene Prinzipien der Kooperation, der Grundwerte, Strukturen und Praktiken überprüft. Nicht die einzelne Person muss sich den Vorgaben des aufnehmenden Systems (im Sinne des Integrationsgedankens) anpassen, sondern das aufnehmende System muss die bestehenden Teilhabebarrieren abbauen und Teilhabeprinzipien so gestalten, dass eine wertschätzende „Willkommenskultur" entsteht (vgl. den Exkurs zur Schule „Berg Fidel").

Dies trifft in einigen Bereichen der Gesellschaft jedoch auf Machtfragen, so wie Norbert Elias sie charakterisiert hat. Beispielsweise stellt sich die Frage, inwiefern ein auf Gewinnmaximierung ausgerichtetes Arbeitssystem sich einer anderen „Logik" gegenüber öffnen kann und wie es sich dadurch verändert (s. auch Becker 2015, 77ff.). Der Veränderungsprozess von Systemen erfordert nicht nur das persönliche, sondern auch das politische Empowerment der Klient_innen (vgl. Kap. 5.1.2). Daraus lässt sich die Frage ableiten, wie politisch die Inklusionsbewegung sein muss, um den Gefahren einer „Verwaltung der Inklusion" durch Behörden, politische Akteure und Institutionen vorzubeugen.

Unauflöslich ist mit diesen Fragen nach den für Inklusion relevanten Messgrößen verbunden, sich an das Grundverständnis von Inklusion zu erinnern und sich die Frage zu stellen, wer was und wie viel für den Prozess der Inklusion tun muss und wer welche Ansprüche auf Berücksichtigung seiner je individuellen Perspektiven auf die Teilhaberechte hat.

7 FAZIT: INKLUSION ALS PERSPEKTIVE FÜR EINE MENSCHENGERECHTE GESELLSCHAFT

Am Ende des Lehrbuchs bleiben die Fragen nach seinem Ertrag und nach den Herausforderungen, die sich aus der Auseinandersetzung mit dem Themengebiet der Inklusion sowohl für das professionelle Handeln von Fachkräften als auch für die Akteure auf den verschiedenen gesellschaftlichen Ebenen ergeben. Diese Herausforderungen umfassen sowohl theoretisch-reflexive als auch konzeptionelle und methodische Aspekte.

Eingangs haben wir uns mit den gesellschaftlichen Meta-Theorien beschäftigt und sie auf ihren Beitrag zur Inklusionsthematik befragt. Dabei konnten wir sehen, dass häufig die Unmöglichkeit eines Lebens außerhalb der Gesellschaft betont wurde. In modernen Gesellschaften – so Luhmann und Foucault – haben Exklusionen demnach fast immer Inklusionen zur Folge. Auf die Exklusion beispielsweise vom Arbeitsmarkt folgt die Inklusion in das System der sozialen Sicherung, und auf die Exklusion von der Regelschule die Inklusion in die Förderschule. Wir schließen uns dieser Argumentation an, auch wenn wir in Bezug auf die Menschenbilder mit Luhmann und Foucault nicht übereinstimmen.

Demgegenüber sehen wir insbesondere in den Gesellschaftstheorien von Bourdieu und Elias die Möglichkeit, Exklusionsprobleme und ihre Relevanz für die Soziale Arbeit genauer zu bestimmen. In beiden Theorien geht es nicht um die einfache Frage eines „Innen" oder „Außen", sondern um soziale und räumliche Felder mit einem Zentrum und einer marginalisierten Peripherie (Bourdieu) bzw. um Figurationen, die von Machtasymmetrien (Elias) bestimmt sind.

Folgen wir diesen Gesellschaftstheorien, dann ist die entscheidende Frage nicht, ob jemand in Funktionssysteme inkludiert ist oder ob eine Praxis inklusionsfördernd ist. Vielmehr geht es um die Frage, auf welche Weise und unter welchen Bedingungen Teilhabe gesellschaftlich ermöglicht wird. Es geht daneben auch um die Frage der Bezugsgrößen, ob also Systeme, Organisationen, Institutionen, Sozialräume oder soziale Gruppen gemeint sind. Es kann somit nicht um das Ziel gehen, irgendeine „Inklusionsquote" zu bedienen (Wocken 2010, 101ff.), die keine Auskunft darüber gibt, unter welchen Bedingungen diese erreicht wird. Vielmehr geht es darum, ob Inklusion tatsächlich eine gleichberechtigte Teilhabe bedeutet und ob sie unter menschenfreundlichen Bedingungen geschieht.

Bleiben wir dabei, dass es nicht um die formale Inklusion oder Exklusion gehen kann, dann können wir besonders in der Sozialen Arbeit mit der von Stichweh beschriebenen Widersprüchlichkeit von inkludierender Exklusion und exkludierender Inklusion noch besser verstehen, worin die Aufgaben der Sozialen Arbeit im Bereich der sozialen Inklusion bestehen. Denn exkludierende Prozesse finden danach sowohl in Institutionen der Sozialen Arbeit wie auch außerhalb statt. Die Auflösung von Heimen oder anderen stationären Einrichtungen würde demnach häufig nur zu Exklusionen in den Sozialräumen oder in subkulturellen Gruppen führen. Daher sollte die Idee der stationären Hilfen als sozial-

Fazit: Inklusion als Perspektive für eine menschengerechte Gesellschaft 171

pädagogisch gestalteten Schonräumen, die den Individuen mehr Freiräume und Bildungsmöglichkeiten erschließen als außerhalb, in der Inklusionsdebatte differenzierter betrachtet werden.

Mit Nussbaum und Elias sehen wir, dass Menschen auf sozialen Kontakt und menschliche Fürsorge im gesamten Lebensverlauf angewiesen sind. Vielen Menschen mangelt es aber an dieser wichtigen sozialen Ressource. Die Soziale Arbeit hat nicht nur die Aufgabe, materielle Ressourcen zu vermitteln, sondern als „linke Hand des Staates" (Bourdieu) auch die Aufgabe, die nicht vorhandenen sozialen Ressourcen der Anteilnahme und Fürsorge zu ersetzen. Sie tut dies sowohl in stationären Settings wie in ambulanten, das eine ist nicht weniger inklusiv als das andere. Vielmehr ist die Frage, wie die Klient_innen innerhalb und außerhalb von Institutionen ihre Bedürfnisse befriedigen und ihre Fähigkeiten entfalten können. Und weiter: Wo sich subkulturelle Gruppen bilden, kann Soziale Arbeit mit der Methode der aufsuchenden Sozialarbeit notwendige „Milieubildung" (Böhnisch 1994) betreiben und den Menschen zu einer gelingenderen Lebensbewältigung verhelfen. Wo dies nur im Rahmen stationärer Hilfen möglich ist, bedeuten diese nicht automatisch weniger oder mehr Inklusion. Entscheidend ist der Prozess der Hilfe und wie es gelingt, die Perspektive einer zukünftigen Verbesserung der Partizipation zu eröffnen.

Dieser Hilfeprozess ist nicht immer nur etwas zum „Feiern", und es geht auch nicht darum, dass man „jeden Tag glücklich" ist (Hinz & Kruschel 2013, 120ff.). Das wäre ein unrealistisches und auch nicht wünschenswertes Ziel, da auch das Unglücklichsein zum menschlichen Leben dazu gehört. Aber ein inklusiver Hilfeprozess verlangt, dass Klient_innen ein Höchstmaß an Mitsprache bei der Gestaltung der Hilfen eingeräumt wird, sofern sie nicht durch ihr selbstbestimmtes Verhalten andere einschränken oder sogar verletzen (wie z. B. bei der Kindeswohlgefährdung).

In unserem Lehrbuch ging es in den meisten Beispielen der „Good Practice" um Behinderung und Schule, auch wenn wir uns bemüht haben – gemäß unserem breiteren intersektionalen Verständnis von Inklusion – auch andere Beispiele zu finden. Dies liegt einerseits daran, dass im Bereich von Schule und Behinderung die Debatte weiter fortgeschritten ist und mehr öffentliche Aufmerksamkeit erreicht hat als beispielsweise die Frage, inwieweit Menschen mit Migrationshintergrund am Arbeitsmarkt teilhaben. Denn anders als der öffentlich finanzierte und politisch gestaltete Schulbereich unterliegt der Arbeitsmarkt als Markt den Regeln von Angebot, Nachfrage und Profitmaximierung. Zwar können die Regeln der Ökonomie ebenfalls politisch beeinflusst werden, dies läuft aber starken Interessen der Wirtschaft entgegen, die sich in den letzten Jahrzehnten im Sinne des Neoliberalismus immer mehr durchsetzen konnten. Mit der von Lessenich beschriebenen Umwandlung des versorgenden Sozialstaats hin zu einem „neosozialen" Aktivierungsstaat (vgl. Kap. 3.2) steht die politische Umsetzung der Inklusion in der Gefahr, eine unheilige Allianz mit einem immer stärkeren Rückzug des Sozialstaates aus der Verantwortung zu bilden. Werden Förderschulen, Behindertenwerkstätten oder andere Hilfsinstitutionen geschlossen mit dem Argument, dass sie per se exkludieren, dann kann Inklusion zum „Sparprogramm" verkommen und entspricht der Idee der „Aktivierung" und des „unternehmerischen Selbst". Damit wird die Inklusionsdebatte missbraucht für eine schleichende stärkere Exklusion derer, die nicht mithalten können und auf soziale Unterstützung angewiesen sind (vgl. Becker 2015).

Unsere *Arbeitsdefinition* von Inklusion in Kapitel 1 lässt sich nun im Sinne eines *Arbeitsauftrages* präzisieren:

> Inklusion erfordert eine inhaltliche und qualitative Bestimmung dessen, was unter einem „menschenwürdigen" und somit „guten" Leben verstanden werden soll. Maßstab ist dabei die Verwirklichung von Menschenrechten für alle, wozu die Möglichkeit der sozialen Teilhabe, die Überwindung sozialer Ungleichheiten und die Befähigung und Stärkung von Menschen als aufeinander angewiesene und zugleich selbst bestimmte Persönlichkeiten gehören. Die Erweiterung der Teilhabechancen ist untrennbar verbunden mit den Prinzipien einer auf Partizipation und Selbstbestimmung gerichteten individuellen Lebensplanung. Dies erfordert aber auch eine aktive Einmischung in die Politik, insbesondere, wo es um die finanziellen Ressourcen geht. Der Respekt vor der Autonomie des Einzelnen schließt auch das Recht ein, nicht „dazugehören" zu wollen.

Legen wir diese Definition zugrunde, dann müssen auf der theoretisch-reflexiven und der gesellschaftspolitischen Ebene Konsequenzen erfolgen:

- Bei den theoretisch-reflexiven Fragen im Kontext der Inklusion gilt es auf der individuellen Ebene, insbesondere das Verhältnis der Forderung nach sozialer Teilhabe und die gleichzeitige Ausrichtung auf ein selbstbestimmtes und gelingendes gutes Leben als zwei Eckpunkte des Inklusionsverständnisses zu diskutieren. Es handelt sich hier um einen potentiellen Zielkonflikt, der in der Definition von Inklusion angelegt ist. Die Debatte um die selbstbestimmte Exklusion (s. Kap. 6.5) zeigte, dass die in der Gesamtgesellschaft anzustrebende Reduzierung von Barrieren und die aktive Teilhabe aller aus einer individuellen Perspektive als subjektive Zumutung erfahren werden kann. Dies gilt insbesondere für Personen und Personengruppen, die ihre individuellen Werte im Gegensatz zu den gesellschaftlichen Werten (z. B. Bildungs-, Leistungs- und Legalitätsorientierung) sehen. Teilhabe funktioniert in westlichen Gesellschaften nach dem Prinzip von „Rechten und Pflichten" für die Gruppenangehörigen. Wie dieses Prinzip in einer inklusiven Gesellschaft weiterzuentwickeln bzw. neu zu formulieren ist, ist eine zentrale Frage für die Inklusion.
- Auf der gesellschaftspolitischen Ebene und in professionellen Kontexten fällt auf, dass es bislang kein gemeinsames Verständnis davon gibt, welche gesellschaftlichen Zielsetzungen mit erhöhten Inklusionschancen erreicht werden sollen. Die entscheidende Frage ist und bleibt, ob es in erster Linie darum geht, möglichst allen Personen und Personengruppen trotz ihrer vielfältigen Besonderheiten den Zugang zu den vorhandenen gesellschaftlichen Teilbereichen zu ermöglichen – oder ob mit der Zielvorstellung der Inklusion zugleich eine kritische Anfrage an den gesellschaftlichen Ist-Zustand verbunden ist.

Wenn Letzteres der Fall wäre, müsste nicht nur danach gefragt werden, ob und wie alle Gesellschaftsmitglieder Zugang zu Bildung, Erwerbsarbeit, Wohnungsmarkt, sozialer und materieller Sicherheit finden, sondern darüber hinaus auch, ob und wie das Bildungssystem, die Erwerbsarbeit, die Wohn- und Lebensformen verändert werden sollen.

Ein solches umfassendes Inklusionsverständnis stellt die Fokussierung auf jeweils *eine* Dimension von Exklusionsrisiken bzw. Inklusionschancen, z. B. Behinderung oder Armut oder Geschlecht oder Ethnizität, radikal in Frage. Bislang wird Inklusion kaum als politische Querschnittsaufgabe und ebenso wenig als gemeinsame professionelle Herausforderung und Aufgabe verschiedener Berufsgruppen wahrgenommen, sondern jeweils in unterschiedlichen gesellschaftlichen Funktionssystemen thematisiert. Deshalb wäre eine Übertragung des intersektionalen Denkens in den Bereich der Politik wünschenswert. Zugleich würden damit die vorhandenen politischen Zuständigkeiten weitgehend in Frage gestellt. Intersektionales Denken schließt die Forderung ein, dass Inklusionsthemen in allen Ausbildungen zu pädagogischen oder gesundheitsbezogenen Berufen wie auch in den entsprechenden Studiengängen einschließlich der Lehramtsstudiengänge verankert werden. Den meisten Absolvent_innen und Fachkräften ist zwar bewusst, dass Inklusion eine radikale Abkehr von der Fokussierung auf einzelne Merkmale von Personen oder („Rand"-)Gruppen und auf voneinander säuberlich getrennte Problemlagen bedeutet. Dennoch beschränkt sich ihr Expert_innenwissen häufig auf *eine* Benachteiligungskategorie bzw. *ein* Exklusionsrisiko. Beispielsweise gibt es in der Behindertenhilfe Expert_innenwissen zu Barrierefreiheit, aber selten zu migrations- und/oder geschlechtsspezifischen Besonderheiten. Umgekehrt wissen Sozialarbeiter_innen, die im Migrationsbereich arbeiten, viel über interkulturelle Kommunikation und vielleicht auch einiges über Genderfragen, kaum aber etwas über Barrierefreiheit und Inklusion von Menschen mit Behinderungen. Fragen der mehrdimensionalen oder gar intersektionalen Diskriminierung werden auf diese Weise ausgeblendet, zumal die professionellen Hilfsangebote nach wie vor in Bezug auf die einzelnen Merkmale der Klient_innen und in den dafür jeweils zuständigen Hilfesystemen und Institutionen erbracht werden müssen.

Die Vermittlung des hier geforderten intersektionalen Denkens systematisch in den Ausbildungs- und Studieninhalten und im professionellen Alltag zu verankern, kann auf unterschiedlichste Weise geschehen:

- Das Einüben intersektionalen Denkens bei der rekonstruktiven Fallarbeit trägt zu einem besseren Fallverstehen bei. In der rekonstruktiven Fallarbeit wurden bereits die Interaktion zwischen Adressat_in und seiner/ihrer Umwelt, den Hilfeinstitutionen sowie der Sozialarbeiter_in, die lebensgeschichtlichen Narrationen und die Reflexion des helfenden Teams dokumentiert und reflektiert (Giebeler et al. 2008). Darüber hinaus ermöglicht die intersektionale Perspektive, auch die subjektiven Ausprägungen und die Bedeutungen unterschiedlicher Kategorien der Benachteiligung zu erfassen (vgl. hierzu Giebeler, Rademacher & Schulze 2013).

- Die multidisziplinäre Zusammenarbeit und Professionalisierung wird durch intersektionales Denken gestärkt. Dies sollte in den Curricula der einschlägigen Ausbildungen und Studiengänge deutlicher als bisher berücksichtigt werden, beispielsweise in gemeinsamen Grundlagenmodulen.
- Dazu gehört auch die Auseinandersetzung mit und Erforschung von Modellen, Projekten und Hilfeleistungen, die darauf angelegt sind, die Reduktion von Klient_innen auf *eine* „Besonderheit" zu überwinden.
- Durch gemeinsame Anstrengungen von Akteur_innen aus Wissenschaft, Politik, Zivilgesellschaft und professionellen Hilfesystemen kann die Engführung von Rechtsansprüchen und Finanzierungsmöglichkeiten aufgebrochen und zugleich die zentrale systemkritische Frage der Inklusion immer neu formuliert werden: Wie wollen wir leben, und in welche Gesellschaft wollen wir inkludiert werden?

Folgt man diesem umfassenden und gesellschaftskritischen Verständnis von Inklusion, so ergeben sich daraus eine Reihe von kritischen Anfragen an derzeitige Theorien und praktische Umsetzungen von Inklusion:

- Führt die Fokussierung der Inklusionsdebatten auf den Bereich des Zugangs von Menschen mit Behinderungen zum Bildungssystem, zur Erwerbsarbeit und zum Sozialraum möglicherweise zu einer Verengung des Blicks auf soziale Ungleichheiten insgesamt?
- Gibt es einen Ausweg aus dem Dilemma der notwendigen Definition von Hilfebedarfen und der Entwicklung zielgruppenspezifischer Strategien der Unterstützung und des Empowerments einerseits, der Betonung von Differenzen und tendenziellen Stigmatisierung andererseits?
- Kann die völlige Überwindung theoretischer Kategorien und praktischer Maßnahmen, die sich an spezifische Zielgruppen wenden, gelingen und wäre dies wünschenswert? Zumindest besteht die Gefahr, dass etablierte Hilfen und Ansprüche weiter abgeschafft oder in Frage gestellt werden, ohne dass gleichzeitig eine tatsächliche Teilhabe in den Systemen und Sozialräumen ermöglicht wird. Auch können subtile Ausgrenzungsmechanismen in Gruppen greifen, in die Menschen in guter Absicht, aber nicht für alle Beteiligten freiwillig inkludiert werden.

Eine Hoffnung soll abschließend ebenfalls noch ausgesprochen werden: Es wäre wünschenswert, die zu beobachtende Verhärtung der Positionen zwischen radikalen und gemäßigten Inklusionist_innen, wie sie sich analog der amerikanischen Debatte im Kontext schulischer Inklusion auch im deutschsprachigen Raum abzeichnet (vgl. Ahrbeck 2016, 48ff.), in einen konstruktiven (Wett-)Streit um die Entwicklungsetappen und Planungsschritte hin zu mehr Inklusion zu transformieren. Auch sollten klare Abgrenzungen von Positionen vorgenommen werden, die unter dem Etikett der Inklusion das Gegenteil von Inklusion bewirken. Dazu würde auch die gemeinsame und klare Markierung dessen beitragen, was Inklusion auf keinen Fall ist (s. Wocken 2014, 101 ff.).

Während im Bildungs-, Sozial- und Wirtschaftssystem die bisherigen Arbeitsweisen fortbestehen, entstehen Inseln der „guten Praxis", wie wir sie in dem

Buch vorgestellt haben. Ihr Sinn besteht darin, die Vision von einer möglichen anderen Gesellschaft wach zu halten, aber auch die Widerstände zu erkennen, die einer inklusiven Gesellschaft entgegenstehen.

Bei den methodischen Fragen stellen sich für die Inklusion Anforderungen im Kontext der Weiterentwicklung von gruppenpädagogischen Konzepten. Insbesondere beim Verhältnis von sozialer Teilhabe und (Einzel-)Förderung ergeben sich vielfältige Herausforderungen. Wenn beispielsweise die Unterstützung durch im Unterricht anwesende Integrationshelfer_innen erfolgt, besteht die Gefahr einer Separierung und Stigmatisierung. Es liegt hierzu eine erste Metaanalyse von Studien vor, die Kriterien für eine effektive Förderung, aber auch die Frage einer von der Einzelförderung abgewandten Funktion eines Teilhabemanagers diskutiert (s. Schmidt 2012). Insbesondere gilt es, eine (Einzel-)Förderung immer auch mit den in der Gesamtorganisation bestehenden Gruppenregeln und Grundsätzen in Beziehung zu setzen. Ein derartiges systemisches Verständnis von Organisation und sozialer Einbindung stärkt eine auf die Ressourcenförderung gerichtete Arbeitsweise. Auch entspricht dies der Forderung im „Index für Inklusion", die Integrationshelfer_innen durch Inklusionsbeauftragte zu ersetzen, die nicht nur mit dem Einzelfall, sondern mit der Weiterentwicklung der Gesamtgruppe hin zu einem sozialen Miteinander beauftragt sind.

Als Lehrende in Studiengängen des Sozialwesens plädieren wir dafür, ein umfassendes Verständnis von Inklusion curricular zu verankern. Dies kann auf der Ebene der Bachelor-Abschlüsse gelingen, wenn gemeinsame Grundlagenmodule in den etablierten Studiengängen Soziale Arbeit und Heilpädagogik/inklusive Pädagogik verbindlich eingeführt werden, sodass die Studierenden darauf vorbereitet werden, in ihren beruflichen Handlungsfeldern interdisziplinär zusammenzuarbeiten. Auf der Ebene der Master-Abschlüsse halten wir den Bochumer „MA-Studiengang Soziale Inklusion: Gesundheit, Bildung" für ein konzeptionell tragfähiges Beispiel dafür, dass die Entwicklung und Implementierung von Inklusionsstrategien als handlungsfeldübergreifende Kompetenz vermittelt werden kann (s. auch Balz, Huster & Kuhlmann 2011). Nicht zuletzt die Durchführung und Evaluation von Lehr-Forschungs-Projekten, wie sie in diesem Buch vorgestellt wurden, trägt zur theoretischen, empirischen und praktisch-professionellen Weiterentwicklung des Inklusionsgedankens bei.

Literatur

Ahrbeck, B. (2014). *Inklusion – eine Kritik.* Stuttgart: Kohlhammer.
Alinsky, S. D. (1974). *Die Stunde der Radikalen. Ein praktischer Leitfaden für realistische Radikale. Strategien und Methoden der Gemeinwesenarbeit II.* Berlin: Burckhardthaus-Verlag Gelnhausen.
Amrhein, B. (Hrsg.) (2016). *Diagnostik im Kontext inklusiver Bildung.* Stuttgart: Klinkhardt.
Anhorn, R., Bettinger, F. & Stehr, J. (Hrsg.) (2007). *Foucaults Machtanalytik und Soziale Arbeit. Eine kritische Einführung und Bestandsaufnahme.* Wiesbaden: VS.
Baecker, D. (1994). Soziale Hilfe als Funktionssystem der Gesellschaft. *Zeitschrift für Soziologie* 2, 93–110, (http://www.zfs-online.org/index.php/zfs/article/viewFile/2856/2393), Zugriff am 03.06.2017
Balz, H.J. & Spieß, E. (2009). *Kooperation in sozialen Organisationen – Grundlagen und Instrumente der Teamarbeit.* Stuttgart: Kohlhammer.
Balz, H.-J., Benz, B. & Kuhlmann, C. (Hrsg.) (2012). *Soziale Inklusion. Grundlagen, Strategien und Projekte in der Sozialen Arbeit.* Wiesbaden: VS.
Balz, H.-J., Huster, E.-U. & Kuhlmann, C. (Hrsg.) (2011). *Soziale Inklusion: Änderungswissen und Handlungskompetenz im sozialen Feld. Master-Theses und Promotionsprojekte.* Bochum: Ev. Fachhochschule RWL.
Balz, H.-J. (2017). Prekäre Lebenslagen und Krisen – Wege ihrer Bewältigung. In E.-U. Huster, J. Boeckh & H. Mogge-Grotjahn (Hrsg.), *Handbuch Armut und soziale Ausgrenzung* (3. Auflage.) (S. 643–662). Wiesbaden: VS-Verlag.
BAMF (Bundesamt für Migration und Flüchtlinge) (2016). *Migrationsbericht 2015.* Nürnberg.
Bandura, A. (1997). *Self-efficacy: The exercise of control.* New York: Freeman.
Barlösius, E. (2006). *Pierre Bourdieu.* Frankfurt a. M.: New York: Campus.
Baumgart, R. & Eichener, V. (1991). *Norbert Elias zur Einführung.* Hamburg: Junius.
Beck, I. (2016). *Inklusion im Gemeinwesen.* Stuttgart: Kohlhammer.
Beck, S. (2009). *Die Philosophie Martha Nussbaums hinsichtlich ihrer feministischen Ausrichtung.* (sh.diva-portal.org/smash/get/diva2:218977/FULLTEXT01.pdf), Zugriff am 03.06.2017
Becker, U. (2015). *Die Inklusionslüge. Behinderung im flexiblen Kapitalismus.* Bielefeld: Transcript.
Bendel, P. & Borkowski, A. (2016). Entwicklung der Integrationspolitik. In H.-U. Brinkmann & M. Sauer (Hrsg.), *Einwanderungsgesellschaft Deutschland. Entwicklung und Stand der Integration* (S. 99–116). Wiesbaden: Springer VS.
Bender, D. & Lösel, F. (2008). Von generellen Schutzfaktoren zu spezifischen protektiven Prozessen: Konzeptuelle Grundlagen und Ergebnisse der Resilienzforschung. In G. Opp & M. Fingerle (Hrsg.), *Was Kinder stärkt. Erziehung zwischen Risiko und Resilienz* (S. 57–78). München: Reinhardt/UTB.
Benhabib, S., Butler, J., Cornell, D. & Fraser, N. (1993). *Der Streit um die Differenz. Feminismus und Postmoderne in der Gegenwart.* Frankfurt a. M.: Fischer.
Benz, B. (2017). Armutspolitik der europäischen Union. In E. U. Huster, J. Boeckh & H. Mogge-Grotjahn (Hrsg.), *Handbuch Armut und Soziale Ausgrenzung* (3. Auflage) (S. 759–782). Wiesbaden: VS.
Bernhard, A. (2015). Inklusion – ein importiertes erziehungswissenschaftliches Zauberwort und seine Tücken. In S. Kluge et al. (Hrsg.), *Inklusion als Ideologie* (Jahrbuch für Pädagogik) (S. 109–119). Frankfurt a. M.; Bern; Berlin; Wien u. a.: Lang.

Berufsverband Deutscher Psychologinnen und Psychologen (Hrsg.) (2016). *Berufsethische Richtlinien*. (http://www.bdp-verband.org/bdp/verband/clips/Berufsethische_Richlinien_ 2016.pdf), Zugriff am 27.06.2017
Bierhoff, H.-W. (2006). *Sozialpsychologie. Ein Lehrbuch* (6. überarbeitete und erweiterte Auflage). Stuttgart: Kohlhammer.
Bierhoff, H.-W., Rohmann, E. & Frey, D. (2011). Positive Psychologie: Glück, Prosoziales Verhalten, Verzeihen, Solidarität, Bindung, Freundschaft. In D. Frey & H.-W. Bierhoff (Hrsg.), *Sozialpsychologie – Interaktion und Gruppe* (S. 81–106). Göttingen: Hogrefe.
Biermann, H. (2015). *Inklusion im Beruf*. Stuttgart: Kohlhammer.
Biermann-Ratjen, E., Eckert, J. & Schwartz, H.-J. (2003). *Gesprächspsychotherapie. Verändern durch Verstehen* (9. Auflage). Stuttgart: Kohlhammer.
BMAS – Bundesministerium für Arbeit und Soziales (2009). *Behindertenbericht 2009*. (http://www.bmas.de/SharedDocs/Downloads/DE/PDF-Publikationen/a125-behinderten- bericht.pdf?__blob=publicationFile), Zugriff am 03.06.2017
Boban, I. & Hinz, A. (1996). *Kinder verstehen – mit Kindern gemeinsam Schritte entwickeln. Annäherungen an die Lebens- und Lernsituation von Kindern mit Hilfe eines Diagnostischen Mosaiks*. Hamburg: Selbstverlag.
Boban, I. & Hinz, A. (1998). Diagnostik für Integrative Pädagogik. In H. Eberwein & S. Knauer (Hrsg.), *Handbuch Lernprozesse verstehen* (S. 151–164). Weinheim und Basel: Beltz.
Boban, I. & Hinz, A. (Hrsg.) (2003). *Index für Inklusion. Lernen und Teilhabe in der Schule der Vielfalt entwickeln*. Halle (Saale): Martin-Luther-Universität Halle-Wittenberg. (www.eenet.org.uk/resources/docs/Index%20German.pdf), Zugriff am 03.06.2017
Boban, I. & Kruschel, R. (2012). Die Weisheit der vielen Weisen – Zukunftsfeste und andere Weisen miteinander diagnostisch klug zu handeln: Inklusion als Prinzip sozialer Ästhetik. *Zeitschrift für Inklusion*, 3. (http://www.inklusion-online.net/index.php/inklu- sion-online/article/view/46/46), Zugriff am 03.06.2017
Boeckh, J. (2017). Migration und soziale Ausgrenzung. In E.-U. Huster et al. (Hrsg.), *Handbuch Armut und soziale Ausgrenzung* (3. Auflage) (S. 539–572). Wiesbaden: Springer VS.
Böhnisch, L. (1994). *Gespaltene Normalität: Lebensbewältigung und Sozialpädagogik an den Grenzen der Wohlfahrtsgesellschaft*. Weinheim: Juventa.
Bommes, M. & Scherr, A. (1996). Soziale Arbeit als Exklusionsvermeidung, Exklusionsvermittlung und/oder Exklusionsverwaltung. In R. Merten et al. (Hrsg.), *Sozialarbeitswissenschaft – Kontroversen und Perspektiven* (S. 93–119). Neuwied; Kriftel; Berlin: Luchterhand.
Booth, T. & Ainscow, M. (2002). *Index for Inclusion. Developing learning and participation in school* (2. Auflage). Bristol: Centre for Studies on Inclusive Education.
Booth, T. & Ainscow, M. (2003). *Index für Inklusion. Lernen und Teilhabe in der Schule der Vielfalt entwickeln* (Übersetzt von I. Boban & A. Hinz). Halle-Wittenberg: Universitätsdruckerei (http://www.gew.de/Index_fuer_Inklusion.html), Zugriff am 03.06.2017
Booth, T. (2008). Ein internationaler Blick auf inklusive Bildung: Werte für alle? In A. Hinz (Hrsg.), *Von der Integration zur Inklusion. Grundlagen, Perspektiven, Praxis* (S. 53–73). Marburg: Lebenshilfe.
Booth, T., Ainscow, M. & Kingston, D. (2006). *Index für Inklusion (Tageseinrichtungen für Kinder). Lernen, Partizipation und Spiel in der inklusiven Kindertageseinrichtung entwickeln* (Deutschsprachige Ausgabe). Herausgegeben von der Gewerkschaft Erziehung und Wissenschaft. Frankfurt a. M.: Eigenverlag. (www.eenet.org.uk/resources/docs/Index- %20EY%20German2.pdf), Zugriff am 03.06.2017
Bota, M. et al. (2012). „Initiative Pausenbrot" der Gelsenkirchener Tafel e. V. (Unveröffentlichter Projektbericht an der Evangelischen Fachhochschule Bochum).
Bourdieu, P. (1997a). *Die feinen Unterschiede. Kritik der gesellschaftlichen Urteilskraft* (9. Auflage). Frankfurt a. M.: Suhrkamp.

Bourdieu, P. (1997b). *Die verborgenen Mechanismen der Macht*. Hamburg: VSA.
Bourdieu, P. (1998). *Das Elend der Welt. Zeugnisse und Diagnosen alltäglichen Leidens an der Gesellschaft* (2. Auflage). Konstanz: Universitätsverlag.
Bourdieu, P. (2001).*Wie die Kultur zum Bauern kommt. Über Bildung, Schule und Politik*. Hamburg: VSA.
Brandenburgische Landeszentrale für politische Bildung (2009). *Als Arbeitskraft willkommen. Vietnamesische Vertragsarbeiter in der DDR. Begleitmaterial zur gleichnamigen Ausstellung*. Potsdam.
Breitenbach, E. (2015). *Ist es normal, verschieden zu sein?* (http://www.praxis-foerderdiagnostik.de/normal-verschieden/), Zugriff am 03.06.2017
Bretländer, B., Köttig, M. & Kunz, T. (Hrsg.) (2015). *Vielfalt und Differenz in der Sozialen Arbeit. Perspektiven auf Inklusion*. Stuttgart: Kohlhammer.
Breuer, M. (2013). Inklusion und Exklusion – zwischen Sozialtheorie und sozialpolitischer Semantik. In B. Benz et al. (Hrsg.), *Politik Sozialer Arbeit. Band 1: Grundlagen, theoretische Perspektiven und Diskurse* (S. 219–231). Weinheim und Basel: Beltz Juventa.
Brinkmann, H.-U. (2016). Soziodemografische Zusammensetzung der Migrationsbevölkerung. In H.-U. Brinkmann & M. Sauer (Hrsg.), *Einwanderungsgesellschaft Deutschland. Entwicklung und Stand der Integration* (S. 145–175). Wiesbaden: Springer VS.
Brinkmann, H.-U. & Sauer, M. (Hrsg.) (2016). *Einwanderungsgesellschaft Deutschland. Entwicklung und Stand der Integration*. Wiesbaden: Springer VS.
Bröckling, U. (2007). *Das unternehmerische Selbst. Soziologie einer Subjektivierungsform*. Frankfurt a. M.: Suhrkamp.
Bronfenbrenner, U. (1981). *Die Ökologie der menschlichen Entwicklung*. Stuttgart: Klett-Cotta.
Bude, H. & Willisch, A. (Hrsg.) (2008). *Exklusion. Die Debatte über die „Überflüssigen"*. Frankfurt a. M.: Suhrkamp.
Bühler, Ch. (2015). Universelles Design des Lernens und Arbeitens. In H. Biermann (Hrsg.), *Inklusion im Beruf* (S. 118–138). Stuttgart: Kohlhammer.
Bundschuh, K. (1980). *Einführung in die sonderpädagogische Diagnostik*. München: Reinhardt.
Burmester, M. (2017). Kommunale Armutsverwaltung – zwischen gesetzlichem Auftrag und kommunalem Gestaltungswillen. In E.-U. Huster et al. (Hrsg.), *Handbuch Armut und soziale Ausgrenzung* (3. Auflage) (S. 717–740). Wiesbaden: Springer VS.
Cechura, S.(2016). *Inklusion: Ideal oder realistisches Ziel? Eine Kritik von Suitbert Cechura*. Berlin: Deutscher Verein für öffentliche und private Fürsorge.
Cierpka, M. (2005). *Faustlos – Wie Kinder Konflikte gewaltfrei lösen lernen*. Freiburg: Herder.
Claudius-Höfe Bochum, http://claudius-hoefe.mcs-bochum.de – Gesprächspartner: Prof. Dr. Klaus Wengst, Claudius-Höfe 14, 44789 Bochum.
Clausen, J. J. (2012). Dimensionen der Inklusion in der Behindertenhilfe und der Sozialpsychiatrie. In H.-J. Balz, B. Benz & C. Kuhlmann (Hrsg.), *Soziale Inklusion. Grundlagen, Strategien und Projekte in der Sozialen Arbeit* (S. 211–224). Wiesbaden: VS.
Corcoran, K. & Mussweiler, T. (2011). Der wichtige andere: Soziale Vergleiche und relative Deprivation. In D. Frei & H.-W. Bierhoff (Hrsg.), *Sozialpsychologie – Interaktion und Gruppe* (S. 19–40). Göttingen: Hogrefe.
Dabrock, P. (2012). Befähigungsgerechtigkeit als Ermöglichung gesellschaftlicher Inklusion. In H.-U. Otto & H. Ziegler (Hrsg.), *Capabilities – Handlungsbefähigung und Verwirklichungschancen in der Erziehungswissenschaft* (2. Auflage), (S. 17–53). Wiesbaden: VS.
Dammer, K.-H. (2015). Gegensätze ziehen sich an. Gemeinsamkeiten und Synergieeffekte zwischen Inklusion und Neoliberalismus. In S.Kluge et al. (Hrsg.), *Inklusion als Ideologie* (Jahrbuch für Pädagogik) (S. 21–39). Frankfurt a. M., Bern, Berlin, Wien u. a.: Lang.

Degener, T. & Mogge-Grotjahn, H. (2012). „All inclusive"? Annäherungen an ein interdisziplinäres Verständnis von Inklusion. In H.-J. Balz, B. Benz & C. Kuhlmann (Hrsg.), *Soziale Inklusion. Grundlagen, Strategien und Projekte in der Sozialen Arbeit* (S. 59–78). Wiesbaden: VS.

Degener, T. (2015). Vom medizinischen zum menschenrechtlichen Modell von Behinderung. In I. Attia, S. Köbsell & N. Prasad (Hrsg.), *Dominanzkultur reloaded. Neue Texte zu gesellschaftlichen Machtverhältnissen und ihren Wechselwirkungen* (S. 155–170). Bielefeld: Transcript.

Deutscher Behindertensportverband e. V. (Hrsg.) (2014). *Index für Inklusion im und durch Sport. Ein Wegweiser zur Förderung der Vielfalt im organisierten Sport in Deutschland.* (http://www.dbs-npc.de/tl_files/dateien/sportentwicklung/inklusion/Index%20fuer%20Inklusion/2014_DBS_Index_fuer_Inklusion_im_und_durch_Sport.pdf), Zugriff am 07.06.2017

Deutsche Gesellschaft für Erziehungswissenschaft (2015). *Inklusion als Herausforderung für die Erziehungswissenschaft. Aufruf zu einer Debatte.* (http://www.dgfe.de/fileadmin/OrdnerRedakteure/Stellungnahmen/2015_Inklusion_Positionierung.pdf), Zugriff am 30.06.2017

Deutscher Verein für öffentliche und private Fürsorge (2011). *Eckpunkte des Deutschen Vereins für einen inklusiven Sozialraum.* (https://www.deutscher-verein.de/de/empfehlungen-stellungnahmen-2011-eckpunkte-des-deutschen-vereins-fuer-einen-inklusiven-sozialraum-sb1sb-1543,287,1000.html), Zugriff am 22.05.2017

Deutscher Verein für öffentliche und private Fürsorge (2012). *Empfehlungen zur örtlichen Teilhabeplanung für ein inklusives Gemeinwesen.* (https://www.deutscher-verein.de/de/empfehlungenstellungnahmen-2012-empfehlungen-zur-oertlichen-teilhabeplanung-fuer-ein-inklusivesgemeinwesen-1-1528,293,1000.html), Zugriff am 22.05.2017

Döpke, J. (2011). *Gouvernementalität und Soziale Arbeit – Wie Beratung zu einem Ort von Herrschaft und Regierung wird.* Berlin: Evangelische Hochschule Berlin (Dipl.arbeit).

Dörner, K. (1969). *Bürger und Irre.* Frankfurt a. M.: Europäische Verlagsanstalt.

Dülmen, R. van (1996). Norbert Elias und der Prozeß der Zivilisation. Die Zivilisationstheorie im Lichte der historischen Forschung. In K.-S. Rehberg (Hrsg.), *Norbert Elias und die Menschenwissenschaften. Studien zur Entstehung und Wirkungsgeschichte seines Werkes* (S. 264–274). Frankfurt a. M.: Suhrkamp

Eggert, D. (1997). *Von den Stärken ausgehen ...* Dortmund: verlag modernes lernen Borgmann.

Eggert, D., Reichenbach, C. & Bode, S. (2003). *SKI – Selbstkonzeptinventar.* Dortmund: verlag modernes lernen Borgmann.

Eggert, D., Reichenbach, C. & Lücking, C. (2007). *Von den Stärken ausgehen ...* Dortmund: verlag modernes lernen Borgmann.

Elias, N. (1969/1939). *Über den Prozeß der Zivilisation. Soziogentische und psychogenetische Untersuchungen* (2 Bände). Frankfurt a. M.: Suhrkamp.

Elias, N. (1982). *Über die Einsamkeit der Sterbenden in unseren Tagen.* Frankfurt a. M.: Suhrkamp.

Elias, N. (1986/1970). *Was ist Soziologie?* Weinheim; München: Juventa.

Elias, N. (1987). Wandlungen der Wir-Ich-Balance. In ders., *Die Gesellschaft der Individuen* (S. 207–315). Frankfurt a. M.: Suhrkamp.

Elias, N. (1990/ursprünglich 1965). *Etablierte und Außenseiter* (gemeinsam mit J.L. Scotoson). Frankfurt a. M.: Suhrkamp.

Elias, N. (1991/1939). *Die Gesellschaft der Individuen.* Frankfurt a. M.: Suhrkamp.

Eppenstein, T. & Kiesel, D. (2008). *Soziale Arbeit interkulturell.* Stuttgart: Kohlhammer.

Erdheim, M. (1996). Unbewußtheit im Prozeß der Zivilisation. In K.-S. Rehberg (Hrsg.), *Norbert Elias und die Menschenwissenschaften. Studien zur Entstehung und Wirkungsgeschichte seines Werkes* (S. 158–171). Frankfurt a. M.: Suhrkamp.

Felder, M. & Schneiders, K. (2016). *Inklusion kontrovers. Herausforderungen für die Soziale Arbeit*. Schwalbach: Wochenschau.
Festinger, L. (1954). A theory of social comparison processes. *Human Relations, 7*, 117–140.
Fettermann, D. M. (2001). *Foundation of Empowerment Evaluation*. Thousand Oaks: Sage.
Feuser, G. (2011). *25 Jahre Integrations-/Inklusionsforschung: Rückblick – Ausblick. Eine kurze, kritische Analyse*. (http://www.georg-feuser.com/conpresso/_data/Feuser_-_25_Jahre_Integrationsforschung_-_eine_kurze_kritische_Analyse_02_2011.pdf), Zugriff am 07.06.2017
Fingerle, M. (2011). Die Verwundbarkeit des Resilienzkonzepts – und sein Nutzen. *Sonderpädagogische Förderung heute, 56*, 122–135.
Fischer, E. (2003). „Geistige Behinderung" – Fakt oder Konstrukt? Sichtweisen und aktuelle Entwicklungen. In ders. (Hrsg.), *Pädagogik für Menschen mit geistiger Behinderung. Sichtweisen – Theorien – aktuelle Herausforderungen* (S. 7–35). Oberhausen: Athena.
Foa, U. G. & Foa, E. B. (1974). *Societal structures of the mind*. Springfield: Thomas.
Foa, U. G. & Foa, E. B. (1976). Ressource theory of social exchange. In J. W. Thibaut, R. Spence, R. Carson & J. W. Brehm. (Hrsg.), *Contemporary topics in social psychology* (S. 99–131). Morristown USA: General Learning Press.
Foucault, M. (1977). *Überwachen und Strafen. Die Geburt des Gefängnisses*. Frankfurt a. M.: Suhrkamp.
Foucault, M. (1994). Das Subjekt und die Macht. In H. L. Dreyfus & P. Rabinow (Hrsg.), *Michel Foucault. Jenseits von Strukturalismus und Hermeneutik* (2. Auflage) (S. 241–261). Weinheim: Beltz.
Foucault, M. (2006a). *Sicherheit, Territorium, Bevölkerung. Geschichte der Gouvernementalität I*. Frankfurt a. M.: Suhrkamp.
Foucault, M. (2006b). *Die Geburt der Biopolitik. Geschichte der Gouvernementalität II*. Frankfurt a. M.: Suhrkamp.
Foucault, M. (2010). *Kritik des Regierens* (Schriften zur Politik). Frankfurt a. M.: Suhrkamp.
Fraser, N. (1994). *Widerspenstige Praktiken. Macht, Diskurs, Geschlecht, Gender-Studies. Vom Unterschied der Geschlechter*. Frankfurt a. M.: Edition Suhrkamp.
Freese, B. & Mayerle, M. (2015). Digitale Teilhabe als Teil einer barrierefreien (E-)Partizipationskultur am Beispiel des PIKSL-Labors. In M. Düber, A. Rohrmann, M. Windisch (Hrsg.), *Barrierefreie Partizipation. Entwicklungen, Herausforderungen und Lösungsansätze auf dem Weg zu einer neuen Kultur der Beteiligung* (S. 382–395). Weinheim: Beltz.
Freese, B. (2013). Abbau von digitalen Barrieren und inklusive Medienbildung im PIKSL-Labor. *SI:SO, 1, 18*, 50–55.
Frey, D. & Bierhoff, H.W. (Hrsg.) (2011). *Sozialpsychologie – Interaktion und Gruppe*. Göttingen: Hogrefe.
Fröhlich, G. & Rehbein, B. (Hrsg.) (2009). *Bourdieu Handbuch. Leben – Werk – Wirkung*. Stuttgart: Metzler.
Fröhlich-Gildhoff, K. & Rönnau-Böse, M. (2014). *Resilienz* (3. überarbeitete und aktualisierte Auflage). München: Reinhardt/UTB.
Fröhlich-Gildhoff, K., Dörner, T. & Rönnau, M. (2016). *Prävention und Resilienz in Kindertageseinrichtungen (PRiK) – ein Förderprogramm* (3. Auflage). München: Reinhardt.
Frühauf, T. (2008). Von der Integration zur Inklusion – ein Überblick. In A. Hinz (Hrsg.), *Von der Integration zur Inklusion. Grundlagen, Perspektiven, Praxis* (S. 11–32). Marburg: Lebenshilfe.
Galamaga, A. (2014). *Philosophie der Menschenrechte von Martha Nussbaum. Eine Einführung in den Capabilities Approach*. Münster: Tectum.

Galuske, M. (2005). *Methoden der Sozialen Arbeit* (6. Auflage). Weinheim: Juventa.
Gebert, D. (2004). *Innovation durch Teamarbeit*. Stuttgart: Kohlhammer.
GEW – Gewerkschaft Erziehung und Wissenschaft (Hrsg.) (2015). *Index für Inklusion in Kindertageseinrichtungen: Gemeinsam leben, spielen und lernen* (5. Auflage). Frankfurt: Eigenverlag.
Giebeler, C., Fischer, W., Goblirsch, M., Miethe, I. & Riemann, G. (Hrsg.) (2008). *Fallverstehen und Fallstudien*. (Interdisziplinäre Beiträge zur rekonstruktiven Sozialarbeitsforschung. Rekonstruktive Forschung in der Sozialen Arbeit, Band 1) (2. Auflage). Opladen; Farmington Hills: Budrich.
Giebeler, C., Rademacher, C. & Schulze, E. (Hrsg.) (2013). *Intersektionen von race, class, gender und body. Theoretische Zugänge und qualitative Forschungen in Handlungsfeldern der Sozialen Arbeit*. Opladen; Berlin; Toronto: Budrich.
Gläser, C. (2013). *Kindertafeln schmieren Pausenbrote*. (www.wuerzburger-kindertafel.de/¬kindertafeln-schmieren-pausenbrote), Zugriff am 20.06.2017
Gleichmann, P. et al. (Hrsg.) (1977). *Materialien zu Norbert Elias' Zivilisationstheorie*. Frankfurt a. M.: Suhrkamp.
Goffman, E. (1967). *Stigma. Über Techniken der Bewältigung beschädigter Identität*. Frankfurt a. M.: Suhrkamp.
Goldberg, B. & Schorn, A. (Hrsg.) (2011). *Kindeswohlgefährdung. Wahrnehmen – Bewerten – Intervenieren* (Beiträge aus Recht, Medizin, Sozialer Arbeit, Pädagogik und Psychologie). Opladen; Berlin; Toronto: Budrich.
Graumann, S. (2012). Inklusion geht weit über „Dabeisein" hinaus – Überlegungen zur Umsetzung der UN-Behindertenrechtskonvention in der Pädagogik. In H.-J. Balz, B. Benz & C. Kuhlmann (Hrsg.), *Soziale Inklusion. Grundlagen, Strategien und Projekte in der Sozialen Arbeit* (S. 79–94). Wiesbaden: VS.
Grawe, K. (1995). Grundriss einer Allgemeinen Psychotherapie. *Psychotherapeut, 40*, 215–244.
Habermas, J. (1963). Analytische Wissenschaftstheorie und Dialektik, ein Nachtrag zur Kontroverse zwischen Popper und Adorno. In M. Horkheimer (Hrsg.), *Zeugnisse. Festschrift für Theodor W. Adorno* (S. 473–501). Frankfurt a. M.: Europäische Verlagsanstalt.
Habermas, J. (1982/1971). Theorie der Gesellschaft oder Sozialtechnologie? Eine Auseinandersetzung mit Niklas Luhmann. In J. Habermas & N. Luhmann (Hrsg.), *Theorie der Gesellschaft oder Sozialtechnologie* (S. 142–290). Frankfurt a. M.: Suhrkamp.
Habermas, J. (1985). *Der philosophische Diskurs der Moderne: Zwölf Vorlesungen*. Frankfurt a. M.: Suhrkamp.
Haeberlin, U. (2008). Zwischen Hoffnung auf Akzeptanz und europäischer Realgeschichte der Intoleranz gegenüber Verschiedenheit. In G. Biewer et al. (Hrsg.), *Begegnung und Differenz* (S. 15–32). Bad Heilbrunn: Klinkhardt.
Hartke, B. (2012). Besteht ein Widerspruch zwischen Inklusion und Diagnostik? Einführung, Begriffsbestimmungen und Präzisierungen bei der Fragestellung. In M. Brodkorb & K. Koch (Hrsg.), *Das Menschenbild der Inklusion* (S. 59–70). Schwerin: Ministerium für Bildung, Wissenschaft und Kultur.
Hartmann, U., Hasselhorn, M. & Gold, A. (Hrsg.) (2017). *Entwicklungsverläufe verstehen – Kinder mit Bildungsrisiken wirksam fördern*. Stuttgart: Kohlhammer.
Hasselhorn, M. & Gold, A. (2013). *Pädagogische Psychologie: Erfolgreiches Lernen und Lehren*. Stuttgart: Kohlhammer.
Haubl, R. (2015). Behindertenfeindlichkeit – narzisstische Abwehr der eigenen Verletzlichkeit. In I. Schnell (Hrsg.), *Herausforderung Inklusion. Theoriebildung und Praxis* (S. 103–115). Bad Heilbrunn: Klinkhardt.
Heimlich, U. (2003). *Integrative Pädagogik – eine Einführung* (Grundriss der Pädagogik/Erziehungswissenschaft, Band 13). Stuttgart: Kohlhammer.

Heimlich, U., Lutz, S. & Wilfert de Icaza, K. (2014). *Ratgeber Förderdiagnostik. Feststellung des sonderpädagogischen Förderbedarfs im Förderschwerpunkt Lernen.* Hamburg: Persen.
Herriger, N. (1996). Empowerment in der Sozialen Arbeit. *Soziale Arbeit 9–10*, 290–301.
Herriger, N. (2010). *Empowerment in der Sozialen Arbeit. Eine Einführung* (4. Aufl.). Stuttgart: Kohlhammer.
Hess, S., Langreiter, N. & Timm, E. (Hrsg.) (2011). *Intersektionalität revisited. Empirische, theoretische und methodische Erkundungen.* Bielefeld: transcript.
Hildeschmidt, A. & Sander, A. (1988). Der ökosystemische Ansatz als Grundlage für Einzelintegration. In E. Eberwein (Hrsg.), *Behinderte und Nichtbehinderte lernen gemeinsam. Handbuch der Integrationspädagogik* (S. 220–226). Weinheim: Beltz.
Hinz, A. & Boban, I. (Hrsg.) (2015). *Erfahrungen mit dem Index für Inklusion: Kindertageseinrichtungen und Grundschulen auf dem Weg.* Bad Heilbrunn: Klinkhardt.
Hinz, A. & Kruschel, R. (2013). *Bürgerzentrierte Planungsprozesse in Unterstützungskreisen. Praxishandbuch Zukunftsfeste.* Düsseldorf: Verlag Selbstbestimmtes Leben.
Hinz, A. & Kruschel, R. (2015). Geschichte und aktueller Stand zur Zukunftsplanung. In R. Kruschel & A. Hinz (Hrsg.), *Zukunftsplanung als Schlüssel von Inklusion* (S. 35–52). Bad Heilbrunn: Klinkhardt.
Hinz, A. (2002). Von der Integration zur Inklusion – terminologisches Spiel oder konzeptionelle Weiterentwicklung? (Erstveröffentlichung) *Zeitschrift für Heilpädagogik 53*, S. 354–361. (http://bidok.uibk.ac.at/library/hinz-inklusion.html), Zugriff am 30.08.2016
Hinz, A. (2008). Inklusion – historische Entwicklungslinien und internationale Kontexte. In A. Hinz, I. Körner & U. Niehoff (Hrsg.), *Von der Integration zur Inklusion. Grundlagen, Perspektiven, Praxis* (S. 33–52). Marburg: Lebenshilfe.
Hinz, A. (2010). Schlüsselelemente einer inklusiven Pädagogik und einer Schule für Alle. In A. Hinz, I. Körner & U. Niehoff (Hrsg.), *Auf dem Weg Zur Schule für alle. Barrieren überwinden – inklusive Pädagogik entwickeln* (S. 63–75). Herausgegeben von der Bundesvereinigung Lebenshilfe für Menschen mit geistiger Behinderung e. V.
Hinz, A. (2013). Inklusion – von der Unkenntnis zur Unkenntlichkeit!? Kritische Anmerkungen zu einem Jahrzehnt Diskurs über schulische Inklusion in Deutschland. *Zeitschrift für Inklusion, 1.* (http://www.inklusion-online.net/index.php/inklusion/article/view/201/¬182), Zugriff am 07.06.2017
Hinz, A. (Hrsg.) (2008). *Von der Integration zur Inklusion. Grundlagen, Perspektiven, Praxis.* Marburg: Lebenshilfe.
Hobfoll, St. E. (1988). *The ecology of stress.* Washington: Hemisphere.
Hobfoll, St. E. & Buchwald, P. (2004). Die Theorie der Ressourcenerhaltung und das multitaxiale Copingmodell – eine innovative Stresstheorie. In P. Buchwald, Ch. Schwarzer & St. E. Hobfoll (Hrsg.), *Stress gemeinsam bewältigen* (S. 11–26). Göttingen: Hogrefe.
Holz, G. et al. (2012). *Lebenslagen und Zukunftschancen von (armen) Kindern und Jugendlichen in Deutschland. 15 Jahre AWO-ISS-Studien.* (http://www.iss-ffm.de/m_106), Zugriff am 10.07.2017
Homans, G. C. (1961). *Social Behavior.* New York: Wiley.
Honneth, A. (1995). *Desintegration. Bruchstücke einer soziologischen Zeitdiagnose.* Frankfurt a. M.: Fischer.
Honneth, A. (Hrsg.) (1993). *Kommunitarismus. Eine Debatte über die moralischen Grundfragen moderner Gesellschaften.* Frankfurt a. M.: Campus.
Honneth, A. (2012a). Der Soziologe als Intellektueller. Pierre Bourdieu. Zum 10. Todestag des französischen Theoretikers. *taz. die tageszeitung, 31.01.2012.* (http://www.taz.de/!621246/), Zugriff am 10.07.2017
Honneth, A. (2012b). *Der Kampf um Anerkennung: Zur moralischen Grammatik sozialer Konflikte.* (7. Aufl.). Frankfurt a. M.: Suhrkamp.

Hradil, S. (1992). Schicht, Schichtung und Mobilität. In H. Korte & B. Schäfers (Hrsg.), *Einführung in Hauptbegriffe der Soziologie* (S. 145–162). Wiesbaden: Springer.

Huster, E.-U. & Boucarde, K. (2012). Soziale Inklusion: Geschichtliche Entwicklung des Sozialstaats und Perspektiven angesichts Europäisierung und Globalisierung. In H.-J. Balz, B. Benz & C. Kuhlmann (Hrsg.), *Soziale Inklusion. Grundlagen, Strategien und Projekte in der Sozialen Arbeit* (S. 13–34). Wiesbaden: VS.

Huster, E.-U., Boeckh, J. & Mogge-Grotjahn, H. (Hrsg.) (2012). *Handbuch Armut und soziale Ausgrenzung* (2. Auflage). Wiesbaden: VS.

Huster, E.-U., Boeckh, J. & Mogge-Grotjahn, H. (Hrsg.) (2017). *Handbuch Armut und soziale Ausgrenzung* (3. Auflage). Wiesbaden: VS.

Jantzen, W. & Lanwer-Koppelin, W. (1996). *Diagnostik als Rehistorisierung. Methodologie und Praxis einer verstehenden Diagnostik am Beispiel schwer behinderter Menschen.* Berlin: Spiess.

Johnson, M. (2013). *Schulische Inklusion in den USA – ein Lehrbeispiel für Deutschland? Eine Analyse der Vermittlung von Ansätzen der Inklusion durch die Zusammenarbeit mit einem outside change agent.* Bad Heilbrunn: Klinkhardt.

Karas, F. & Hinte, W. (1978). *Grundprogramm Gemeinwesenarbeit.* Wuppertal: Jugenddienst Verlag.

Katzenbach, D. (2012). Zu den Theoriefundamenten der Inklusion – Eine Einladung zum Diskurs aus der Perspektive der kritischen Theorie. In D. Katzenbach (Hrsg.), *Vielfalt braucht Struktur. Heterogenität als Herausforderung für die Unterrichts und Schulentwicklung* (S. 19–32). Frankfurt a. M.: Johann Wolfgang Goethe Universität.

Kelle, H. & Mierendorf, J. (2014). *Normierung und Normalisierung der Kindheit.* Weinheim: Beltz.

Kellerwessel, W. (2012). Martha C. Nussbaum. Die Grenzen der Gerechtigkeit. Behinderung, Nationalität und Spezieszugehörigkeit. theologie.geschichte, 7 (http://universaar.¬uni-saarland.de/jounals.index.php/tg/article.viewArticle/335/370), Zugriff am 19.11.2016

Kessl, F. (2005). *Der Gebrauch der eigenen Kräfte. Eine Gouvernementalität Sozialer Arbeit.* Weinheim; München: Juventa.

Kessl, F. (2007). Wozu Studien zur Gouvernementalität in der Sozialen Arbeit? Von der Etablierung einer Forschungsperspektive. In R. Anhorn, F. Bettinger & J. Stehr (Hrsg.), *Foucaults Machtanalytik und Soziale Arbeit. Eine kritische Einführung und Bestandsaufnahme* (S. 201–226). Wiesbaden: VS.

Keupp, H., Rudeck, R., Seckinger, M. & Straus, F. (Hrsg.) (2010). *Armut und Exklusion: Gemeindepsychologische Analysen und Gegenstrategien* (Reihe: Fortschritte der Gemeindepsychologie und Gesundheitsförderung). Tübingen: DGVT-Verlag.

Klassen, M. (2004). *Was leisten Systemtheorien in der Sozialen Arbeit? Ein Vergleich der systemischen Ansätze von Niklas Luhmann und Mario Bunge und deren sozialarbeiterische Anwendungen.* Bern; Stuttgart; Wien: Haupt.

Klemm, K. (2015). *Inklusion in Deutschland. Daten und Fakten.* (https://www.unesco.de/¬fileadmin/medien/Dokumente/Bildung/139-2015_BST_Studie_Klemm_Inklusion_2015.pdf), Zugriff am 01.10.2016

Kleve, H. (1999). *Postmoderne Sozialarbeit.* Aachen: Wissenschaftlicher Verlag des Instituts für Beratung und Supervision.

Kleve, H. (2004). Die intime Grenze funktionaler Partizipation. Ein Revisionsvorschlag zum systemtheoretischen Inklusion/Exklusion-Konzept. In R. Merten & A. Scherr (Hrsg.), *Inklusion und Exklusion in der Sozialen Arbeit* (S. 163–187). Wiesbaden: VS.

Kleve, H. (2007/ 2012): *Ambivalenz, System und Erfolg. Provokationen postmoderner Sozialarbeit.* (als E-Book). Heidelberg: Carl Auer.

Kluge, S. et al. (Hrsg.) (2015). *Inklusion als Ideologie* (Jahrbuch für Pädagogik). Frankfurt a. M.; Bern; Berlin; Wien u. a.: Lang.

Kneer, G. & Nassehi, A. (1997). *Niklas Luhmanns Theorie sozialer Systeme. Eine Einführung.* München: Fink.
Kobi, E. E. (2006). Inklusion: ein pädagogischer Mythos? In M. Diederich & H. Greven (Hrsg.), *Inklusion statt Integration? Heilpädagogik als Kulturtechnik* (S. 28–44). Gießen: psychosozial.
König, O. & Schattenhofer, K. (2006). *Einführung in die Gruppendynamik.* Heidelberg: Carl-Auer.
Kornmann, R., Meister, H. & Schlee, J. (1983). *Förderdiagnostik. Konzept und Realisierungsmöglichkeiten.* Heidelberg: Edition Schindele.
Krämer, M. (2013). Inklusion – Integration – Partizipation: Drei Seiten einer Medaille. In Bundesverband Deutscher Psychologinnen und Psychologen (Hrsg.), *Inklusion. Integration.Partizipation. Psychologische Beiträge für eine humane Gesellschaft* (S. 11–16). Berlin.
Kriz, Jürgen (2014): *Grundkonzepte der Psychotherapie. Eine Einführung* (7. überarb. u. erw. Auflage). Weinheim: Beltz/PVU.
Kriz, W. Ch. & Nöbauer, B. (2008). *Teamkompetenz: Konzepte, Trainingsmethoden, Praxis* (4. Auflage). Göttingen: Vandenhoeck & Ruprecht.
Kronauer, M. (2002). *Exklusion. Die Gefährdung des Sozialen im hoch entwickelten Kapitalismus.* Frankfurt a. M.; New York: Campus.
Kronauer, M. (2010a). *Exklusion: Die Gefährdung des Sozialen im hochentwickelten Kapitalismus* (2. Auflage). Wiesbaden: VS.
Kronauer, M. (2010b). *Inklusion und Weiterbildung. Reflexionen zur gesellschaftlichen Teilhabe in der Gegenwart.* Bonn: Deutsches Institut für Erwachsenenbildung.
Kruschel, R. & Hinz, A. (2015). Essenz und Entwicklungsperspektiven. In R. Kruschel & A. Hinz (Hrsg.), *Zukunftsplanung als Schlüssel von Inklusion* (S. 317–322). Bad Heilbrunn: Klinkhardt.
Kuhlmann, C. (2000). *Alice Salomon – Ihr Beitrag zur Entwicklung der Sozialen Arbeit in Theorie und Praxis.* Weinheim: Deutscher Studien-Verlag.
Kuhlmann, C. (2012). Bildungsarmut und die soziale „Vererbung" von Ungleichheiten. In E.-U. Huster, J. Boeckh & H. Mogge-Grotjahn (Hrsg.), *Handbuch Armut und soziale Ausgrenzung* (2. Auflage) (S. 301–319). Wiesbaden: VS.
Kukasch, K. (2015). *Inklusion an Gymnasien in NRW. Bildungspolitische Zielsetzungen, pädagogische Ansätze und praktische Erfahrungen.* München: GRIN Verlag.
Lambers, H. (2010). *Systemtheoretische Grundlagen Sozialer Arbeit. Eine Einführung.* Opladen; Berlin; Toronto: Budrich.
Laubstein, C., Holz, G., Dittmann, J. & Sthamer, E. (2012). *Von alleine wächst sich nichts aus ... Lebenslagen von (armen) Kindern und Jugendlichen und gesellschaftliches Handeln bis zum Ende der Sekundarstufe I.* Frankfurt a. M.: Institut für Sozialarbeit und Sozialpädagogik und Berlin, Arbeiterwohlfahrt.
Ledl, V. (2004). *Kinder beobachten und fördern.* Wien: Bildungsverlag Eins.
Lee, J.-H. (2010). *Inklusion. Eine kritische Auseinandersetzung mit dem Konzept von Andreas Hinz.* Oberhausen: Athena.
Lelgemann, R. (2009). Körperbehindertenpädagogik zwischen Spezialisierung und Inklusion. *Spuren – Sonderpädagogik in Bayern, 52, 2,* S. 26–33.
Lessenich, S. (2008). *Die Neuerfindung des Sozialen. Der Sozialstaat im flexiblen Kapitalismus.* Bielefeld: Transcript.
Lösel, F., Jaursch, St., Beelmann, A. & Wenig, J. (2005). *Das EFFEKT-Elterntraining.* Berlin: Springer.
Lotz, D. (2001). *Brauchen wir eine Heilpädagogische Diagnostik?* Vortrag an der Uni Stettin/Polen.
Luhmann, N. (1995). *Soziologische Aufklärung 6.* Opladen: Westdeutscher Verlag.

Luhmann, N. (1996). *Protest. Systemtheorie und soziale Bewegungen.* Frankfurt a. M.: Suhrkamp.
Luhmann, N. (2005). *Einführung in die Theorie der Gesellschaft.* Heidelberg: Carl Auer.
Luhmann, N. (2006). *Einführung in die Systemtheorie* (3. Auflage). Heidelberg: Carl Auer.
Lunt, J. & Hinz, A. (Hrsg.) (2011). *Training and Practice in Person Centered Planing – a European Perspective.* Stamford: Dalrymple and Verdun.
Lutz, H. & Wenning, N. (2001). *Unterschiedlich verschieden. Differenz in der Erziehungswissenschaft.* Opladen: Leske & Budrich.
Mead, G. H. (1988). *Geist, Identität und Gesellschaft* (7. Auflage). Frankfurt a. M.: Suhrkamp.
Merten, R. & Scherr, A. (Hrsg.) (2004). *Inklusion und Exklusion in der sozialen Arbeit.* Wiesbaden: VS.
Meyer, K. (2017). *Theorien der Intersektionalität. Zur Einführung.* Hamburg: Junius Verlag.
Meyer, T. & Kieslinger, C. (2014). *Index für Inklusion. Kinder- und Jugendhilfe.* Stuttgart: Institut für angewandte Sozialwissenschaften. (http://www.inklumat.de/sites/default/files/¬downloads/index-fuer-die-jugendarbeit-zur-inklusion-von-kindern-und-jugendlichen-mit-¬behinderung-stand-oktober-2014.pdf), Zugriff am 07.06.2017
MSWF – Ministerium für Schule, Wissenschaft und Forschung NRW (Hrsg.) (2002). *Das pädagogische Gutachten. Sonderpädagogischer Förderbedarf und schulischer Förderort* (Materialien Handreichung).
MSWF – Ministerium für Schule und Weiterbildung des Landes NRW (2015). *Sonderpädagogische Förderung in NRW. Statistische Daten und Kennziffern zum Thema Inklusion – 2014/15.*
Mogge-Grotjahn, H. (2015). Körper, Sexualität und Gender. In M. Wendler & E.-U. Huster (Hrsg.), *Der Körper als Ressource in der Sozialen Arbeit. Grundlegungen zur Selbstwirksamkeitserfahrung und Persönlichkeitsbildung* (S. 141–156). Wiesbaden: VS.
Mogge-Grotjahn, H. (2016). Intersektionalität: theoretische Perspektiven und konzeptionelle Schlussfolgerungen. In T. Degener et al. (Hrsg.), *Menschenrecht Inklusion. 10 Jahre UN-Behindertenrechts-Konvention. Bestandsaufnahme und Perspektiven zur Umsetzung in sozialen Diensten und diakonischen Handlungsfeldern* (S. 140–156). Göttingen: Vandenhoek & Ruprecht.
Mogge-Grotjahn, H. (2017a). Gesellschaftliche Ein- und Ausgrenzung – Der soziologische Diskurs. In E.-U. Huster, J. Boeckh & H. Mogge-Grotjahn (Hrsg.), *Handbuch Armut und Soziale Ausgrenzung* (3. Auflage) (S. 59–76). Wiesbaden: VS.
Mogge-Grotjahn, H. (2017b). Geschlecht: Wege in die und aus der Armut. In E.-U. Huster, J. Boeckh & H. Mogge-Grotjahn (Hrsg.), *Handbuch Armut und Soziale Ausgrenzung* (3. Auflage) (S. 523–538). Wiesbaden: VS.
Montag Stiftung Jugend und Gesellschaft (Hrsg.) (2011). *Kommunaler Index für Inklusion. Ein Arbeitsbuch.* (http://www.jugend-und-gesellschaft.de/fileadmin/Redaktion/Jugend_¬und_Gesellschaft/PDF/Projekte/Kommunaler_Index/KommunenundInklusion_Arbeitsbu¬ch_web.pdf), Zugriff am 07.06.2017
Münch, R. (2009). *Das Regime des liberalen Kapitalismus. Inklusion und Exklusion im neuen Wohlfahrtsstaat.* Frankfurt a. M.: Campus.
Mutzeck, W. (Hrsg.) (2003). *Förderdiagnostik. Konzepte und Methoden.* Weinheim: Beltz.
Nassehi, A. (2008). *Wie weiter mit Niklas Luhmann?* Hamburg: Hamburger Edition.
Nerdinger, F. W. (2008). *Grundlagen des Verhaltens in Organisationen* (2. Auflage). Stuttgart: Kohlhammer.
Niediek, I., Lindemeyer, B. & Meyer, D. (2015). Ein Blick zurück und einer nach vorn – die Bedeutung von Zukunftsplanungskursen aus Sicht der Teilnehmer*innen. In R. Kruschel & A. Hinz (Hrsg.), *Zukunftsplanung als Schlüssel von Inklusion* (S. 227–234). Bad Heilbrunn: Klinkhardt.

Niehoff, U. (2008). Care Ethics oder Ethik der Achtsamkeit – kann sie helfen gegen drohende Vereinsamung behinderter Menschen? In A. Hinz, I. Körner & U. Niehoff (Hrsg.), *Von der Integration zur Inklusion. Grundlagen, Perspektiven, Praxis* (S. 104–124). Marburg: Lebenshilfe.

Nussbaum, M. C. (1999). *Gerechtigkeit oder Das gute Leben* (Gender Studies). Frankfurt a. M.: Suhrkamp.

Nussbaum, M. C. (2002). *Konstruktion der Liebe, des Begehrens und der Fürsorge. Drei philosophische Aufsätze*. Stuttgart: Reclam.

Nussbaum, M. C. (2010). *Die Grenzen der Gerechtigkeit. Behinderung, Nationalität und Spezieszugehörigkeit*. Berlin: Suhrkamp.

Nussbaum, M. C. (2015). *Fähigkeiten schaffen. Neue Wege zur Verbesserung menschlicher Lebensqualität*. Freiburg/München: Karl Alber.

Nussbaum, M. C. (2016a). *Politische Emotionen* (Original 2013). Berlin: Suhrkamp.

Nussbaum, M. C. (2016b). *Gerechtigkeit oder Das gute Leben* (Gender Studies) (9. Auflage). Frankfurt: Suhrkamp.

O'Brien, J., Pearpoint, J. & Kahn, L. (2010). *The PATH & MAPS Handbook. Person-Centered Ways to build Communnity*. Toronto: Inclusion Press.

O'Brien, J. & Lovett, H. (2015). Auf dem Weg zum Alltagsleben – der Beitrag personzentrierter Planung. In R. Kruschel & A. Hinz (Hrsg.), *Zukunftsplanung als Schlüssel von Inklusion* (S. 19–34). Bad Heilbrunn: Klinkhardt.

Oelkers, N., Otto, H.-U. & Ziegler, H. (2010). Handlungsbefähigung und Wohlergehen – Der Capabilities-Ansatz als alternatives Fundament der Bildungs- und Wohlfahrtsforschung. In H.-U. Otto & H. Ziegler (Hrsg.), *Capabilities – Handlungsbefähigung und Verwirklichungschancen in der Erziehungswissenschaft* (S. 85–89). Wiesbaden: VS.

Opp, G. & Fingerle, M. (Hrsg.) (2008). *Was Kinder stärkt. Erziehung zwischen Risiko und Resilienz*. München: Reinhardt/UTB

Pauer-Studer, H. (2000). *Autonom leben. Reflexionen über Freiheit und Gleichheit*. Frankfurt a. M.: Suhrkamp.

Pawlik, K. (1976). *Diagnose der Diagnostik*. Stuttgart: Klett.

Petzold, H. G. (1997). Das Ressourcenkonzept in der sozialinterventiven Praxeologie und Systemberatung. *Integrative Therapie*, 4, 435–471.

Peukert, D. J. K. (1986). *Grenzen der Sozialdisziplinierung. Aufstieg und Krise der deutschen Jugendfürsorge 1878–1932*. Köln: Bund-Verlag.

Pieper, M. (2007). Armutsbekämpfung als Selbsttechnologie. Konturen einer Analytik der Regierung von Armut. In R. Anhorn, F. Bettinger & J. Stehr (Hrsg.), *Foucaults Machtanalytik und Soziale Arbeit. Eine kritische Einführung und Bestandsaufnahme* (S. 93–107). Wiesbaden: VS.

Powell, J. J. W. & Wagner, S. J. (2014). An der Schnittstelle Ethnie und Behinderung benachteiligt. Jugendliche mit Migrationshintergrund an deutschen Sonderschulen weiterhin überrepräsentiert. In G. Wansing & M. Westphal (Hrsg.), *Behinderung und Migration. Inklusion, Diversität, Intersektionalität* (S. 177–199). Wiesbaden: VS.

Prengel, A. (1995). *Pädagogik der Vielfalt. Verschiedenheit und Gleichberechtigung in interkultureller, feministischer und integrativer Pädagogik* (2. Auflage). Opladen: VS.

Prengel, A. (2014a). Inklusive Bildung: Grundlagen, Praxis, offene Fragen. In T. Häcker & M. Walm (Hrsg.), *Inklusion als Entwicklung. Konsequenzen für Schule und Lehrerbildung* (S. 27–46). Bad Heilbrunn: Klinkhardt.

Prengel, A. (2014b). *Kriterien für eine „Inklusive Didaktische Diagnostik"* (Handout zum Vortrag). Göttingen am 10.01.2014.

Prengel, A. & Horn, E. (2013). *Inklusive Bildung in der Primarstufe*. Frankfurt a. M.: Grundschulverband.

Rawls, J. (1979). *Eine Theorie der Gerechtigkeit*. Frankfurt a. M.: Suhrkamp.

Reddy, P. (2012). *Indikatoren der Inklusion. Grundlagen, Themen, Leitlinien* (herausgegeben von Deutsches Institut für Erwachsenenbildung). (https://www.deutsche-digitale-bibliothek.de/binary/SONF4BYQKJV7K6BD6QMXXRZL67QUZIVH/full/1.pdf), Zugriff am 08.06.2017

Reese-Schäfer, W. (2011). *Niklas Luhmann zur Einführung* (6. Auflage). Hamburg: Junius.

Rehberg, K.-S. (Hrsg.) (1996). *Norbert Elias und die Menschenwissenschaften. Studien zur Entstehung und Wirkungsgeschichte seines Werkes*. Frankfurt a. M.: Suhrkamp.

Reich, J. W., Zautra, A. J. & Hall, J. St. (2010). *Handbook of adult resilience*. New York: Guilford Press.

Reichenbach, C. & Lücking, C. (2007). *Diagnostik im Schuleingangsbereich (DiSb). Diagnostikmöglichkeiten für institutionsübergreifendes Arbeiten*. Dortmund: verlag modernes lernen Borgmann.

Reichenbach, C. & Thiemann, H. (2013). *Lehrbuch diagnostischer Grundlagen der Heil- und Sonderpädagogik*. Dortmund: verlag modernes lernen Borgmann.

Reichenbach, C. (2010). Die Bedeutung ethischer Aspekte diagnostischen Handelns für den psychomotorischen Fachdiskurs. *Motorik 33, 1,* S. 2–8.

Reiser, H. (2007). Inklusion – Vision oder Illusion? In D. Katzenbach (Hrsg.), *Vielfalt braucht Struktur. Heterogenität als Herausforderung für die Unterrichts- und Schulentwicklung* (S. 99–105). Frankfurt a. M.: Johann Wolfgang Goethe Universität.

Rifkins, J. (2007). *Access – Das Verschwinden des Eigentums: Warum wir weniger besitzen und mehr ausgeben werden* (2. Auflage). Frankfurt a. M.: Campus.

Ritscher, W. (2014). *Systemische Modelle in der Sozialen Arbeit* (4. Auflage). Heidelberg: Carl Auer.

Rogers, C. R. (1973). *Entwicklung der Persönlichkeit*. Stuttgart: Klett (Original erschienen 1961: On Becoming a Person. Boston: Houghton Mifflin).

Rohrmann, A. (2016). Lokale und kommunale Teilhabeplanung. In I. Beck (Hrsg.), *Inklusion im Gemeinwesen* (S. 145–183). Stuttgart: Kohlhammer.

Rohrmann, A., Schädler, J. et al. (2014). *Inklusive Gemeinwesen planen. Abschlussbericht eines Forschungsprojektes im Auftrag des Ministeriums für Arbeit, Integration und Soziales in Nordrhein-Westfalen*. Siegen: ZPE.

Ruoff, M. (2007). *Foucault-Lexikon*. Paderborn: Schöningh.

Sander, A. (2003). *Über die Integration zur Inklusion*. Sankt Ingbert: Röhrig Universitätsverlag.

Sarasin, P. (2008). *Wie weiter mit Foucault*. Hamburg: Hamburger Edition.

Schäfer, H. & Rittmeyer, C. (2015). *Handbuch Inklusive Diagnostik*. Weinheim: Beltz.

Scharmer, O. (2009). *Theorie U – Von der Zukunft her führen*. Heidelberg: Carl Auer.

Schein, E. (2010). *Prozessberatung für die Organisation der Zukunft* (3. Auflage). Köln: EHP-Verlag.

Scherr, A. (2004). Exklusionsindividualität, Lebensführung und Soziale Arbeit. In R. Merten & A. Scherr (Hrsg.), *Inklusion und Exklusion in der sozialen Arbeit* (S. 55–74). Wiesbaden: VS.

Schlee, J. (2012). Was kann und sollte Diagnostik in einer „inklusiven Pädagogik" leisten? In M. Brodkorb & K. Koch (Hrsg.), *Das Menschenbild der Inklusion* (S. 72–85). Schwerin: Ministerium für Bildung, Wissenschaft und Kultur.

Schlippe, A. v. & Schweitzer, J. (2013). *Lehrbuch der systemischen Therapie und Beratung* (2. Auflage). Göttingen: Vandenhoek & Ruprecht.

Schmidt, L. D. H. (2012). Schulische Assistenz – Ein Überblick über den Forschungsstand in Deutschland. *Zeitschrift für Inklusion*, S. 1. (http://www.inklusion-online.net/index.php/inklusion-online/article/view/372), Zugriff am 11.04.2017

Schnell, I. (2010). Die Grundschule Berg Fidel. Inklusive Schulentwicklung im sozialen Brennpunkt – neue Erfahrungen für Studierende der Sonderpädagogik. In A. Hinz, I.

Körner & U. Niehoff (Hrsg.), *Auf dem Weg zu einer Schule für alle* (S. 170–180). Marburg: Lebenshilfe.
Schuck, K. D. (1988). Förderdiagnostik – was ist das eigentlich? *Zusammen, 8*, S. 29–30.
Schuck, K. D. (2000). Diagnostische Konzepte. In J. Borchert (Hrsg.), *Handbuch der Sonderpädagogischen Psychologie* (S. 233–249). Göttingen: Hogrefe.
Schuck, K. D. (2008). Konzeptionelle Grundlagen der Förderdiagnostik. In K. H. Arnold, O. Graumann & A. Rakhkochkine (Hrsg.), *Handbuch Förderung* (S. 106–115). Weinheim: Beltz.
Schumann, B. (2014). Ohne Angst verschieden sein: Inklusive Diagnostik statt RTI-Modell. *Erziehung und Wissenschaft 2*, 20–21.
Schütte, J. (2013). *Armut wird „sozial vererbt". Status Quo und Reformbedarf der Inklusionsförderung in der Bundesrepublik Deutschland*. Wiesbaden: Springer.
Schwab, S. & Fingerle, M. (2013). Resilienz, Ressourcenorientierung und Inklusion. In S. Schwab, M. Gebhardt, E.M. Ederer-Fick & B. Gasteiger-Klicpara (Hrsg.), *Theorien, Konzepte und Anwendungsfelder der inklusiven Pädagogik* (S. 97–108). Wien: Facultas.
Schwalb, H. & Theunissen, G. (Hrsg.) (2012). *Inklusion, Partizipation und Empowerment in der Behindertenarbeit* (2. Auflage). Stuttgart: Kohlhammer.
Schwing, R. & Fryszer, A. (2017). *Systemisches Handwerk. Werkzeug für die Praxis* (8. Auflage). Göttingen: Vandenhoeck & Ruprecht.
Sen, A. (2012). *Die Identitätsfalle. Warum es keinen Krieg der Kulturen gibt*. München: dtv.
Sierck, U. (2013). *Budenzauber Inklusion*. Neu-Ulm: AG SpaK.
Simon, J. & Simon, T. (2013). Inklusive Diagnostik – Wesenszüge und Abgrenzung von traditionellen „Grundkonzepten" diagnostischer Praxis. Eine Diskussionsgrundlage. *Zeitschrift für Inklusion, 4*. (http://www.inklusion-online.net/index.php/inklusion-online/article/view/194/200), Zugriff am 08.06.2017
Simon, T. (2015). Die Suche nach dem Wesen einer Diagnostik zur Unterstützung schulischer Inklusion. *Zeitschrift für Inklusion*. (http://www.inklusion-online.net/index.php/inklusion-online/article/view/304/268), Zugriff am 10.06.2017
Solomon, B. B. (1976). *Black Empowerment. Social work in oppressed communities*. New York: Columbia University Press.
Sonderegger, R. (2010). Wie emanzipatorisch ist Habitus-Forschung? Zu Rancières Kritik an Bourdieus Theorie des Habitus. *LiTheS, 3*. (http://lithes.uni-graz.at/lithes/beitraege 10_03/sonderegger.pdf), Zugriff am 20.11.2016
Sonnenberg, K. (2017). *Soziale Inklusion durch Bildung – Teilhabe durch Bildung*. Weinheim: BeltzJuventa.
Sonnenberg, K. & Arlabosse, A. (2014). Mediale Kompetenz als Voraussetzung gesellschaftlicher Teilhabe: Lebenslange Bildung für erwachsene Menschen mit Behinderungen. *Teilhabe, 53*, 2, S. 63–68.
Speck, O. (2015). Inklusive Missverständnisse. *Süddeutsche Zeitung*, 26.01.2015. (http://www.sueddeutsche.de/bildung/inklusions-debatte-inklusive-missverstaendnisse-1.2182484-2), Zugriff am 12.09.2016
Spinath, B., Hasselhorn, M., Artelt, C., Köller, Möller, J. & Brünken, R. (2012). Gesellschaftliche Herausforderungen für Bildungsforschung und -praxis. *Psychologische Rundschau, 63*, 2, S. 92–110.
Stähling, R. & Wenders, B. (2012). *„Das können wir hier nicht leisten" – Wie Grundschulen doch die Inklusion schaffen können. Ein Praxisbuch zum Umbau des Unterrichts*. Hohengehren: Schneider.
Stähling, R. (2006). *„Du gehörst zu uns" – Inklusive Grundschule: ein Praxisbuch für den Umbau der Schule* (Basiswissen Grundschule, Band 20). Hohengehren: Schneider.

Stähling, R. (2012). Woran scheitert Inklusion? In R. Stähling & B. Wenders, B. (Hrsg.), „Das können wir hier nicht leisten" – Wie Grundschulen doch die Inklusion schaffen können. Ein Praxisbuch zum Umbau des Unterrichts (S. 95–199). Hohengehren: Schneider.
Stange, W. (Hrsg.) (2012). Erziehungs- und Bildungspartnerschaften. Praxisbuch zur Elternarbeit. Wiesbaden: Springer VS.
Stark, W. (1996). Empowerment. Freiburg: Lambertus.
Statistisches Bundesamt (2016). Schulen auf einen Blick. Wiesbaden.
Staub-Bernasconi, S. (1995). Systemtheorie, soziale Probleme und Soziale Arbeit: lokal, national, international oder: vom Ende der Bescheidenheit. Bern, Stuttgart, Wien: Haupt.
Staub-Bernasconi, S. (2007). Soziale Arbeit als Handlungswissenschaft: systemtheoretische Grundlagen und professionelle Praxis – ein Lehrbuch. Bern: Haupt.
Stein, A.-D. & Lanwer, W. (2006). Von der Möglichkeit zur Wirklichkeit – Anmerkungen zum Studium „Inclusive Education". In M. Dederich, H. Greving & C. Mürner (Hrsg.), Inklusion statt Integration? Heilpädagogik als Kulturtechnik (Original-Ausgabe). Gießen: Psychosozial.
Stein, A.-D., Krach, St. & Niediek, I. (2010). Vorwort und Einführung in den Tagungsband. In A.-D. Stein et al. (Hrsg.), Integration und Inklusion auf dem Weg ins Gemeinwesen (S. 7–16). Bad Heilbrunn: Klinkhardt.
Stein, A.-D., Krach, St. & Niediek, I. (Hrsg.) (2010). Integration und Inklusion auf dem Weg ins Gemeinwesen. Bad Heilbrunn: Klinkhardt.
Steins, G. (2005). Sozialpsychologie des Schulalltags. Stuttgart: Kohlhammer.
Stichweh, R. & Windolf, P. (2009). Inklusion und Exklusion: Analysen zur Sozialstruktur und sozialen Ungleichheit. Wiesbaden: VS.
Stichweh, R. (2009). Leitgesichtspunkte einer Soziologie der Inklusion und Exklusion. In R. Stichweh & P. Windolf (Hrsg.), Inklusion und Exklusion: Analysen zur Sozialstruktur und sozialen Ungleichheit (S. 29–44). Wiesbaden: VS.
Stövesand, S. & Stoik, Ch. (2013). Gemeinwesenarbeit als Konzept Sozialer Arbeit – Eine Einleitung. In S. Stövesand, Ch. Stoik & U. Troxler (Hrsg.), Handbuch Gemeinwesenarbeit (14–36). Opladen: Buderich.
Stövesand, S. (2007). Mit Sicherheit Sozialarbeit! Gemeinwesenarbeit als innovatives Konzept zum Abbau von Gewalt im Geschlechterverhältnis unter den Bedingungen neoliberaler Gouvernementalität. Hamburg u. a.: Lit-Verl.
Stroebe, W., Hewstone, M. & Jonas, K. (2007). Einführung in die Sozialpsychologie. In K. Jonas, W. Stroebe & M. Hewstone (Hrsg.), Sozialpsychologie. Eine Einführung (5. vollständig überarbeitete Auflage) (S. 1–32). Heidelberg: Springer.
Sturma, D. (2000). Universalismus und Neoaristotelismus. Amartya Sen und Martha C. Nussbaum über Ethik und soziale Gerechtigkeit. In W. Kersting (Hrsg.), Politische Philosophie des Sozialstaats (S. 257–292). Frankfurt a. M.: Verlag Velbrück Wissenschaft.
Suhrweier, H. & Hetzner, R. (1993). Förderdiagnostik für Kinder mit Behinderungen. Berlin: Luchterhand.
Sulzer, A. (2013). Inklusion als Werterahmen für Bildungsgerechtigkeit. In P. Wagner (Hrsg.), Handbuch Inklusion. Grundlagen vorurteilsbewusster Bildung und Erziehung (S. 12–21). Freiburg: Herder.
Sydow, K., Beher, St., Retzlaff, R. & Schweitzer, J. (2007). Die Wirksamkeit der Systemischen Therapie/Familientherapie. Göttingen: Hogrefe.
Tajfel, H. (1982). Gruppenkonflikt und Vorurteil. Bern: Huber.
Theunissen, G. (2006). Inklusion – Schlagwort oder zukunftsweisende Perspektive? In G. Theunissen et al. (Hrsg.), Inklusion von Menschen mit geistiger Behinderung – Zeitgemäße Wohnformen – Soziale Netze – Unterstützungsangebote (S. 13–40). Stuttgart: Kohlhammer.
Theunissen, G. (2013). Empowerment und Inklusion behinderter Menschen (3. Auflage). Freiburg: Lambertus.

Theunissen, G. (Hrsg.) (2001). *Verhaltensauffälligkeiten – Ausdruck von Selbstbestimmung.* Bad Heilbrunn: Klinkhardt.
Thönessen, J. (2014). Stichwort: Norbert Elias: Die höfische Gesellschaft. In G. W. Oesterdiekhoff (Hrsg.), *Lexikon der soziologischen Werke* (2. Auflage) (S. 185–186). Wiesbaden: VS.
Trescher, H. (2015). *Inklusion. Zur Dekonstruktion von Diskursteilhabebarrieren im Kontext von Freizeit und Behinderung.* Wiesbaden: Springer.
UN-Behindertenrechtskonvention (UN-BRK). (http://www.institut-fuer-menschenrechte.de/¬fileadmin/user_upload/PDF-Dateien/Pakte_Konventionen/CRPD_behindertenrechtskonv¬ention/crpd_b_de.pdf), Zugriff am 10.07.2017
Verlage, T. (2011). *Die Regierung der Arbeitslosen: Rekonstruktion einer neoliberalen Gouvernementalität im Bericht der Hartz-Kommission und dem Diskurs im Spiegel.* Saarbrücken: VDM Verlag Dr. Müller.
Villa, R. A. & Thousand, J. S. (2000). *Restructuring of Caring and Effective Education* (2. Auflage). Baltimore: Brookses.
Waldschmidt, A. (2007). Die Macht der Normalität. Mit Foucault „(Nicht-)Behinderung" neu denken. In R. Anhorn, F. Bettinger & J. Stehr (Hrsg.), *Foucaults Machtanalytik und Soziale Arbeit. Eine kritische Einführung und Bestandsaufnahme* (S. 119–134). Wiesbaden: VS.
Wansing, G. & Westphal, M. (Hrsg.) (2014). *Behinderung und Migration, Inklusion, Diversität, Intersektionalität.* Wiesbaden: Springer VS.
Weinert, F. E. (2014). *Leistungsmessungen in Schulen* (3. Auflage). Weinheim: Beltz.
Werner, E. E. (2016). Wenn Menschen trotz widriger Umstände gedeihen – und was man daraus lernen kann. In R. Welter-Enderlin & B. Hildenbrand (Hrsg.), (S. 28–42). Heidelberg: Carl Auer.
Werner, E. E. & Smith, R. S. (2001). *Journeys from childhood to midlife: Risk, resilience, and recovery.* New York: Cornell Univ. Press.
Wills, T. A. (1991). Similarity and self-esteem in downward comparison. In J. Suls & T.A. Wills (Hrsg.), *Social comparison* (S. 381–404). New York: Academic Press.
Windisch, M. (2014). *Behinderung, Geschlecht, soziale Ungleichheit. Intersektionale Perspektiven.* Bielefeld: Transcript.
Winker, G. & Degele, N. (2009). *Intersektionalität. Zur Analyse sozialer Ungleichheiten.* Bielefeld: Transcript.
Winkler, M. (1988). *Eine Theorie der Sozialpädagogik.* Stuttgart: Klett.
Winkler, M. (2014). Inklusion – Nachdenkliches zum Verhältnis pädagogischer Professionalität und politischer Utopie. *Neue Praxis, 2,* S. 108–123.
Wocken, H. (1987). *Integrationsklassen in Hamburg. Erfahrungen, Untersuchungen, Anregungen.* Solms: Verlag Jarick Oberbiel.
Wocken, H. (2010). Integration und Inklusion. Ein Versuch die Integration vor der Abwertung und die Inklusion vor Träumereien zu bewahren. In A. Stein et al. (Hrsg.), *Integration und Inklusion auf dem Weg ins Gemeinwesen* (S. 204–235). Bad Heilbrunn: Klinkhardt.
Wocken, H. (2013). *Zum Haus der inklusiven Schule. Ansichten – Zugänge – Wege.* Hamburg: Feldhaus.
Wocken, H. (2014). *Im Haus der inklusiven Schule. Grundrisse – Räume – Fenster.* Hamburg: Feldhaus.
Wocken, H. (2015). *Das Haus der inklusiven Schule: Baustellen – Baupläne – Bausteine* (6. Auflage). Hamburg: Feldhaus.
Wolf-Kühn, N. & Morfeld, M. (2016). *Rehabilitationspsychologie.* Heidelberg: Springer.
Woolfolk, A. (2008). *Pädagogische Psychologie* (10. Aufl.). München; Boston; San Francisco: Pearson.

Wustmann, C. (2004). *Resilienz. Widerstandsfähigkeit von Kindern in Tageseinrichtungen fördern.* Weinheim: Beltz.
Wustmann, C. (2005). Die Blickrichtung der neueren Resilienzforschung. Wie Kinder Lebensbelastungen bewältigen. *Zeitschrift für Pädagogik, 51,* 2, S. 192–206.
Zahlmann, Ch. (Hrsg.) (1992). Kommunitarismus in der Diskussion. Berlin: Rotbuch
Ziemen, K. (2003). Anerkennung – Selbstbestimmung – Gleichstellung. Auf dem Weg zu Integration/Inklusion (Vortrag auf der Fachtagung „Gleich Stellung beziehen in Tirol!", 13./14. Juni 2003, in Innsbruck). *bidok.* (http://bidok.uibk.ac.at/library/ziemen-gleichstellung.html), Zugriff am 08.06.2017
Ziemen, K. (2016). Inklusion und diagnostisches Handeln. In B. Amrhein (Hrsg.), *Diagnostik im Kontext inklusiver Bildung.* Kempten: Klinkhardt.

Internetquellen:
http://bildungsserver.berlin-brandenburg.de/inklusion.html, Zugriff am 14.11.2017
http://www.bdp-verband.org/bdp/verband/ethik.shtml, Zugriff am 14.11.2017
http://www.eenet.org.uk/resources/docs/Index%20German.pdf, Zugriff am 12.02.2012
http://www.inklusion-online.net/index.php/inklusion/index, Zugriff am 14.11.2017
http://www.lwl.org/LWL/Soziales/Richtung-Inklusion/wohnen/beispiel-apartmenthaus-weitmar, Zugriff am 29.06.2017
http://www.oecd.org/els/employmentpoliciesanddata/42699911.pdf, Zugriff am 24.01.2013
www.aktion-mensch.de/inklusion, Zugriff am 14.11.2017
www.bildungspanel.de, Zugriff am 14.11.2017
www.udlcenter.org, Zugriff am 12.07.2017

Register

A

Akteur 174
Aktivierung 65 f., 113 f., 136, 171
Anerkennung 14, 43, 61, 74, 77, 88, 98 f., 102, 146, 154, 165
Arbeitsmarkt 26, 63, 75, 86 f., 119, 128, 160, 162–164, 168, 170 f.
Armut 12, 14 f., 17, 37, 39, 68, 80, 82, 92, 167, 173
Ausgrenzung 13, 15, 17, 24, 41, 61, 63, 90, 106, 162
Ausschluss 26, 40, 64, 98, 111, 161 f., 167
Autonomie 28, 42, 65, 71, 88 f., 108 f., 128 f., 164, 172
Autopoiesis 20 f., 65

B

Barrierefreiheit 14, 101, 165, 173
Behindertenhilfe 11, 23, 124, 127, 130, 141, 159, 163, 168, 173
Behinderung 12, 14 f., 17, 45, 50, 61, 75, 78, 82, 85–88, 94, 99, 121, 123, 129, 139–142, 162, 167 f., 171, 173
Beratung 110, 116, 138, 142 f.
Beruf 25, 82, 123
Berufsgruppe 94
Berufshilfe 128
Beziehung 16, 29, 31, 56, 65, 72, 89, 106–108, 119, 122, 127–129, 135 f., 148, 175
Bezugssystem 148, 153
Bildung 13, 16 f., 24, 34, 36–38, 40 f., 47, 50–52, 71, 73–75, 77, 79, 85, 91, 94, 98, 102, 104, 112 f., 118, 160, 162 f., 165, 173, 175
Bindung 121

C

Capability Approach 44, 50

D

Dekategorisierung 96
Design, universelles 47, 53
Diagnose 28

Diagnostik 36, 103, 107, 143–154
Dienstleistung 74, 81, 87, 114, 118, 139
Diskriminierung 14, 71, 76, 99 f., 167, 173
Diskurs 11, 15, 26, 29, 83, 86, 89, 97 f., 124, 167
Diskursanalyse 28 f.
Disziplinarmacht 28, 35, 66, 68
Diversität 14, 88, 164

E

Eigengruppe 91, 94
Eigenverantwortung 67, 112, 119, 128 f.
Emotion 12, 32, 34, 39, 41, 44, 47, 50 f., 60, 67–70, 73, 75, 78, 80, 84 f., 115, 156, 169, 171, 173
Empowerment 107, 109–112, 115, 169
Entwicklung 13, 15 f., 20, 25, 28, 35 f., 39, 44, 49, 51 f., 55, 57 f., 76, 78, 80 f., 90–92, 94, 99, 105, 108, 111, 113, 115–118, 120, 124, 126, 131, 133 f., 139 f., 142 f., 148–150, 153, 155, 160, 164, 168 f., 174 f.
Ethik 44
Etikettierung 14, 43
Europäische Union 11, 80
Evolution 23, 29, 117, 169
Exklusion 11 f., 15 f., 18 f., 24–28, 31, 33, 35, 38, 43, 59, 63, 67 f., 73 f., 95–97, 99, 102, 155, 158, 160–164, 168–170, 172
Exklusion, sozialräumlich 137
Exklusionsvermeidung 62–64, 70

F

Fähigkeitenliste 70
Familie 23 f., 37, 61, 74, 82, 94, 117 f., 120 f., 130 f., 133, 143, 151
Figurationen 57, 59
Förderschule 164 f., 170
Fortbildung 90, 122
Freiwilligkeit 69, 133
Funktion 24, 38, 90, 94, 111, 115, 127, 134, 138, 175
Funktionssysteme 19 f., 22–26, 63, 170

G

Gemeinwesenarbeit 109, 112–115
Genealogie 29
Gerechtigkeit 15, 48, 51, 70 f.
Geschlecht 14 f., 17, 50, 58, 75–78, 88, 121, 133, 173
Gesellschaft 12 f., 16 f., 19–28, 32–34, 40, 44–51, 54–59, 61–65, 67 f., 70–72, 74 f., 85 f., 89, 100, 103, 108, 110, 112–114, 138 f., 155, 159, 161–163, 168–170, 172, 174 f.
Gesundheit 16 f., 20, 40, 45, 51, 77, 111, 118, 165, 175
Gouvernementalität 28, 30–32, 35, 66, 68
Grundhaltung 89, 116, 119, 127, 143
Gruppe 39, 55, 83, 91–94, 96, 98, 100, 109, 133, 135, 142, 158, 161 f., 164, 166, 169
Gruppe, soziale 39, 55, 83, 91–94, 96, 98, 100, 109, 133, 135, 142, 158, 161 f., 164, 166, 169
Gruppeneffekte 95
Gruppenprozesse 90
Gruppenzusammenhalt 95
Gymnasium 156, 158

H

Habitus 17, 36 f., 42 f., 55, 59 f., 71, 77
Haltung 16, 38, 99, 138, 166
Handeln 12, 18, 24, 41, 78, 81, 88 f., 123, 137, 143 f., 152 f., 164, 166 f., 170
Hauptperson 130–136
Heterogenität 77, 85, 97, 99–101, 106, 108, 131, 147
Hilfe 14, 52, 56 f., 62, 64 f., 67–69, 78, 82, 109, 119, 121, 165, 171
Hilfeplanung 130, 134, 137, 167
Hilfeprozess 116, 120, 127–129, 139, 171
Hochschule 17, 141, 157, 166
Homo Clausus 57

I

Identität 77, 84, 91 f., 94, 98
Index für Inklusion 13 f., 99, 124, 138, 143, 158, 175
Individuum 15, 17, 25, 30 f., 56, 58, 63, 100, 109, 119, 142, 150

Inklusion 3, 11–19, 22, 24–28, 33, 35 f., 39, 41, 43, 46, 49–54, 59–64, 66–75, 78, 85, 88–90, 95–97, 99 f., 102 f., 106, 108 f., 111 f., 114, 121, 123 f., 126 f., 129, 137 f., 140, 144–153, 155–166, 168–175
Inklusionsförderung 11, 64, 80
Inklusionsstrategien 11, 107, 175
Inklusionsvermittlung 62 f.
Institution 13, 38, 41 f., 111, 123–126, 128, 137, 142, 161
Instrument 29, 67, 87, 111, 124, 127, 135
Integration 13 f., 16, 19, 24, 49, 56, 64, 73, 85 f., 88, 95, 99 f., 102–104, 108, 120, 159 f., 168 f.
Integrationspädagogik 98 f., 101–103, 145, 159
Interdependenz 58, 95
Interessen 34, 67, 79 f., 88, 94, 105 f., 109–114, 152, 159, 162, 171
Interessenvertretung 79, 111–113
Intersektionalität 46, 75 f., 78, 80
Intervention 89, 150

J

Jugend 15, 138, 165

K

Kapital 34, 36 f., 39 f., 43, 69, 77, 137
Kapital, kulturelles 82
Kategorie 61, 76, 87 f., 165, 167
Kindertagesstätte 14
Klient_in 17, 64 f., 69, 89, 108–111, 116 f., 119 f., 128 f., 142–144, 163 f., 169, 171, 173 f.
Kognition 149
Kommunen 60, 80 f., 124
Kommunikation 16, 20–22, 24, 57, 64 f., 70, 93, 101, 116, 131, 140, 173
Kompetenz 109, 113, 120, 122, 153, 175
Kompetenztraining 110
Kontext 13, 15, 46, 49, 67, 71 f., 82, 85, 87, 89, 107–111, 113 f., 121–123, 128–133, 137, 142 f., 145 f., 165, 172, 174 f.
Konzept 46–48, 55, 71, 76–78, 80, 86, 101, 104, 107–110, 116, 129, 132, 137, 139, 150, 153, 156
Kooperation 13, 17, 95, 99, 101, 119, 129, 134, 137, 139, 141–143, 169

Kritik 18, 35 f., 42, 66–68, 71 f., 76, 98, 103, 107, 113, 158–160
Kultur 37 f., 40, 50 f., 77, 79, 84, 97 f., 108, 112, 125

L

Lebensweltorientierung 62
Lehr-Forschungs-Projekt 17, 157, 163, 165, 175
Leistung 92, 148, 157, 162
Leistungsgesellschaft 163
Lernen 5, 13, 57, 88, 99 f., 103 f., 106, 125 f., 140 f., 149, 155, 157, 159
Lernprozess 131, 168

M

Machtbalancen 59, 71 f.
Machtdispositiv 29
Mandat 111
Menschenbild 15, 52, 57 f., 89, 107–109, 127
Menschenrechtsprofession 70
Methoden 3, 12, 18, 52, 59, 107, 112, 114, 116 f., 123, 127, 130, 133, 137, 139, 143 f., 147, 149 f., 152, 154
Migration 12, 17, 78, 82 f., 85, 88
Migrationspolitik 86
Mitglied 94
Modell 21, 31, 34, 56, 87, 106, 111, 150
Motive 92, 94

N

Nationalstaat 48
Neoliberalismus 33 f., 68, 171
Netzwerk 75, 78, 82, 121
Norm 33–35, 61, 148
Normalisierungsmacht 30
Normalität 31, 33, 71, 99

O

Operation 21
Organisation 13, 102, 111, 113 f., 138, 169, 175
Organisationsentwicklung 14, 111, 139

P

Pädagogik der Vielfalt 97, 99, 105

Paradigma 47
Paradoxie 18, 78, 81, 160
Partizipation 13–15, 17, 64, 74 f., 78 f., 83, 112, 115, 124, 126–128, 130, 133, 142, 171 f.
Person 21 f., 24, 31, 58, 91, 93 f., 96, 108–110, 116 f., 120–122, 127, 130–134, 142 f., 151, 169
Perspektive 11, 27, 42, 53 f., 78, 93 f., 98 f., 110, 113, 122, 127, 130, 133, 136, 147, 153, 168, 170–173
Politik 18, 20, 22–24, 36, 39, 41, 50 f., 60, 67 f., 73, 76, 80–82, 88, 123, 159, 162, 172–174
Politik, Ebenen der 73, 80
Politik, neosoziale 66
Position 11, 15, 27, 37, 46, 52 f., 56, 59, 74, 77, 83, 96, 111, 117 f., 158, 161 f.
Prävention 89, 103, 115, 121
Problembewältigung 120
Probleme 17, 26, 39, 48, 65 f., 100, 103, 113 f., 118 f., 121, 127, 149, 166
Problemlage 120
Profession 133, 145
Projekt 32, 48, 78 f., 96, 115, 130, 140 f.
Prozessbegleiter 126, 131, 137 f.
Prozessberatung 128 f.
Prozessdiagnostik 150
Psychogenese 55 f., 60, 71
Psychologie 73, 89 f., 96, 107, 145

Q

Qualifikation 94
Qualität 26, 57, 59, 94, 112, 136, 161, 168

R

Regierungskunst 33, 68
Resilienz 107, 122
Respekt 14, 44 f., 50 f., 58, 89, 96, 133, 172
Ressource 103, 118, 125, 171
Ressourcen 12, 14, 34, 39, 46–48, 59, 63, 65, 67–69, 73–75, 78 f., 94, 102 f., 106 f., 112, 116–120, 122, 124 f., 127, 130 f., 138, 142, 152, 155 f., 159, 161, 171 f.
Ressourcen-Etikettierungs-Dilemma 102 f., 156
Ressourcenorientierung 117, 119

Rolle 24, 38, 50 f., 60, 64, 68, 75, 81 f., 85, 91, 100, 110 f., 116 f., 126, 128, 130–133, 138, 140, 150, 164, 166
Rückmeldung 94, 144

S

Schicht, soziale 13, 15, 17, 20, 23, 26, 32, 37–39, 41 f., 45, 47, 55, 60 f., 64 f., 67, 71, 74–78, 80 f., 83, 87 f., 90–96, 100, 104, 112, 114, 118, 120, 122, 129, 133, 137, 152, 155, 164, 168, 170, 172, 174
Schule 13 f., 25, 38, 40–42, 82, 84, 92 f., 97–99, 102–106, 117, 124–126, 145, 149, 155–157, 164–166, 168 f., 171
Schule für alle 97, 104, 106, 125, 157
Schulklasse 78, 92
Schulkultur 157
Schutzfaktoren 120–122
Segregation 17, 41, 83, 99, 151
Selbsthilfe 64 f., 101, 110, 112
Selbstorganisation 95, 111–114
Selbstreferenz 20
Selbstreflexion 95, 110, 117, 127, 138
Selbstverständnis 127
Selbstverwaltungsaufgaben, freiwillige 81
Selbstwertgefühl 92, 117
Selbstwirksamkeit 122
Solidarität 67, 94, 160
Sozialpädagogik 62, 163
Sozialpsychologie 89 f.
Sprache 5, 21, 42, 70, 84, 98, 103 f., 116, 139, 149, 155, 167
Stadtteil 80, 104, 112–114
Stereotype 92
System 13, 20 f., 23 f., 26 f., 33, 37, 41, 62, 64–67, 70, 72, 99, 119, 123, 142 f., 156, 158, 169 f.

T

Teamarbeit 133, 138
Teilhabe 12–17, 22, 24, 26, 39, 52, 63 f., 67, 70, 72–74, 85–87, 90, 102, 109, 114, 118, 123, 126, 129, 131, 133, 139 f., 142, 147, 149 f., 159, 162 f., 165, 168–170, 172, 174 f.
Teilhabechancen 168, 172
Therapie 102, 116 f.

Therorie, kritische 26, 34, 42, 52, 59, 61, 78, 133, 155, 158 f., 172
Trainer 113 f.
Transfer 27, 62

U

Umfeld 46, 93, 121 f., 126, 128, 130 f., 133, 137, 151 f.
Umwelt 20–22, 46, 115, 122, 173
Ungleichheit, soziale 38, 71, 73 f., 76 f., 90
Universelles Design 140 f.
Unterstützung 76, 80, 87, 94, 96, 101 f., 106, 110, 113, 115 f., 121, 125, 129–131, 141 f., 147, 149, 151, 172, 174 f.
Utopie 19, 27, 158

V

Verantwortung 17, 51, 66, 84, 89, 95, 129, 144, 146, 171
Verfahren 31, 114, 139, 145–150, 152–154
Vergleiche 90–93, 144, 148
Vergleiche, soziale 91–93
Vernetzung 82, 115
Vision 13, 100, 127, 159, 175
Vollinklusion 24

W

Weiterentwicklung 76, 112 f., 115 f., 124–127, 130 f., 136 f., 142 f., 175
Wohlfahrtsproduktion

Z

Zielgruppe 151
Zivilgesellschaft
Zone 149, 153
Zufriedenheit 118, 143
Zugehörigkeit 14 f., 24 f., 45, 50–52, 59, 63, 74 f., 83–85, 94, 161
Zukunftsfest 132–136
Zusammenarbeit 12, 95, 115, 133, 140, 174
Zwei-Gruppen-Theorie 100, 103, 151, 157